フリーソフトではじめる

機械学習入門

Python/Wekaで実践する理論とアルゴリズム

荒木雅弘 [著] Masahiro Araki

第2版

森北出版株式会社

●本書の補足情報・正誤表を公開する場合があります．当社 Web サイト（下記）
で本書を検索し，書籍ページをご確認ください．

https://www.morikita.co.jp/

●本書の内容に関するご質問は下記のメールアドレスまでお願いします．なお，
電話でのご質問には応じかねますので，あらかじめご了承ください．

editor@morikita.co.jp

●本書により得られた情報の使用から生じるいかなる損害についても，当社およ
び本書の著者は責任を負わないものとします．

JCOPY 〈（一社）出版者著作権管理機構 委託出版物〉
本書の無断複製は，著作権法上での例外を除き禁じられています．複製される
場合は，そのつど事前に上記機構（電話 03-5244-5088，FAX 03-5244-5089，
e-mail: info@jcopy.or.jp）の許諾を得てください．

まえがき

　コンピュータは賢い機械です．その賢さの源の大半は人間が作ったプログラムです．この賢いプログラムを作るというのは大変骨の折れる作業なので，「こういうときには，こうしてね」という事例を与えるだけでコンピュータが賢い振る舞いを自分で身につけることができれば大変助かります．このような技術が，この本の主題である機械学習です．

　ただし，賢い子供のように一度教えるだけで学んでくれるというわけではありません．一般的には，コンピュータが学習するためにはうんざりするほど多くの事例を与える必要があります．その代わり，場合によっては事例を与えた人間が気づいていなかったようなことを，その大量の事例から発見することもあります．「こんなことがあったよ」という事例をたくさん与えるだけで，類似の事例をまとめてくれたり，事例に潜んでいる規則性を見出してくれたりもします．機械学習は，データがあまりにも大量で人間の力では分析できないような状況でも，有用な知見を与えてくれることがあるということで，近い将来の社会を変えてゆく人工知能の中心技術として，その発展が期待されているものです．

　本書は，2014年3月に出版した「フリーソフトではじめる機械学習入門」の改訂版として，機械学習をはじめて学ぶ人を対象に，その全体像をなるべく平易に解説することを試みたものです．機械学習では，対象とするデータの種類と得たい結果の種類を組み合わせることで，典型的ないくつかの問題が設定できます．そして，それぞれの問題に対して複数の機械学習手法が考案されています．本書では，さまざまな機械学習手法に対して，相互の共通点や相違点を明確にしながら，その基本的な概念をひととおり学べるように心がけました．

　各章では，それぞれの手法の概要を簡単なサンプルデータを用いて紹介したあと，機械学習ツールWekaとプログラミング言語Pythonの機械学習パッケージscikit-learnを使って，小規模なデータでの例題に取り組むという構成をとっています．Wekaは，GUI（グラフィカルユーザインタフェース）を備えており，機械学習過程の全体を把握することが容易であるという利点があります．また，良質のサンプルデータが多数付属しています．一方，scikit-learnは最新の学習手法が多く実装されており，コーディング環境として，初学者・開発者ともに使いやすいJupyter Notebookを利用できることが利点です．Weka, scikit-learnのそれぞれでしか実装されていない学

習手法もあるので，機械学習の基本手法を概観する本書の目的を鑑み，これら二つの
ツールを並行して学ぶことを前提に，例題や演習問題を作成しました．また，一部の
例題や演習問題では，深層学習ライブラリ Keras, TensorFlow や CRF ツールキッ
ト CRF++ も使用しています．

　本書の例題で使用するデータは小規模なものですが，この手法を現実のあの問題に
使ったらどうなるだろうか，などと想像を膨らませながら機械学習の魅力を楽しんで
ください．

2018 年 3 月

著者しるす

目　次

第1章　はじめに　　1
1.1　人工知能・機械学習・深層学習　　1
1.2　機械学習とは何か　　3
1.3　機械学習の分類　　6
   1.3.1　教師あり学習　7
   1.3.2　教師なし学習　11
   1.3.3　中間的学習　14
1.4　まとめ　　16
演習問題　　16

第2章　機械学習の基本的な手順　　17
2.1　Wekaを用いた機械学習　　17
   2.1.1　データ収集・整理　18
   2.1.2　前処理　20
   2.1.3　評価基準の設定　25
   2.1.4　学　習　―k-NN法―　27
   2.1.5　結果の可視化　28
2.2　Pythonによる機械学習　　33
   2.2.1　scikit-learnを用いた機械学習の手順　33
   2.2.2　データの読み込み　34
   2.2.3　前処理　35
   2.2.4　評価基準の設定と学習　36
   2.2.5　結果の表示　37
2.3　まとめ　　38
演習問題　　38

第3章　識　別　―概念学習―　　39
3.1　カテゴリ特徴に対する「教師あり・識別」問題の定義　　39
3.2　概念学習とバイアス　　40
   3.2.1　初期の概念学習　40
   3.2.2　概念学習のバイアスを考える　43
3.3　決定木の学習　　44
   3.3.1　決定木とは　44
   3.3.2　ID3アルゴリズム　45
   3.3.3　過学習を避ける　51
   3.3.4　分類基準の再検討　52
3.4　数値特徴に対する決定木　　53
   3.4.1　数値特徴の離散化　53

3.4.2 scikit-learn での決定木学習　55	
3.5 まとめ …………………………………………………	57
演習問題 ……………………………………………………	58

第4章 識　別 ―統計的手法―　59

4.1 統計的識別とは …………………………………………	59
4.2 カテゴリ特徴に対するベイズ識別 ……………………	63
4.2.1 学習データの対数尤度　63	
4.2.2 ナイーブベイズ識別　65	
4.3 ベイジアンネットワーク ………………………………	68
4.3.1 ベイジアンネットワークの概念　69	
4.3.2 ベイジアンネットワークの構成　72	
4.3.3 ベイジアンネットワークを用いた識別　76	
4.3.4 ベイジアンネットワークの学習　78	
4.4 まとめ …………………………………………………	80
演習問題 ……………………………………………………	81

第5章 識　別 ―生成モデルと識別モデル―　82

5.1 数値特徴に対する「教師あり・識別」問題の定義 ……………	82
5.2 生成モデル ……………………………………………	84
5.2.1 数値特徴に対するナイーブベイズ識別　84	
5.2.2 生成モデルの考え方　89	
5.3 識別モデル ……………………………………………	89
5.3.1 誤り訂正学習　90	
5.3.2 最小二乗法による学習　91	
5.3.3 識別モデルの考え方　93	
5.3.4 ロジスティック識別　94	
5.3.5 確率的最急勾配法　98	
5.4 まとめ …………………………………………………	99
演習問題 ……………………………………………………	99

第6章 回　帰　100

6.1 数値特徴に対する「教師あり・回帰」問題の定義 ……………	100
6.2 線形回帰 ………………………………………………	101
6.3 回帰モデルの評価 ………………………………………	102
6.4 正則化 …………………………………………………	103
6.5 バイアス−分散のトレードオフ ………………………	110
6.6 回帰木 …………………………………………………	112
6.6.1 回帰木とは　112	
6.6.2 CART　112	
6.7 モデル木 ………………………………………………	115
6.8 まとめ …………………………………………………	117
演習問題 ……………………………………………………	117

目次　v

第7章　サポートベクトルマシン　　118

7.1　サポートベクトルマシンとは　……………………………………　118
7.1.1　マージン最大化のための定式化　119
7.1.2　マージンを最大とする識別面の計算　120
7.2　ソフトマージンによる誤識別データの吸収　……………………　122
7.3　カーネル関数を用いた SVM　………………………………………　124
7.4　文書分類問題への SVM の適用　……………………………………　127
7.5　ハイパーパラメータのグリッドサーチ　…………………………　131
7.6　まとめ　…………………………………………………………………　133
演習問題　………………………………………………………………　133

第8章　ニューラルネットワーク　　135

8.1　ニューラルネットワークの計算ユニット　………………………　135
8.2　フィードフォワード型ニューラルネットワーク　………………　137
8.2.1　ニューラルネットワークの構成　137
8.2.2　誤差逆伝播法による学習　138
8.3　ニューラルネットワークの深層化　………………………………　144
8.3.1　勾配消失問題　144
8.3.2　さまざまな活性化関数　144
8.4　まとめ　…………………………………………………………………　145
演習問題　………………………………………………………………　145

第9章　深層学習　　146

9.1　深層学習とは　…………………………………………………………　146
9.2　DNN のモデル　…………………………………………………………　147
9.3　多階層ニューラルネットワーク　…………………………………　148
9.3.1　多階層ニューラルネットワークの学習　149
9.3.2　オートエンコーダ　151
9.3.3　多階層学習の工夫　155
9.4　畳み込みネットワーク　………………………………………………　160
9.5　リカレントニューラルネットワーク　……………………………　164
9.6　まとめ　…………………………………………………………………　165
演習問題　………………………………………………………………　166

第10章　アンサンブル学習　　167

10.1　なぜ性能が向上するのか　…………………………………………　167
10.2　バギング　………………………………………………………………　169
10.3　ランダムフォレスト　…………………………………………………　171
10.4　ブースティング　………………………………………………………　174
10.5　勾配ブースティング　…………………………………………………　179
10.6　まとめ　…………………………………………………………………　180
演習問題　………………………………………………………………　181

vi 目　次

第 11 章　モデル推定　　182

11.1　数値特徴に対する「教師なし・モデル推定」問題の定義 ・・・・・・・・・・　182

11.2　クラスタリング ・・　183

　　11.2.1　階層的クラスタリング　　183

　　11.2.2　分割最適化クラスタリング　　187

11.3　異常検出 ・・　197

11.4　確率密度推定 ・・　200

11.5　まとめ ・・・　206

　　演習問題 ・・・　206

第 12 章　パターンマイニング　　208

12.1　カテゴリ特徴に対する「教師なし・パターンマイニング」問題の定義 ・・　208

12.2　頻出項目抽出 ・・・　209

　　12.2.1　頻出の基準と問題の難しさ　　209

　　12.2.2　Apriori アルゴリズムによる頻出項目抽出　　210

12.3　連想規則抽出 ・・・　214

　　12.3.1　正解付きデータからの規則の学習　　215

　　12.3.2　正解なしデータからの規則学習の問題設定　　215

　　12.3.3　規則の有用性　　216

　　12.3.4　Apriori アルゴリズムによる連想規則抽出　　216

12.4　FP-Growth アルゴリズム ・・・・・・・・・・・・・・・・・・・・・・・・・・・・・・・・・　219

12.5　推薦システムにおける学習 ・・・・・・・・・・・・・・・・・・・・・・・・・・・・・・・・　224

　　12.5.1　協調フィルタリング　　224

　　12.5.2　Matrix Factorization　　225

12.6　まとめ ・・・　225

　　演習問題 ・・・　226

第 13 章　系列データの識別　　227

13.1　ラベル系列に対する識別 ・・・・・・・・・・・・・・・・・・・・・・・・・・・・・・・・・・　227

13.2　系列ラベリング問題 ―CRF― ・・・・・・・・・・・・・・・・・・・・・・・・・・・・・・　228

13.3　系列識別問題 ―HMM― ・・・・・・・・・・・・・・・・・・・・・・・・・・・・・・・・・・　232

13.4　まとめ ・・・　235

　　演習問題 ・・・　235

第 14 章　半教師あり学習　　236

14.1　半教師あり学習とは ・・・・・・・・・・・・・・・・・・・・・・・・・・・・・・・・・・・・・・　237

　　14.1.1　数値特徴の場合　　237

　　14.1.2　カテゴリ特徴の場合　　238

　　14.1.3　半教師あり学習のアルゴリズム　　239

14.2　自己学習 ・・・　240

14.3　共訓練 ・・・　242

14.4　YATSI アルゴリズム ・・・・・・・・・・・・・・・・・・・・・・・・・・・・・・・・・・・・・・　243

14.5　ラベル伝搬法 ・・・　245

| | | 目次 | vii |

14.6　まとめ ・・ 248
　　　演習問題 ・・・ 249

第15章　強化学習 　　　　　　　　　　　　　　　　　　　　250

15.1　強化学習とは ・・・ 250
15.2　1状態問題の定式化 ―K-armed bandit 問題― ・・・・・・・・・・ 251
15.3　マルコフ決定過程による定式化 ・・・・・・・・・・・・・・・・・・・・・・・・・ 253
15.4　モデルベースの学習 ・・・・・・・・・・・・・・・・・・・・・・・・・・・・・・・・・・・ 255
15.5　TD 学習 ・・・ 256
　　　15.5.1　報酬と遷移が決定的な TD 学習　257
　　　15.5.2　報酬と遷移が確率的な TD 学習　259
15.6　部分観測マルコフ決定過程による定式化 ・・・・・・・・・・・・・・・ 259
15.7　深層強化学習 ・・・ 260
15.8　まとめ ・・・ 261
　　　演習問題 ・・・ 261

付録 A　演習問題解答 　　　　　　　　　　　　　　　　　262

付録 B　Weka 　　　　　　　　　　　　　　　　　　　　277

B.1　Weka のインストールと起動 ・・・・・・・・・・・・・・・・・・・・・・・・・・・ 277
B.2　KnowledgeFlow ・・・・・・・・・・・・・・・・・・・・・・・・・・・・・・・・・・・・・ 278
　　　B.2.1　KnowledgeFlow の起動　278
　　　B.2.2　データの読み込み　279
　　　B.2.3　前処理　280
　　　B.2.4　評価基準の設定　282
　　　B.2.5　学　習　283
　　　B.2.6　結果の可視化　284
B.3　学習後の識別面の表示 ・・・・・・・・・・・・・・・・・・・・・・・・・・・・・・・・・ 285
B.4　拡張パッケージのインストール ・・・・・・・・・・・・・・・・・・・・・・・・・ 285
　　　B.4.1　Official パッケージのインストール　287
　　　B.4.2　Unofficial パッケージのインストール　287

付録 C　Python 　　　　　　　　　　　　　　　　　　　289

C.1　Python の概要と機械学習環境 ・・・・・・・・・・・・・・・・・・・・・・・・・ 289
C.2　Jupyter Notebook ・・・・・・・・・・・・・・・・・・・・・・・・・・・・・・・・・・・ 290
C.3　Python の基本文法 ・・・・・・・・・・・・・・・・・・・・・・・・・・・・・・・・・・・ 291
C.4　機械学習を行う ・・・・・・・・・・・・・・・・・・・・・・・・・・・・・・・・・・・・・・・ 292
C.5　関連パッケージのインストール ・・・・・・・・・・・・・・・・・・・・・・・・・ 293

参考文献　294
あとがき　296
索　引　297

例題・演習問題の実行環境

本書の例題・演習問題は下記環境で実行を確認したものです.

- OS: Windows 10 Pro 64 bit
- Weka 3.9.2 (Java VM 9.0.1)
- Anaconda3 5.1.0 (Python 3.6.4 version)
- scikit-learn 0.19.1
- TensorFlow 1.5.0
- Keras 2.1.4
- CRF++ 0.58

本書のサポートページ

https://github.com/MasahiroAraki/MachineLearning

上記の URL で, 例題・演習問題のコードや講義・勉強会に使用していただけるスライドを公開しています.

本書の構成

　本書では，第1章で機械学習の概要を説明します．その中で，その後の説明手順を示すために，機械学習手法の分類を行います．また第2章では，データの収集から，結果の評価に至るまでの一連の機械学習の実装手順を説明します．この第1章と第2章が，以後の説明に繋がる基礎になります．

　その後，第1章の分類に基づいて，順に機械学習手法を説明してゆきます．教師あり学習・識別問題の説明に多くのページを使っていますが，ここでその後の説明にも用いる基本的な概念を紹介しています．したがって，できるだけ前から順に読んでゆくことをお勧めします．

　なお第9章および第13章以降はやや高度な内容を含んでおり，説明を直観的なものだけにとどめている箇所も多くあります．これらの手法の詳細に関して学びたい方は，参考文献を挙げておきましたので，そちらをご参照ください．

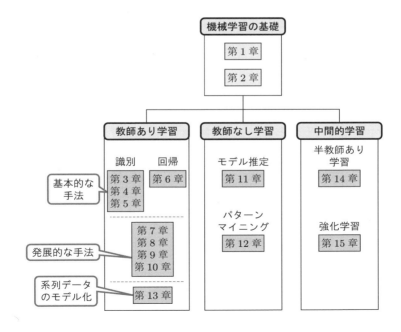

第1章 はじめに

Introduction

　我々人間は，日々五感を通して得られる情報から，対象を分類する能力や，事象の背後にある規則性を獲得してゆきます．これらと同じ能力，さらには人間を超える能力をコンピュータに与えることを目指したものが，機械学習です．本章では，近年機械学習が注目されている背景を紹介し，機械学習とは何かを明確にしたあと，本書で扱う機械学習の概要について説明します．

1.1　人工知能・機械学習・深層学習

　近年，日常生活やビジネスにおけるさまざまな場面で，**人工知能** (artificial intelligence) を活用した製品やサービスの開発が注目されています．人工知能は，人と対話を行うアプリやロボット・自動運転・病気の診断の補助・高度な生産システムなどの中心的技術として位置付けられています．人工知能はさまざまな立場から異なった定義がされていますが，本書では，人工知能を「現在，人が行っている知的な判断を代わりに行う技術」と定義します[1,2]．

　このように定義すると，探索・推論・知識表現などの技術とともに，データから規則性を導く**機械学習** (machine learning) も「人が行っている知的な判断を代わりに行う」技術を実現するための，一つの方法ということになります（図 1.1）．

　この定義のもとでは，「人工知能 ＝ 機械学習」ではありません．知的に振る舞うシステムを作る方法は，機械学習だけとは限りません．開発者が，その振る舞いの規則をプログラムとして作成することによっても，それなりに知的に振る舞うシステムは作製できます．現在，日常生活で我々が便利だと感じている技術の大半は，人間が作成したプログラムで動いています．また，機械可読な web 情報源の構築を目指した LOD (linked open data) の取り組みや，システムが結論を出した過程をわかりやす

---

[1] 人工知能の定義の中に「現在」という限定が入っている理由は，かつて人工知能とよばれた技術であっても，技術的に成熟して社会に普及すると，人工知能とはよばれなくなるということを反映しています．文字認識や顔検出などがこれにあたります．

[2] 人工知能技術全般について学んでおきたい場合は，文献 [1] をお勧めします．

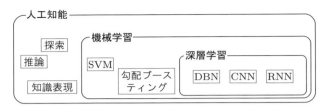

図 1.1 人工知能・機械学習・深層学習の関係

く人に説明するための推論・プランニングの技術は，直接的には機械学習とは関係がなくとも，知的なシステムを作成するために重要な，人工知能の要素技術です．

機械学習の出番は，簡単には規則化できない複雑なデータが大量にあり，そこから得られる知見が有用であることが期待されるときです．このような大量のデータは，**ビッグデータ** (big data) とよばれます．ビッグデータの例としては，人々がブログや SNS (social networking service) に投稿する文章・画像・動画，スマートフォンなどに搭載されているセンサから収集される情報，オンラインショップやコンビニエンスストアの販売記録，IC 乗車券の乗降記録など，多種多様なものが挙げられます．これらの大量・多様なデータから規則性を抽出したり，データを分類するモデルを獲得することで，購買記録からのお勧め商品提示のようなおなじみの機能の実現に加えて，不審者の行動パターンの検出や，インフルエンザの流行の予想など，これまでになかったサービスや機能を実現することもできます（図 1.2）．

図 1.2 ビッグデータの活用例

データから規則や知見を得る機械学習技術の中でも，とくに**深層学習** (deep learning) は，高い性能を実現する方法として近年注目を集めています．深層学習は，一般に中間層を多くもつニューラルネットワーク（図 1.3）によって実装されています．

深層学習がほかの機械学習手法と異なるのは，深い階層構造をとることによって，従来は人手でプログラムされていた特徴抽出段階の処理を，学習の対象として取り込んでいるところです．これは，多段階の非線形変換によって，与えられた問題に適し

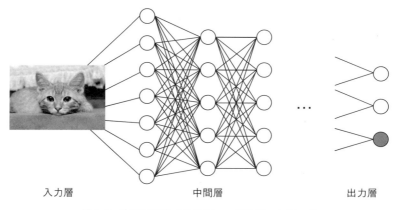

図 1.3　中間層を多くもつニューラルネットワーク

たデータの表現法を獲得しているという解釈も可能です[1]．近年の深層学習の流行を見ると，他の機械学習技術はもう不要に見えるかもしれません．しかし，深層学習がその強さを発揮しているのは，音声・画像・自然言語など空間的・時間的に局所性をもつ入力が対象で，かつ学習データが大量にある問題であるという傾向があります．さまざまな問題に対して機械学習アルゴリズムの性能を競うサイト[2]では，深層学習と並んで勾配ブースティングなどの手法が上位を占めることがあります．また一方で，性能は多少低くとも，判定結果に至るプロセスがわかりやすい手法や，運用開始後のチューニングが容易な手法が好まれる場合もあります．したがって，さまざまな状況でさまざまな問題に取り組むためには，深層学習だけではなく，機械学習手法全般に関して理解しておくことが必要であるといえます．本書では機械学習全般に関して，設定した問題に対する基本的な手法の概要と，フリーソフトを用いた問題の解法について説明します．

1.2　機械学習とは何か

　ここでは，もう少し詳細に機械学習の中身をみてゆきましょう．機械学習で扱うのは，人手では規則を記述することが難しい問題です．すなわち，解法が明確にはわ

---

[1] 人間の脳をモデル化しているので高性能であるという説明をときどき見ますが，筆者はこの見解には否定的です．深層学習は，基本的な計算ユニットの構造や，網膜に近いレベルの視覚情報処理の知見などの神経科学の研究成果が，一部にうまく反映されている機械学習手法の一つであって，人間の脳のメカニズムと，現在実現できている深い階層のニューラルネットワークとの間には，まだまだ距離があると捉えています．

[2] https://www.kaggle.com/

かっていない問題であるといいかえることができます．ここでは，機械学習で対象とする問題を**タスク** (task) とよびます．

たとえば，人間は文字や音声の認識能力を学習によって身につけますが，どうやって認識を行っているかを説明することはできません．人間の認識能力を何らかの手法で**モデル** (model) 化して，コンピュータでその能力を再現しようとする技術が，機械学習の一種である**パターン認識** (pattern recognition) です．

ここでのアイディアは，明示的にその手順は記述できないけれども，データ（この場合は入力とその答え）は大量に用意することができるので，そのデータを使って人間の知的活動（場合によってはそれを超えるもの）のモデルを作成しようというものです．これ以降，機械学習のために用いるデータを**学習データ** (training data) とよびます．

ここまでをまとめると，機械学習の基本的な定義は，

> アルゴリズムとして明示的に解法が与えられないタスクに対して，そのタスクを遂行するためのモデルを，学習データから構築すること

となります．

また，文献 [2] では，コンピュータプログラムが学習するとは

- あるタスクにおいて
- ある学習データによって
- モデルの性能測定基準の値が向上すること

であるとされています．単にモデルを構築するだけではなく，その性能測定基準の値が向上するということを，機械学習の定義として定めています．

単に知的なモデルを作って「それで終わり」というわけではなく，学習を続けて性能が向上しつづけることが，定義の中に含まれています．例として，迷惑メールフィルタを考えます．製品によって相対的に性能の良し悪しはありますが，誰にとっても最高の性能であるような迷惑メールフィルタはありません．各人の利用環境によって迷惑メールの基準が異なるので，利用者が「これは迷惑メール」，「これは迷惑メールではない」と操作した履歴に基づいて再学習を行い，その利用者の操作の結果が適切に分類に反映されれば，このプログラムは学習によってユーザの要求に適応しているといえるでしょう．

これらの定義に沿って考えてゆくと，機械学習のタスクとしては，認識・予測・適応などを伴う，人間の知的活動のさまざまな分野がその対象となりそうです．これらは人間の高度な知的活動なので実現するのは非常に難しそうですが，これらの機能を

規則や関数などでモデル化して，それらを性能測定基準に沿って最適化してゆくプロセスを学習とみなすことで，適切な理論化が行えます．

また，学習データも一見多様に見えますが，金額やセンサからの入力のような「**数値データ**」，あるいは商品名や性別のような「**カテゴリデータ**」が並んだものであるとすると，数値データの並びからなるデータ，カテゴリデータの並びからなるデータ，それらが混合したデータというように整理して考えることができます（図 1.4）．観測対象から問題設定に適した情報を選んでデータ化する処理は，**特徴抽出**とよばれます．

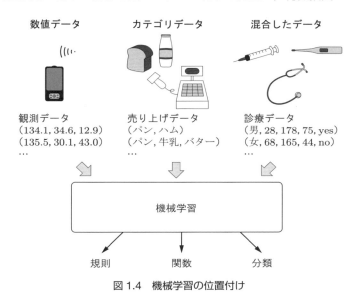

図 1.4　機械学習の位置付け

機械学習の役割をこのように位置付けると，図 1.4 中の「機械学習」としてまとめられた中身は，タスクの多様性によらず，目的とする規則・関数などのモデルを得るために，どのような学習データに対して，どのようなアルゴリズムを適用すればよいか，ということを決める学習問題と，その学習の結果得られたモデルを，新たに得られる入力に対して適用する実運用段階に分割して考えることができます（図 1.5）．

本書の対象は，主として図 1.5 の学習問題と定義された部分ですが，いかに実運用の際によい性能を出すか，すなわち，学習段階では見たことのない入力に対して，いかによい結果を出力するかということを常に考えることになります．この能力は，「学習データから，いかに一般化されたモデルが獲得されているか」ということになるので**汎化** (generalization) **能力**といいます．

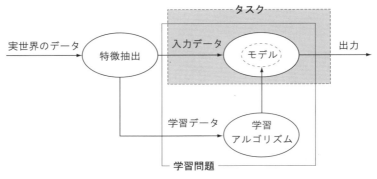

図 1.5 機械学習の要素

1.3 機械学習の分類

　ここでは，前節で説明した，学習データと出力を基準に機械学習の分類を試みます．機械学習にはさまざまなアルゴリズムがあり，その分類に関してもさまざまな視点があります．機械学習の入門的な文献では，モデルの種類に基づく分類が行われていることが多いのですが，そもそもそのモデルがどのようなものかというイメージをもっていない初学者には，なかなか納得しにくい分類に見えてしまいます．そこで本書では，入力である学習データの種類と出力の種類の組合せで機械学習のタスクの分類を行い，それぞれに分類されたタスクを解決する手法としてモデルを紹介します．

　まず，学習データにおいて，正解（各データに対してこういう結果を出力して欲しいという情報）が付いているか，いないかで大きく分類します（図 1.6）．学習データに正解が付いている場合の学習を**教師あり学習** (supervised learning)，正解が付い

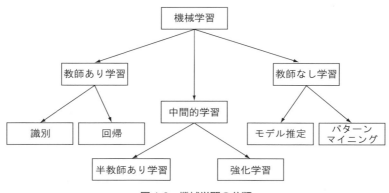

図 1.6 機械学習の分類

ていない場合の学習を**教師なし学習** (unsupervised learning) とよびます．また，少し曖昧な定義ですが，それらのいずれにも当てはまらない手法を**中間的学習**とよぶことにします．

教師あり／なしの学習については，それぞれの出力の内容に基づいてさらに分類を行います．教師あり学習では，入力の分類結果をカテゴリとして出力するものを識別とし，入力から予測される数値を出力するものを回帰とします．一方，教師なし学習では観点を変えて，入力となるデータ集合全体を説明する情報を出力するものをモデル推定とし，入力となるデータ集合の一部から得られる特徴的な情報を出力するものをパターンマイニングとします．

中間的学習に関しては，何が「中間」であるのかに着目します．学習データが中間である場合（すなわち，正解付きの学習データと正解なしの学習データが混在している場合）である半教師あり学習という設定と，正解が間接的・確率的に与えられるという意味で，教師あり／なしの中間的な強化学習という設定を取り上げます．

以下では，それぞれの分類について，その問題設定を説明します．

1.3.1　教師あり学習

教師あり学習では，正解の付いた学習データを用います．学習データは，入力データに対応するベクトル $\boldsymbol{x}_i$ と，正解情報 y_i のペアからなります．

$$\{(\boldsymbol{x}_i, y_i)\}, \quad i = 1, \ldots, N$$

ここで，N は学習データの総数，添字 i は学習データ中の i 番目の事例であることを示します．

当面，入力ベクトル $\boldsymbol{x}_i$ は次元数 d の固定長ベクトルであると考えておきます[1]．

$$\boldsymbol{x}_i = (x_{i1}, \ldots, x_{id})^T$$

図 1.4 の上部に示したような，$(134.1, 34.6, 12.9)$ や，$(女, 68, 165, 44, no)$ などが入力ベクトル $\boldsymbol{x}_i$ の例です．

入力ベクトルの各要素 $x_{i1}, \ldots, x_{id}$ を，**特徴** (feature) あるいは**属性** (attribute) とよびます[2]．特徴は，数値データあるいはカテゴリデータのいずれかです．数値データは長さや温度などの連続値をとる場合もあれば，商品の購入個数や単語の出現回数

---

[1] 入力は列ベクトルとします．ただし，本文中や数式中で要素を示すときは，スペースを節約するため，転置を表す記号 T を右肩に付けて行ベクトルの転置として表記します．

[2] これ以降での学習手法の説明においては，（深層学習の説明を除いては）問題設定に適した特徴がすでに選ばれているものとします．

8 第1章 はじめに

などの離散値をとる場合もあります．また，カテゴリデータは一般に文字列として表記され，たとえば性別を表す「男・女」や，天候を表す「晴・曇・雨」などのカテゴリを値とします．

教師あり学習は，この学習データから，入力 x を正解 y に写像する関数 c を学習することを目的とします．

$$c(x): x \rightarrow y$$

ここで x は，学習データ中の x_i に限らず，今後この関数に入力されうるすべてのデータを表しているので，関数 $c(x)$ はあらゆる入力に対して正しい出力を与える理想的な写像ということになります．機械学習では，そのような理想的な写像を求める問題に対して，関数の形を扱いやすいものに仮定して，その関数のパラメータを学習データから推定するという問題に置き換えます．この推定する関数を $\hat{c}(x)$ と記述します．関数 $\hat{c}(x)$ の実際の形は，入力ベクトル x と正解 y の種類によって異なります．

また，正解情報（あるいは関数 $\hat{c}(x)$ の出力）y も，カテゴリあるいは数値のいずれかになります．正解 y がカテゴリの場合を**識別** (classification) 問題，数値の場合を**回帰** (regression) 問題とよびます．識別問題の正解をクラス (class)，回帰問題の正解をターゲット (target) とよぶこととします．

具体的な教師あり学習問題の説明に入る前に，性能測定基準について少し説明します．学習結果である関数 $\hat{c}(x)$ は，学習データに含まれていない未知のデータ x に対してなるべく正しい答えを出力するように一般化されなければなりません．学習データに対する正解率ではなく，未知のデータに対する正解率が重要なのです．学習データに対しては，その正解をすべて表形式で記録しておけば，間違いなく正解を出力することができます．しかし，未知データに対して正解を出力するには，「学習データの背後にある法則のようなもの」を獲得する必要があります．機械学習は，人間が解き方のわからない問題に対して適用するものであることを，前節で説明しました．「学習データの背後にある法則のようなもの」をいかにして獲得するか，ということが，教師あり学習のテーマになります．

識別

識別は，入力をあらかじめ定められたクラスのいずれかに分類する問題です．典型的な識別問題には，音声や文字の認識，レビュー文章の PN 判定（positive（ほめている）か negative（けなしている）か），疾病の有無の判定などがあります．

ここで，識別問題としてもっとも単純な，2 値分類問題を考えてみましょう．2 値分類問題とは，たとえば，ある病気かそうでないか，迷惑メールかそうでないかなど，

入力を 2 クラスのいずれかに分類する問題です．さらに入力を，数値のみを要素とするベクトルと仮定します．入力ベクトルが 2 次元の場合，学習データは図 1.7 (a) に示すように，平面上の点集合になります．クラスの値に対応させて，それぞれ丸とバツで表しました．

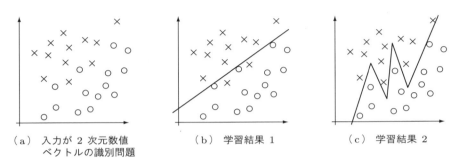

(a) 入力が 2 次元数値ベクトルの識別問題　　(b) 学習結果 1　　(c) 学習結果 2

図 1.7　識別問題（入力が数値ベクトルの場合）

　もっとも単純に考えると，識別問題はこの平面上で二つのクラスを分ける境界線を決めるという問題になります．未知のデータが入力されたとき，この境界線のどちら側にあるかを調べるだけで，属するクラスを解答できるので，このことによって，識別能力を身につけたとみなすことができます．

　境界線として 1 本の直線を考えてみましょう．図 (b) に示すように，このデータでは切片や傾きをどのように調整しても，1 本の直線で二つのクラスをきれいに分離することはできません．一方，図 (c) のように複雑に直線を組み合わせると，すべての学習データに対して，同じクラスに属するデータが境界線の片側に位置するようになり，きれいに分離できたことになります．しかしここで，「識別とは図 (c) のようなすべての学習データをきれいに分離する，複雑な境界線を探すことだ」という早とちりをしてはいけません．識別の目的は，学習データに対して 100% の正解率を達成することではなく，未知の入力をなるべく高い正解率で分類するような境界線を探すことでした．もう一度図 (a) に戻って，二つのクラスの塊をぼんやりとイメージしたとき，その塊を区切る線として図 (b)，(c) いずれがよいと思えるでしょうか．おそらく大半の人が図 (b) を支持するでしょう．これが我々人間が身につけている汎化能力で，そのようなことを学習結果に反映させるように，学習アルゴリズムを考える必要があります．

　しかし，一般的な識別問題は，このような単純なものばかりではありません．識別結果が一つのクラスになるとは限らない場合があります．たとえば，受信した電子メールに対して，重要・緊急・予定・締切…などのタグを付与する自動タグ付けを識

別問題に当てはめると，一つの入力に対して，複数の出力の可能性がある問題設定になります．また，どのクラスにも当てはまらない入力が入ってくる可能性もあります．たとえば，スキャンした文書に対して文字認識を行っているときに，文字コードにない記号が含まれている場合があるかもしれません．

本書で扱う識別は，これらの複数出力の可能性や，識別不可能な入力の問題を除外して，すべての入力に対してあらかじめ決められたクラスのうちの一つを出力とする，というように単純化します．識別の代表的な手法には決定木，ナイーブベイズ識別，ロジスティック識別，サポートベクトルマシン，ニューラルネットワークなどがあります．これらを第3章から第5章と第7章，第8章で説明します．近年注目を集めている深層学習は，主としてこの識別問題に適用され，高い性能を実現しています．深層学習に関しては第9章で説明します．また，第10章では複数の識別器を組み合わせる手法を，第13章では系列データの識別手法を扱います．

回帰

回帰は，入力から予測される妥当な出力値（ターゲット）を求める問題です．典型的な回帰問題には，消費電力の予測，中古車の価格算出，生産量計画などがあります．回帰の単純な例として，入力を夏期の平均気温，出力をビールの売上高とした架空のデータ（図1.8 (a)）を考えてみます．

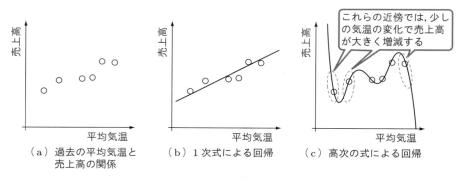

図1.8　回帰問題の例

未知データに対して妥当な出力値を求めるために，入力データがある関数に基づいてターゲットを出力していると考え，その関数を求める問題が回帰問題です．ただし，関数の形として1次関数，2次関数，3次関数だけでなく，三角関数や指数関数などとの組合せまで考えてもよいとなると手がつけられなくなるので，通常は関数の形を先に決めて，その係数を学習データから推定するという問題とみなします．

1 次関数を仮定して，図 (a) の学習データとの誤差がもっとも少なくなるように係数を求めると，図 (b) に示すような直線が得られます．ほとんどの点がこの直線を外れているので，あまりよい近似とはいえないように見えるかもしれません．一方，複雑な高次の関数[1] を前提とすれば，図 (c) に示すように，すべての学習データを通る関数を求めることができます．このどちらを採用すべきかについて，回帰問題でも識別問題と同様の立場をとります．すなわち，未知データに対する出力として，どちらが妥当かということを考えます．気温の少しの変化に対して売上が大きく変わるところがある図 (c) の関数は，図 (b) の直線と比べるとやはり不自然に見えます．この例のように入力と出力を 2 次元で眺めることができれば，その妥当性をある程度直観的に議論できますが，通常の場合，入力は高次元で視覚的に表すことが難しいため，直観に頼らずに学習結果の妥当性を吟味する方法を考えなければなりません．

回帰の代表的な手法には線形回帰，回帰木，モデル木などがあります．これらを第 6 章で説明します．

1.3.2　教師なし学習

教師なし学習では，学習に用いられるデータに正解情報が付いていません．

$$\{\boldsymbol{x}_i\}, \quad i = 1, \ldots, N$$

入力ベクトル $\boldsymbol{x}_i$ の次元数に関しては，教師あり学習の場合と同様に，d 次元の固定長ベクトルで，各要素は数値あるいはカテゴリのいずれかの値をとると考えておきます．

$$\boldsymbol{x}_i = (x_{i1}, \ldots, x_{id})^T$$

教師なし学習は，入力データに潜む規則性を学習することを目的とします．ここで着目すべき規則性としては，2 通り考えられます．一つめは，入力データ全体を支配する規則性で，これを学習によって推定する問題が**モデル推定** (model estimation) です．もう一つは，入力データの部分集合内，あるいはデータの部分集合間に成り立つ規則性で，通常は多数のデータの中に埋もれて見えにくくなっているものです．これを発見する問題が**パターンマイニング** (pattern mining) です．

---

[1] 図 1.8 では学習データが六つなので，5 次式を仮定すると，全データを通る関数を求めることができます．一般に，M 次式は係数が $M + 1$ 個なので，$M + 1$ 個の学習データを，順にこの M 次式に代入して得られる制約式を連立させて解くことで，すべての点を通る関数を求めることができます．

モデル推定

モデル推定は，入力データ中から何らかの共通点をもつデータをまとめることで，入力データを生じさせたクラスの存在や，そのパラメータを推定するものです．図1.9にモデル推定の考え方を示します．

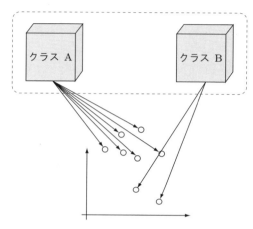

図1.9 モデル推定の考え方

観測されたデータは，もともと何らかのクラスに属していたものが，揺らぎを伴って生成されたものと考えます．その逆のプロセスをたどることができれば，データを生成したもととなったと推定されるクラスを見つけることができます．発見されたクラスの性質は，そこから生成されたと推定されるデータを分析することでわかります．もしかしたら，その発見されたクラスは，誰も考えつかなかった性質をもつものかもしれません．

このように，入力データ集合から適切なまとまりを作ることでクラスを推定する手法を**クラスタリング** (clustering) とよびます．顧客をクラスタリングした結果から特徴的な属性を見つけ出し，それぞれに適したマーケティングを行うような応用や，製品に対する口コミ文書をクラスタリングして，典型的な不満や要望を抽出する応用などが考えられています．

一方，もともとのクラスは何らかのデータを生成する関数をもっていると仮定して，その関数のパラメータを入力データから推定する手法を**密度推定** (density estimation) とよびます．密度推定はクラスタリングを発展させたものと見ることができますが，その応用はクラスタリングだけでなく，不完全データを対象としたモデル推定

の問題◆1 や，異常なデータの検出など，いろいろな場面で用いられています．

クラスタリングの代表的な手法には，階層的クラスタリングやk-means 法があり，密度推定の手法としては EM アルゴリズムがあります．これらを第 11 章で説明します．

パターンマイニング

パターンマイニングは，データ中に何度も出現するパターンや，そのパターンに基づいた規則を発見する手法です．スーパーマーケットなどで同時に購入される商品の組合せを発見するバスケット分析が代表的な応用例です．図 1.10 に架空の売上げデータに対するパターンマイニングの考え方を示します．

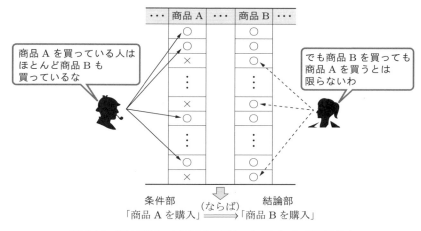

図 1.10　売上げデータに対するパターンマイニングの考え方

パターンマイニングの敵は膨大な計算量です．まさに，大量のデータの中から，貴重な知見をマイニング（＝ 発掘）する作業です．図 1.10 に示した例では，発見された規則の条件部も結論部も要素数が一つなので，すべての売上げデータに対してその出現頻度を計算することは，それほど膨大な計算量には見えません．しかし，一般的なパターンマイニングでは，条件部・結論部のいずれも要素の集合となります．それらのあらゆる組合せに対して，マイニングの対象となる大きなデータ集合から出現数を数え上げなければならないので，単純な方法では気の遠くなるような計算量になってしまいます．そこで効率よく頻出パターンを見つけ出す手法が必要になります．

◆1 教師あり学習の学習データ $\{(\boldsymbol{x}_i, y_i)\}$ を「完全」なデータとすると，教師なし学習のデータ $\{\boldsymbol{x}_i\}$ は，外部からその値を直接観測することができない隠れ変数 y_i をもつ「不完全」データとなり，密度推定はこの不完全データを対象とした識別問題とみなすことができます．

パターンマイニングの代表的な手法としては，Apriori アルゴリズムやその高速化版である FP-Growth アルゴリズムがあります．また，図 1.10 に示すような売り上げデータを行列とみなし，行列分解によって規則性を抽出することもできます．これらを第 12 章で説明します．

1.3.3 中間的学習

ここでは，これまでに説明した教師あり学習／教師なし学習に当てはまらない問題について説明します．学習データが正解付き／正解なしの混在となっているものが半教師あり学習です．また，与えられる正解が間接的で，教師あり／教師なし学習の中間的な状況となっているものが強化学習です．

半教師あり学習

これまでに述べてきた機械学習の分類では，学習データすべてに対して正解が与えられているか，あるいはまったく与えられていないかのいずれかでした．その中間的な設定として，学習データの一部にだけ正解が与えられている場合が考えられます．

学習データに正解を与えるのは人間なので，正解付きのデータを作成するにはコスト（費用・時間）がかかります．一方，正解なしのデータならば，容易に，かつ大量に入手可能であるという状況があります．たとえば，ある製品の評価をしているネットワーク上の口コミの PN 判定を行う問題では，正解付きデータを 1000 件作成するのはなかなか大変ですが，口コミそのものは，クローラプログラムを使えば，自動的に何万件でも集めることが可能です．このような状況で，正解付きデータから得られた識別器の性能を，正解なしデータを使って向上させる問題を**半教師あり学習** (semi-supervised learning) といいます．半教師あり学習は主として識別問題に対して用いられます．半教師あり学習の代表的な手法のアイディアを図 1.11 に示します．

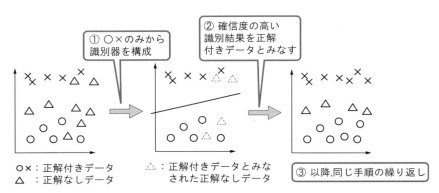

図 1.11　半教師あり学習の考え方

図1.11左のように，全データの中で正解の付加されたデータを丸・バツで表し，正解のないデータを三角形で表します．最初は丸・バツが付いたデータだけから識別器を作り，たとえば，その中間あたりに境界直線を引いたものとします．これに従って三角形のデータを分類しますが，境界線近辺のデータはあまり信用せず，境界線から大きく離れたものを確信度が高いとみなして正解を付与します．今度は，これらの新しく正解を付与されたデータも加えて，再度識別境界を計算します．これを，新しい正解付きデータが増えなくなるまで繰り返します．

この学習法は，識別するべきクラスがうまくまとまっているようなデータや，識別結果によって有効な特徴が増えてゆくような，やや特殊なデータ[◆1]に対して適用するときにうまくゆきます．この手法を第14章で説明します．

強化学習

問題の性質によっては，間接的に正解が与えられる場合があります．図1.12のような迷路を抜けるロボットを学習させる場合を考えてみましょう．この場合，入力はロボットのもつセンサからの情報で，これによって，ロボットはどの部屋にいるかがわかるものとします．出力はロボットの移動コマンド（この場合，上下左右いずれかへ進む）であるとします．もし，すべての部屋（すなわちすべての状態）において正解（各状態での最適な移動コマンド）が与えられれば，ロボットはスタートから回り道することなくゴールにたどり着けます．

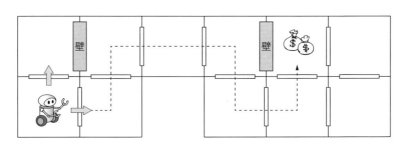

図 1.12　強化学習の問題例

このようなロボットに対して，ゴールに着いたときだけ報酬を与えるという方法で，ロボットに試行錯誤を繰り返させながら，最終的に各状態における最適な出力（この場合は移動コマンド）を獲得させる学習手法を**強化学習** (reinforcement learning) とよびます．報酬を教師信号とみなすと，これは教師時々あり学習ということができます．すなわち，教師あり／なしの中間的な設定とみなすことができ，個々の決定に

[◆1] 文書分類の問題で，対象分野のキーワードが芋づる式にたどられるような状況です．

16 第1章 はじめに

正解は与えられず，決定の連続に対して，あとから形を変えた間接的な教師信号が与えられる，という難しい設定になります．強化学習に関しては第15章で説明します．

1.4 まとめ

この章では，近年注目されてきている人工知能・機械学習・深層学習の関係を説明し，その中心的な技術である機械学習について概要を示しました．また，教師あり／なしという基準から機械学習におけるさまざまな問題を分類し，それぞれの目的を説明しました．

機械学習の分類に関しては，ここで説明した以外にもさまざまな観点のものがあります．文献 [3] では，モデルを構成する原理から，幾何的・確率的・論理的モデルという観点と，それとは直交して，モデルの振る舞いから，グループ化・グレード化モデルという観点を挙げています．また，文献 [4]，[5] では，採用する確率モデルの推定法の違いから，生成モデル [4] と識別モデル [5] という観点が立てられています．体系的に機械学習を学ぶには，このようなモデルに基づく分類からスタートする方法もありますが，本書では，まず全体像をできるだけ平易に俯瞰することを目指したので，問題設定に基づく分類を行いました．

以後，本書ではここで示した分類に基づいて，順に機械学習技術を紹介してゆきます．識別・回帰など個別の問題に対して，それらを解決する機械学習アルゴリズムを示してゆきますが，それぞれはそこで取り上げられた問題専用のアルゴリズムではありません．カテゴリデータを入力とする識別問題を解決するアルゴリズムを，数値入力の識別問題にも適用したり，識別問題のアルゴリズムを回帰問題に適用することなども可能です．それらの方法を逐一解説していては非常に読みにくくなるので，いくつかの重要な手法を除いては，その章で示した問題を解決する手順としてアルゴリズムを考えてゆきます．

それでは，機械学習を楽しむ旅に出かけましょう．

演習問題

1.1 識別・回帰・モデル推定・パターンマイニングのそれぞれについて，本章で挙げた以外の応用事例を調査せよ．

第2章 機械学習の基本的な手順

Introduction

本章では，機械学習の基本的な手順を学びましょう．まず，それぞれのステップで理解しておくべき内容を解説したあとで，各ステップの作業を支援してくれるツールやコマンドを使いながら，具体的なデータでその内容を説明します．学習の中身に関しては次章以降で学ぶので，この章では少し特殊な学習法である「学習しない」機械学習手法（k-NN 法）[◆1] を使って，機械学習全体の手順（図2.1）を説明します．

図 2.1　機械学習の流れ

この章ではまず，Weka の Explorer インタフェースを用いて機械学習全体の流れを GUI (graphical user interface) から実行する手順を説明します．その後，Python の機械学習パッケージ scikit-learn で，同様の手順を実行する方法を説明します．次章以降の例題・演習問題では，これら二つの環境を必要に応じて使い分けて用います．

2.1　Weka を用いた機械学習

Weka（付録 B 参照）は，機械学習を含むデータマイニング一般のアルゴリズムを実装した Java のライブラリとして開発されました．用途に応じた GUI も複数備えています．本節では，その GUI の一つである Explorer インタフェースを用いて，図 2.1 に示した機械学習の手順を構成してみます．

[◆1] 学習データの中から，識別したい入力にもっとも近いものを探し，そのデータと同じクラスに識別する方法です（$k = 1$ の場合）．拍子抜けするほど単純なアイディアですが，識別率は意外に高いといわれています．

18 第 2 章 機械学習の基本的な手順

2.1.1 データ収集・整理

　機械学習の第一段階はデータ収集です．購買記録からのパターンマイニングなどのように，使用するデータがあらかじめ存在する場合と，自分でタスクと問題を設定して，そのために必要なデータを集める場合とがあります．教師あり学習を行う場合には，さらに正解の付与作業が必要になります．

　第 1 章で説明したように，機械学習に用いる学習データは，概念的には多次元ベクトルの集合です．多次元ベクトルの集合を機械可読な形式で表現する場合，ベクトルの各要素をカンマで区切り，1 行に 1 事例ずつデータを並べてゆくのが，もっとも単純な形式になります．この形式は CSV (Comma Separated Values) 形式とよばれ，表計算ソフトやテキストエディタで表示・編集・保存ができます．ただし CSV 形式では，カンマで区切られた何番目の要素が，どのような特徴を表しているのかは，データだけからはわかりません．最初に見出し行を付けるという方法も考えられますが，データの型など，もう少し情報をつけておきたいこともあります．それぞれの要素は数値なのかカテゴリなのか，カテゴリの場合はどのような値をとりうるのかという情報も，他人が使用する可能性があるデータを作成する際には必要です．CSV 形式に，これらの情報をヘッダ情報として加えたものが，Weka の標準データフォーマットである **ARFF** (Attribute-Relation File Format) 形式です．

　ARFF 形式のデータの例として，Weka に付属の iris.arff を図 2.2 に示します．これはアヤメ (iris) の種類を，その萼（がく）の長さ (sepal length)・幅 (sepal width)，花びらの長さ (petal length)・幅 (petal width) の，計四つの特徴を用いて識別するための学習データです．各事例の最後には，正解情報（Iris-setosa, Iris-versicolor, Iris-virginica のいずれか）が付いています．

　ARFF 形式のファイルにはデータセット名，特徴の情報，学習データを，この順で記述します．それぞれの記述方法について表 2.1 にまとめます．

　% で始まる行はコメントです．Weka 付属のデータのいくつかには，コメントとしてそのデータの作成元の情報，関係論文，特徴の詳細説明などが書かれています．

表 2.1　ARFF 形式の仕様

セクション名	形　式	内　容
データセット名	@relation 〈データセット名〉	データの名前を記述．
特徴の情報	@attribute 〈特徴名〉〈型〉	1 行に一つの特徴の情報を記述．データの各次元の意味は，特徴の出現順に対応する．
学習データ	@data	この行以降，1 行に 1 事例のデータを CSV 形式で記述．欠損している要素は？で表す．

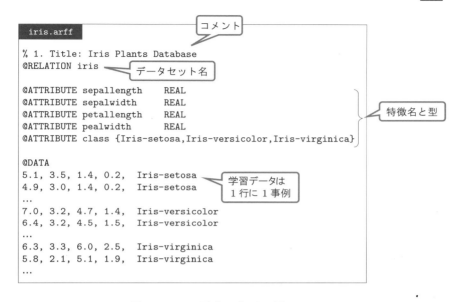

図 2.2　ARFF 形式のデータの例 (iris.arff)

@relation[※1] で指定するデータセット名は，ほかのデータ集合と区別する目的で，英数字または記号を用いて記述します[※2]．

@attribute では，特徴名とその型を指定します．特徴の型は，numeric（数値），カテゴリ，date（日付），string（文字列）のいずれかです．数値型として，integer や real と書かれているデータもありますが，いずれも numeric と見なされます．カテゴリ型[※3]の場合は，とりうる値を {yes, no} のようにカンマ区切りで並べて波括弧で囲みます．識別問題の正解情報は，このカテゴリ型を用いて，特徴名として class と指定することが一般的です[※4]．

@data と書いた次の行から，学習に用いるデータを 1 行に 1 事例の CSV 形式で記述します．

[※1] 図 2.2 では @RELATION と書かれています．Weka ではセクション名・特徴名・型に用いる大文字・小文字は区別されません．
[※2] 空白・カンマ・波括弧・% などを含めたい場合は，データセット名を引用符（' または "）で囲みます．特徴名も同様です．
[※3] Weka の内部では nominal と表記されます．
[※4] 教師あり学習に用いるデータの場合は，最後の特徴を正解とすることが習慣になっていますが，すべてのデータがその習慣に従っているという保証はありません．最後以外の特徴が正解を表す場合は，Weka にデータを読み込んでから指定する必要があります．

表 2.2 Weka 付属のデータ（一部）

データ名	内容	特徴	正解情報
breast-cancer	乳癌の再発	カテゴリ	クラス（2値）
contact-lenses	コンタクトレンズの推薦	カテゴリ	クラス（3値）
cpu	CPU の性能評価	数値	数値
credit-g	融資の審査	混合	クラス（2値）
diabetes	糖尿病の検査	数値	クラス（2値）
iris	アヤメの分類	数値	クラス（3値）
ReutersCorn	記事分類	文字列	クラス（2値）
supermarket	スーパーの購買記録	カテゴリ	なし
weather.nominal	ゴルフをする条件	カテゴリ	クラス（2値）
weather.numeric	ゴルフをする条件	混合	クラス（2値）

Weka には iris データ以外にも，表 2.2 のようなさまざまなデータが，ARFF 形式で用意されています．

本書ではこれらのデータを例題や演習問題で用いますが，その際は特徴と正解情報の組合せに注目して使用してください．特徴（次元数，データの散らばり具合，値をもつ次元の割合，欠損値の有無などの情報も含めて）と正解情報の組合せを見ただけで，適用すべきアルゴリズムが浮かぶようになれば，機械学習初心者卒業といえるでしょう．

2.1.2 前処理

ここから Weka を用いて，iris データに対する学習を行ってみましょう．Weka を起動すると，図 2.3 に示す起動画面が表示されます．この起動画面から [Explorer] と表示されたボタンをクリックして，Explorer インタフェースを起動します（図 2.4）．

図 2.3　Weka の起動画面

2.1 Wekaを用いた機械学習   21

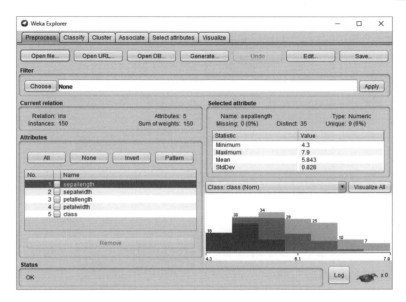

図 2.4　Explorer インタフェース：Preprocess

　Explorer インタフェースは，explorer（探検者）という名前のとおり，あるデータに対して，あるアルゴリズムが適用できるのか，学習時間はどれくらいかかりそうか，ある程度意味のある結果は得られそうか，などを調べるために，アルゴリズムやパラメータを変化させて，手探りで動かしてみるための環境です．図 2.1 で示した作業を，複数のタブを渡り歩いて行います．

　ここでは，データの読み込みと前処理を [Preprocess] タブで行います．

　まず，図 2.4 上部の [Open file...] というボタンをクリックし，ファイル読み込みのダイアログボックスを開いて，iris.arff を読み込みます[1,2]．読み込みが完了すると，図 2.4 の左下にある Attributes 領域に特徴名の一覧が表示されます．右側の Selected attribute 領域には，Attributes 領域で選択されている特徴の統計情報（数値型の場合は最大値・最小値・平均値・標準偏差等，カテゴリ型の場合は頻度）が表示されます．

　次に，同じ [Preprocess] タブで，データの前処理を行います．ここでは，前処理の方法として，次元削減と標準化を紹介します．

---

[1] Weka 付属のデータは，Weka をインストールしたフォルダにある data フォルダに入っています．
[2] [Preprocess] タブでデータを読み込むと，[Classify] タブや [Visualize] タブなど，機械学習を行うためのタブやデータ可視化のためのタブが有効になります．

次元削減

次元削減とは，特徴ベクトルの次元数を減らすことです．せっかく用意した特徴を減らすと聞くと，不思議な感じがするかもしれません．しかし一般的には，高次元の特徴には冗長性が多く含まれます．また，次元数が増えれば増えるほど，学習データが高次元空間上に疎らに存在することになり，そのような疎らなデータから得られたモデルは，一般的に汎化能力が低いことがわかっています．これを「**次元の呪い**」とよびます．したがって，特徴ベクトルの次元削減は，より汎化能力の高いモデルを学習するという観点から，重要な前処理ということになります．ここでは，特徴数削減の手法として，**主成分分析** (Principal Component Analysis; PCA) を紹介します．図 2.5 に，2 次元から 1 次元への削減を例として，主成分分析の手順を示します．

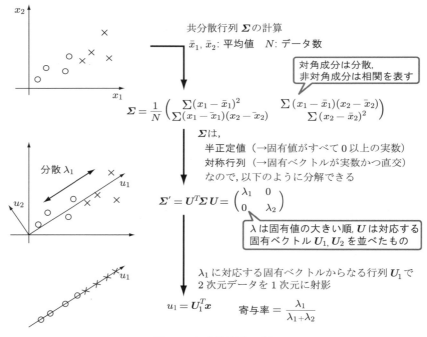

図 2.5 主成分分析の手順

主成分分析とは，相関が高い特徴を複数含むような冗長な高次元空間を，冗長性の少ない低次元空間に写像する行列を求める操作です．次元削減の対象である高次元特徴空間上にデータがどのように散らばっているかという情報は，データの統計的性質を表す共分散行列によって表現することができます．この共分散行列の情報をもとにして，低次元空間への写像を行う行列を作ってゆきます．

学習データ $\{x \mid x \in D\}$ の共分散行列 $\boldsymbol{\Sigma}$ は以下の式を用いて計算されます.

$$\boldsymbol{\Sigma} = \frac{1}{N} \sum_{\boldsymbol{x} \in D} (\boldsymbol{x} - \boldsymbol{\mu})(\boldsymbol{x} - \boldsymbol{\mu})^T \tag{2.1}$$

ここで，$\boldsymbol{\mu}$ は D の平均ベクトル，N は D の要素数です．平均ベクトル $\boldsymbol{\mu}$ は以下の式を用いて計算されます.

$$\boldsymbol{\mu} = \frac{1}{N} \sum_{\boldsymbol{x} \in D} \boldsymbol{x} \tag{2.2}$$

図 2.5 左上に示すような 2 次元データの場合，平均ベクトルを $\boldsymbol{\mu} = (\bar{x}_1, \bar{x}_2)^T$ とすると，共分散行列 $\boldsymbol{\Sigma}$ は以下のようになります.

$$\boldsymbol{\Sigma} = \frac{1}{N} \begin{pmatrix} \sum_{\boldsymbol{x} \in D} (x_1 - \bar{x}_1)^2 & \sum_{\boldsymbol{x} \in D} (x_1 - \bar{x}_1)(x_2 - \bar{x}_2) \\ \sum_{\boldsymbol{x} \in D} (x_1 - \bar{x}_1)(x_2 - \bar{x}_2) & \sum_{\boldsymbol{x} \in D} (x_2 - \bar{x}_2)^2 \end{pmatrix} \tag{2.3}$$

対角成分は，次元ごとのデータの散らばり具合を表す分散に対応し，非対角成分は次元間の相関を表します.

次に，この共分散行列の固有値と固有ベクトルを求めます．固有値の大きい順に，それに対応する固有ベクトルの方向が，データの散らばりが大きい（すなわち，識別するにあたって情報が多い）方向となります．固有ベクトルどうしは直交するので，固有値の大きい順に軸として採用すると，特徴空間を構成することができます．たとえば上位 n 位までなら n 次元空間が構成でき，これらはもとの高次元特徴空間のデータの散らばりをもっともよく保存した n 次元空間ということになります[1]．特徴空間の次元数が下がれば下がるほど，学習において推定するべきパラメータ数が少なくなるので，学習結果の信頼性が高まります．もっとも，もとのデータの情報が大きく損なわれるほどに次元を削減してしまっては意味がないので，n をいくつにするかの調整は難しいところです．主成分分析によって構成した軸では，対応する固有値が分散になるので，「すべての軸の固有値の和」に対する「採用した軸の固有値の和」の比（累積寄与率）を計算することで，次元削減後の空間が，もとのデータの情報をどの程度保存しているのか，見当をつけることができます.

---

[1] $n = 2$ とすると，主成分分析は，高次元情報を 2 次元平面で可視化する手法として考えることができます.

標準化

特徴の値の範囲を揃えておく**標準化 (standardization)** も，前処理としては重要な処理です．一般に，特徴は各次元それぞれ独立の基準で計測・算出するので，その絶対値や分散が大きく異なることがあります．これをベクトルとして組み合わせて，そのまま学習を行うと，絶対値の大きい特徴量の寄与が大きくなりすぎるという問題があるので，値のスケールを合わせる必要があります．また，入力の平均値を特定の値に合わせておくと，学習対象であるモデルのパラメータの初期値を，個別のデータに合わせて調整する必要がなくなります．このようなことを目的として，一般的には以下の式に従ってそれぞれの次元の平均値を 0 に，標準偏差を 1 に揃えます．この処理を標準化とよびます．

$$標準化後の値 = \frac{もとの値 - その次元の平均値}{その次元の標準偏差} \tag{2.4}$$

今回用いる iris データは，事例数 150 に対して特徴の次元数が 4 で，あまり多いとはいえないので，次元削減は行わず，特徴間で値のスケールを合わせる標準化のみ行います．前処理は，図 2.4 に示した [Preprocess] タブ中の Filter 領域で，[Choose] ボタンから個々の前処理にあたるフィルタを選択し，必要であればパラメータを調整したあと[1]，[Apply] ボタンでそのフィルタを適用します．ここでは，標準化を行うフィルタである [Standardize] を選んで[2] 適用したあと，Selected attribute 領域でそれぞれの特徴が平均値 (Mean) 0，標準偏差 (StdDev) 1 になっていることを確認してください．

次に，[Visualize] タブに移動して，前処理後のデータを確認してみます．[Visualize] タブでは，図 2.6 に示すように，読み込んだデータの分布を任意の 2 次元を選んで表示させることができます．表示が小さい場合は，PlotSize スライダでグラフの大きさを，PointSize スライダで点の大きさを変更することができます．大きさを設定したあと，[Update] ボタンで設定を更新する操作が必要です．

図に表示されている散布図では，iris データの 3 クラスが，色分けされて表示されています．いずれかの特徴の組合せで，それぞれのクラスがある程度の塊になっていれば，識別はそれなりの性能が期待できます．一方，どの特徴の組合せでもクラスがべったり重なっていれば，このまま識別に進んでもあまり高い性能は期待できないので，使用する特徴を見直す必要があります．

---

[1] [Choose] ボタンでフィルタを選択後，その右側のテキストボックスをクリックすると，パラメータ調製のダイアログが開きます．

[2] 有用なフィルタのほとんどは [weka] → [filters] → [unsupervised] → [attribute] の下にあります．

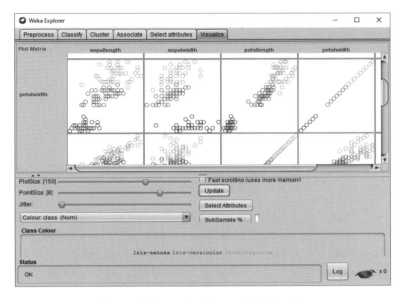

図 2.6 Explorer インタフェース：Visualize

2.1.3 評価基準の設定

　それでは学習です，とゆきたいところですが，その前に学習結果の評価基準を設定します．

　ここで扱っているデータは iris データなので，教師あり・識別の場合の評価基準を考えます．この場合，学習データに対して正解率 100% でも意味がありません．未知データに対してどれだけの正解率が期待できるかが評価のポイントですが，どうやって未知データで評価すればよいのでしょうか．

　学習データが大量にある場合は，半分を学習用，残り半分を評価用として分ける方法が考えられます．この方法を**分割学習法**とよびます．評価用に半分というのは，多すぎるように見えるかもしれませんが，評価用データがあまりに少ないと，未知データの分布とまったく異なる可能性が高くなり，評価そのものが信頼できなくなります．また，モデルのパラメータの調整を行うような場合では，データを学習用・調整用・評価用と分けるケースもあります．

　しかし，iris データは 150 事例しかないので，分割学習法で評価するのは難しそうです．このような場合，一般的には**交差確認法**（Cross Validation method; CV 法）とよばれる方法を用いて評価します（図 2.7）．この方法では，学習データを m 個の集合に分割し，そのうちの $m-1$ 個で学習を行い，除外した残りの一つで評価を行い

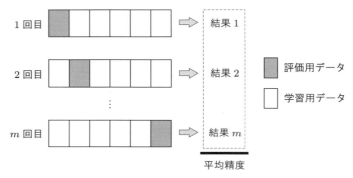

図 2.7 交差確認法

ます.そして,その除外するデータを順に交換することで,合計 m 回の学習と評価を行います.これで,全データがひととおり評価に使われ,かつその評価時に用いられる識別器は評価用データを除いて構築されたものとなっています.m を交差数とよび,技術論文では交差数 m を 10 とするケース (10-fold CV) や,データの個数とするケースがよく見られます.m がデータの個数の場合を**一つ抜き法** (leave-one-out method) とよびます.

評価基準の設定は [Classify] タブ(図 2.8)で行います.交差確認法で評価する場合は,Test options 領域で Cross-validation にチェックを入れ,Folds の横のテキストボックスに交差数を入力します.

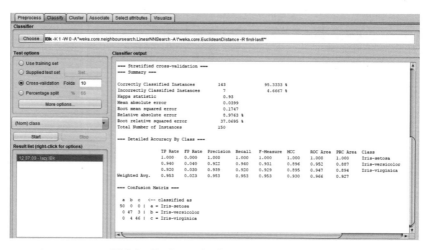

図 2.8 Explorer インタフェース:Classify

2.1.4 学 習 —k-NN法—

さて，いよいよ学習です．ここでは学習アルゴリズムとして，入力されたデータに近い学習データを近い順に k 個選び，多数決などで所属するクラスを決定する **k-NN法** (k-Nearest Neighbor method) を使います（図 2.9）．

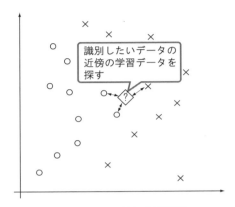

図 2.9　k-NN 法による識別

k-NN 法は，いわば学習データを集めるだけの学習法です．$k = 1$ の場合，識別したいデータともっとも近い学習データを探して，その学習データが属するクラスを答えとします．$k > 1$ の場合は，多数決をとるか，距離の重み付き投票で識別結果を決めます．この k-NN 法で調整するべきパラメータは，以下のものがあります．

- 近傍として探索するデータ数 k

  k が 1 の場合にもっとも複雑な境界となります．k が増えるに従って境界は滑らかになりますが，あまり大きいと識別性能が低下します．

- 距離尺度

  通常は $\mathrm{Dist}(\boldsymbol{x}, \boldsymbol{x}') = \sqrt{\sum_{i=1}^{d}(x_i - x'_i)^2}$ で計算されるユークリッド距離を用います．値をもつ次元が少ない疎（そ）なデータの場合は，$\mathrm{Dist}(\boldsymbol{x}, \boldsymbol{x}') = \sum_{i=1}^{d}(|x_i - x'_i|)$ で計算されるマンハッタン距離が有効な場合もあります．

- 探索方法

  通常は，入力と全データとの距離を計算してソートを行います．データが多い場合は，事前にデータを木構造化し，探索を効率よく行う場合もあります．

これから機械学習を学ぼうと意気込んでいる皆さんに，最初に紹介するのが「学習しない」学習法なので，がっかりされたかもしれません．しかし，データが大量に入

手・記録可能で，かつ並列で高速に近傍計算ができる現在では，k-NN法は驚くほどの性能を示すこともあります．たとえば，スマートフォンの音声対話アプリで実現されている発話理解手法の一部は，k-NN法の考え方に近いものです．

Explorerインタフェースでは，[Classify]タブ（図2.8）で学習を行います．Classifier領域の[Choose]ボタンから，k-NN法の実装である[IBk]◆1を選択し，選択後に[Choose]ボタン右側のテキストボックスをクリックすると，パラメータ設定画面が表示されます．k-NN法の主たるパラメータは近傍の事例数kで，そのほかに距離尺度の設定や，高速計算法の設定が行えます．

今回はデフォルトのパラメータで実行してみましょう．Explorerインタフェースの左側中央にある[Start]ボタンを押すと学習が行われ，その結果がClassifier output領域に表示されます．

2.1.5 結果の可視化

最後のステップは，学習結果の可視化です．識別結果からいくつかの評価指標の値を計算し，表やグラフとして表示します．

図2.8に示すように，学習が終了するとClassifier output領域に主要な評価指標が自動的に表示されます．左下のResult list領域には，学習を実行した時刻と識別器名のペアで結果が表示されており，識別器によっては，右クリックから可視化できる情報をもつものがあります．今回のk-NN法では，Classifier output領域の表示内容の解釈を中心に説明します．

混同行列からの評価指標の計算

まず，説明を単純にするために2クラス識別問題の評価法を考えます．2クラス問題では，入力がある概念に当てはまるか否かを判定します．たとえば，ある病気か否か，迷惑メールか否か，というような問題です．設定した概念に当てはまる学習データを正例 (positive)，当てはまらないデータを負例 (negative) といいます．迷惑メールの識別問題では，迷惑メールが正例なので，これをpositiveとみなすのは少し変な気がしますが，惑わされないでください．あくまでも設定した概念に当てはまるか否かで，正例・負例が決まります．

さて，識別器を作成し，テストデータでその評価を行うと，その結果は表2.3のように表すことができます．正例を正解＋，負例を正解−，識別器が正と判定したものを予測＋，負と判定したものを予測−とします．この表のことを**混同行列** (confusion

---

◆1 [lazy]のグループにあります．

2.1 Weka を用いた機械学習　　**29**

表 2.3　混同行列の例

	予測 +	予測 −
正解 +	30	20
正解 −	10	40

matrix），あるいは**分割表** (contingency table) とよびます.

対角成分が正解数，非対角成分が間違いの数を示します．たとえば，正解 + の行の数値は，正例 50 個のうち，識別器が正と判定したものが 30 個，負と判定したものが 20 個であったことを示します．この表から得られるもっとも単純な評価指標は，識別器が正しい答えを出した割合で，正解数を全データ数 $(30 + 20 + 10 + 40 = 100)$ で割ることで求めます．表 2.3 の場合は $(30 + 40)/100 = 0.7$ となり，この値を**正解率** (accuracy) とよびます.

実は，機械学習の評価は，正解率を算出して終わり，というほど単純なものではありません．たとえば，正例に比べて負例が大量にあるデータを考えてみましょう[1]．もし，正例のデータがでたらめに判定されていても，負例のデータがほとんど正確に判定されていたとしたら，正解率は相当高いものになります．そのような状況を見極めるために，機械学習の結果はさまざまな指標で評価する必要があります．有効な指標を紹介する前に，まず，混同行列の各要素に，表 2.4 に示す名前をつけておきます.

表 2.4　評価指標の定義

	予測 +	予測 −
正解 +	true positive (TP)	false negative (FN)
正解 −	false positive (FP)	true negative (TN)

たとえば，左上の要素は，正例に対して識別器が正 (positive) であると正しく (true) 判定したので，true positive といいます[2]．一方，右上の要素は，正例に対して識別器が負 (negative) であると間違って (false) 判定したので，false negative とよびます．前の語が判定の成否 (true or false) を，後ろの語が判定結果 (positive or negative) を表します.

これらの定義を用いると，正解率 Accuracy は以下のように定義できます.

$$\text{Accuracy} = \frac{\text{TP} + \text{TN}}{\text{TP} + \text{FN} + \text{FP} + \text{TN}} \tag{2.5}$$

---

[1] たとえば，特定の疾病の判定などが一例です．病気にかかっていない人の数は，病気にかかっている人の数に比べてはるかに多いのが普通です.

[2] 以後の式中で true positive の事例数を表すのに TP という略称を用います．ほかも同様です.

30 第 2 章　機械学習の基本的な手順

また，識別器が正と判断したときに，それがどれだけ信頼できるか[1] という指標を表すために，**精度 (precision)**[2] が以下のように定義されます．

$$\text{Precision} = \frac{\text{TP}}{\text{TP} + \text{FP}} \tag{2.6}$$

さらに，正例がどれだけ正しく判定されているか[3] という指標を表すために，**再現率 (recall)** が以下のように定義されます．

$$\text{Recall} = \frac{\text{TP}}{\text{TP} + \text{FN}} \tag{2.7}$$

精度と再現率を総合的に判断するために，その調和平均[4] をとったものを **F 値 (F-measure)** とよび，以下のように定義されます．

$$\text{F-measure} = 2 \times \frac{\text{Precision} \times \text{Recall}}{\text{Precision} + \text{Recall}} \tag{2.8}$$

精度と再現率は一般にトレードオフの関係にあり，識別器によっては，パラメータ設定でその値を調整することができます．たとえば，iris データの sepallength 特徴だけを用いて閾値 θ を設定し，入力が θ より小さければ Iris-setosa（正例）と判定する単純な識別器を考えてみます．sepallength 特徴の値の分布は図 2.10 のようになり，どこに閾値 θ を設定しても精度・再現率ともに 1 となることはありません．θ を小さめ（たとえば 4.8）に設定すれば，精度は 1 ですが，再現率が悪くなります．一方，θ を大きめ（たとえば 6.0）に設定すれば再現率は 1 になりますが，精度が下がります．

タスクによっては，精度を重視してパラメータを設定することもあれば，逆に再現率を重視する場合もあるでしょう．とくにどちらかを重視したいという状況でなければ，F 値で性能を測定するのが妥当です．

---

[1] たとえば，ある病気にかかっていると判定されたとき，それがどれだけ確からしいかということです．

[2] 情報検索の分野では，適合率とよばれます．検索して得られた情報 (TP + FP) の中で，問い合わせに適合 (TP) しているものの割合を示します．

[3] たとえば，対象データ中の病気をもつ人がどれだけ正しく抽出できているかということです．

[4] 精度と再現率では，式の分母が異なるので，単純平均ではその総合的な性能は求まりません．往路を 4 km/h，復路を 6 km/h で歩いたときの平均速度を求める問題と同じで，答えは 5 km/h ではなく，$2 \times (4 \times 6)/(4 + 6) = 4.8$ km/h が正しい答えとなります．

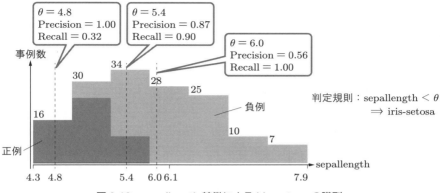

図 2.10　sepallength 特徴による iris-setosa の識別

ROC 曲線を用いた結果の調整

精度あるいは再現率のどちらかを重視する場合に，閾値を変えたときの精度と再現率の関係を見ることができれば，タスクで要求される適切な設定にすることができます．このためには，**ROC 曲線** (ROC curve)（図 2.11）を用います[1]．

ROC 曲線は，横軸に false positive rate（FPR = FP/負例数），縦軸に true positive rate（TPR = TP/正例数）をとって，閾値を変えていったときの値をプロットしたものです．

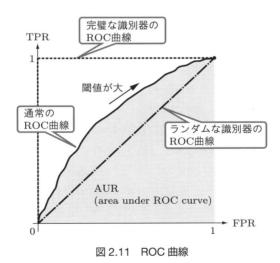

図 2.11　ROC 曲線

---

[1] ROC は Receiver Operating Characteristic の略で，もとはレーダーの受信感度設定に用いられていました．受信感度を上げれば調査対象を捉え損なうことは少なくなりますが，調査対象外の反応の多さに悩まされます．感度を下げれば静かになりますが，調査対象を捉え損なう可能性が高くなります．

ROC 曲線は必ず原点から始まり，必ず $(1,1)$ の点で終わります．図 2.10 の例では，識別器のパラメータを $\theta < 4.3$ で正例と判定するように設定すれば，すべてのテストデータが負と判定され，$\mathrm{TPR} = \mathrm{FPR} = 0$ となるので，この識別器は ROC 曲線の原点に対応します．一方，識別器のパラメータを $\theta < 8.0$ で正例と判定するように設定すれば，すべてのテストデータが正と判定され，$\mathrm{TPR} = \mathrm{FPR} = 1$ となるので，この識別器は ROC 曲線の $(1,1)$ の点に対応します．このパラメータを 4.3 から 8.0 まで小刻みに変化させてゆくと，原点から始まり，$(1,1)$ で終わる図 2.12 のような ROC 曲線を描くことができます．

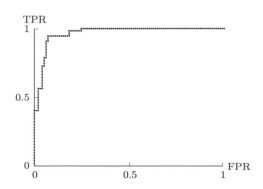

図 2.12 閾値のみで判定する識別器の ROC 曲線

比較のために，異なる識別器の ROC 曲線を考えてみましょう．もしランダムに正負を出力する識別器があれば，その正負の出力の割合を変えることで，ROC 曲線は原点と $(1,1)$ を結ぶ直線になります（図 2.11 の「ランダムな識別器の ROC 曲線」）．一方，パラメータ調整によって 100% の正解率を達成できる完璧な識別器は，原点から出発し，θ を大きくするにつれて TPR の軸に沿って昇ってゆき，$(0,1)$ すなわち $\mathrm{FPR} = 0$，$\mathrm{TPR} = 1$ の理想的な点に達します．その後，θ を大きくしてゆくと，FPR が大きくなり，$(1,1)$ に達します（図 2.11 の「完璧な識別器の ROC 曲線」）．

通常の識別器に対する ROC 曲線は，ランダムな識別器と完璧な識別器の間に存在します．完璧な識別器までの近さは，ROC 曲線の下側の面積である AUR (area under ROC curve) の値で評価することができます．完璧な識別器は $\mathrm{AUR} = 1$，ランダム識別器は $\mathrm{AUR} = 0.5$ となるので，AUR が 1 に近いほど，よい識別器であるということができます．

このように，機械学習の結果はさまざまな評価指標やグラフを使って評価することになります．

多クラス識別の評価法としては，クラスごとの精度や再現率を求め，その平均を計

算するマクロ平均と，各クラスでの混同行列を作成し，それらを集計するマイクロ平均とがあります．各クラスの事例数の違いが大きいときは，マイクロ平均または事例数で重みをつけたマクロ平均を用います．

Explorer インタフェースの [Classify] タブ（図 2.8）では，[Start] ボタンで学習・評価が行われ，右側の Classifier output 領域に結果が表示されます．ここで識別に用いている k-NN 法は，精度・再現率を調整するパラメータをもたないので，ここでは結果末尾の混同行列から，正解率（`Correctly Classified Instances` の右に正しく分類された事例数が表示され，その後の数字が正解率）・精度・再現率・F 値を確認しておきましょう．

2.2 Python による機械学習

プログラミング言語 Python（付録 C 参照）は，オブジェクト指向スクリプト言語です．コンパイルが不要なので，短いコードを書いて，その実行結果を確認しながらプログラムを組んでゆくことができます．また，ブラウザでコードの作成・実行・保存ができる Jupyter Notebook は，コーディングを通じて機械学習を学ぶ環境として適したものです．

2.2.1 scikit-learn を用いた機械学習の手順

本節では，Python の機械学習パッケージ scikit-learn を使って，2.1 節と同様の手順をコーディングします．全体の手順を図 2.13 に示し，それぞれについて以下の節で説明します．

scikit-learn では，全体のパッケージである sklearn のサブパッケージとして，データの読み込みから，学習を行った結果表示までを行うための機能が提供されています．これらのサブパッケージから必要なメソッドやクラスをコードの冒頭で `import` して使用します．また，scikit-learn では処理の高速化のために数値計算パッケージ numpy を使用しているので，ほとんどすべてのコードで numpy の `import` が必要になります．これ以外に，グラフの表示のためのパッケージ matplotlib や，データ読み込みのためのパッケージ pandas も必要に応じて読み込んでおきます．

ここでは，前節で説明したものと同様の手順で学習を行うため，以下のパッケージを読み込みます[1].

◆1 `%matplotlib inline` という記述は，Jupyter Notebook の中で matplotlib を用いたグラフを表示するのに必要なコマンドです．

第2章 機械学習の基本的な手順

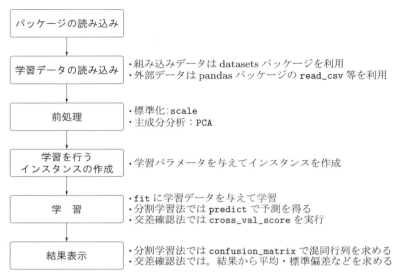

図 2.13 scikit-learn を用いた機械学習の典型的な手順

```
1   %matplotlib inline
2   import numpy as np
3   import matplotlib.pyplot as plt
4   from sklearn.datasets import load_iris
5   from sklearn.decomposition import PCA
6   from sklearn import preprocessing
7   from sklearn.neighbors import KNeighborsClassifier
8   from sklearn.model_selection import cross_val_score
9   from sklearn.model_selection import cross_val_predict
10  from sklearn.metrics import confusion_matrix
```

2.2.2 データの読み込み

scikit-learn でも，Weka と同様にいくつかのサンプルデータが用意されています[※1]．前節で取り上げた iris データを利用する際には，以下に示すコードを書きます．このコードで，変数 iris は，特徴ベクトル，正解データ，特徴名，データの説明などのさまざまな情報が詰まったオブジェクトになります．

```
11  iris = load_iris()
12  print(iris.DESCR)
13  X = iris.data
14  y = iris.target
```

[※1] http://scikit-learn.org/stable/datasets/

サンプルデータのいくつかには，DESCR 属性の値としてデータの概要・特徴の説明・統計情報などが記述されているので，表示して内容を確認しています．特徴ベクトルは data 属性の値として，また正解データは target 属性の値として格納されているので，ここでは，以降の章での数式を用いた説明に合わせて，特徴ベクトルの集合を X，正解データを y という変数に入れ直しておきます．

ここで，X は numpy の n 次元アレイ (ndarray) で，データ数 × 特徴の次元数からなる 150 行 4 列の行列です．このように特徴ベクトルを行ベクトルに転置して，列方向に並べたものを**パターン行列**とよびます．また，y も numpy の n 次元アレイで，150 個の要素からなる列ベクトル（すなわち 150 行 1 列の行列）です．値はクラス名を表す文字列ではなく，それをクラス番号に置き換えた数値（iris データは 3 クラスなので 0, 1, 2）が入っています[1]．

2.2.3 前処理

ここでは，主成分分析によって 4 次元データを 2 次元にする次元削減を行い，散布図を出力して，この識別問題がどのくらい難しいのかの見当をつけてみます．まず，decomposition パッケージにある PCA クラスのインスタンスを作成します．削減後の次元数は，インスタンス作成時に n_components 引数の値として与えます．そして，主成分分析を行う fit_transform メソッドを，変換したいデータを引数に与えて呼び出します．結果はメソッドの戻り値として得られるので，それを変数 X2 に格納しておきます．X2 は 150 行 2 列の行列となります．

```
15  pca = PCA(n_components=2)
16  X2 = pca.fit_transform(X)
```

この結果を，matplotlib パッケージを用いてグラフで出力します．グラフの種類は，2 次元平面上にデータを点でプロットする散布図を使います．matplotlib.pyplot パッケージの plot メソッドを，第 1 引数として横軸の値の並び，第 2 引数として縦軸の値の並び，第 3 引数として点の種類を表す記号を与えて呼び出すと，図 2.14 のようなグラフが表示されます．

```
17  plt.plot(X2[y==0,0], X2[y==0,1],"ro")
18  plt.plot(X2[y==1,0], X2[y==1,1],"g.")
19  plt.plot(X2[y==2,0], X2[y==2,1],"bx")
```

---

[1] Jupyter Notebook では，セル（の最後の行）に変数名を書いて実行すると，その変数の値を表示させることができます．X や y の値を確認しておきましょう．

出力▶▶▶

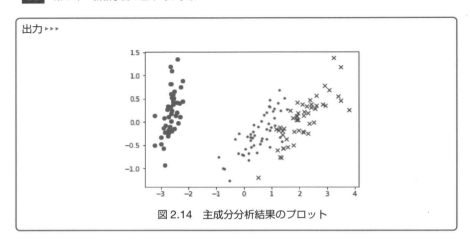

図2.14 主成分分析結果のプロット

plotメソッドの第1，第2引数にあるX2[y==0,0]のような記述は，行列X2の中から，ベクトルyの値が0にあたる行だけ取り出し，その0列目を抜き出すということを示しています．また，第3引数の1文字目は色，2文字目は点の形を示しています．たとえば，"ro"は赤(red)の丸を表します．

ここでは，主成分分析の結果は，データのクラスごとのまとまり具合を見る程度にしておいて，識別には，2.1節と同様に，もとの4次元データXを使います．パターン行列Xに対しては，各特徴の平均と分散を揃える標準化処理を行います．scikit-learnでは，さまざまな前処理がpreprocessingサブパッケージに用意されています．標準化を行うメソッドはscaleです．

```
20  X_scaled = preprocessing.scale(X)
```

この処理で平均0，標準偏差1になっていることは，X_scaled.mean(axis=0)，X_scaled.std(axis=0)の結果を表示させて確認することができます．なお，それぞれのメソッドの引数axis=0は，列単位でそれぞれの処理を行うことを指示しています．

2.2.4 評価基準の設定と学習

scikit-learnでは，さまざまな学習アルゴリズムを実現した識別器がクラスとして用意されています．scikit-learnにおける学習の基本的な手順は以下のようになります．

1. 学習時のパラメータを引数として，識別器クラスのインスタンスを作成
2. 特徴ベクトルと教師ベクトルを引数として，fitメソッドを実行

3. 識別したい特徴ベクトルを引数として，`predict` メソッドを実行

学習時のパラメータの種類やデフォルト値は，実装されているアルゴリズムによって異なります．一度インスタンスを作成すると，`fit` メソッドで学習，`predict` メソッドで予測という手順は，学習アルゴリズムの違いにかかわらず共通になります．

特定の学習アルゴリズムを交差確認法で評価するには，識別器のインスタンスを作成し，交差確認を行うメソッドに学習データとともに渡すという手順になります．まず，パラメータを与えて識別器のインスタンスを作成します．k-NN 法は，neighbors パッケージに **KNeighborsClassifier** クラスとして実装されています．ここでは，探索する近傍のデータ数は 1 として，インスタンスを作成します．

```
21  clf = KNeighborsClassifier(n_neighbors=1)
22  print(clf)
```

```
出力 ▸▸▸
KNeighborsClassifier(algorithm='auto', leaf_size=30, metric='minkowski',
          metric_params=None, n_jobs=1, n_neighbors=1, p=2,
          weights='uniform')
```

識別器のインスタンスの値の表示には，パラメータの値も含まれます．インスタンス作成時に指定していないパラメータがいくつも現れていますが，これは Python での関数呼び出しにおけるデフォルト引数の機能を使ったものです．明示的に指定していないパラメータは，デフォルトの値が適用されます．パラメータの種類やデフォルトの値は，API Reference[1] を読んで確認しておくようにしましょう．

学習と評価は，model_selection パッケージの **cross_val_score** メソッドを，識別器のインスタンス・学習データ・正解データ・交差数 (cv) などを引数として呼び出します．戻り値の **scores** は，交差数を要素数とするベクトルで，各要素は正解率を表します．

```
23  scores = cross_val_score(clf, X_scaled, y, cv=10)
```

2.2.5　結果の表示

単純な正解率は，ベクトル **scores** の平均で求まります．また，各交差の安定性を見るために 95% 信頼区間（±標準偏差の 2 倍）も合わせて表示しておきます．

---

[1] http://scikit-learn.org/stable/modules/generated/sklearn.neighbors.KNeighborsClassifier.html

38 第 2 章 機械学習の基本的な手順

```
24  print("Accuracy: %0.2f (+/- %0.2f)" % (scores.mean(), scores.std()*2))
```

結果は，Accuracy: 0.95 (+/- 0.13) のように表示されます．

また，混同行列を求める場合は，cross_val_score メソッドではなく，cross_val
_predict メソッドを用いて識別器の出力を記録しておいて，metrics パッケージの
confusion_matrix を用いて計算します．

```
25  y_pred = cross_val_predict(clf, X_scaled, y, cv=10)
26  print(confusion_matrix(y, y_pred))
```

出力 ▶▶▶
```
[[50  0  0]
 [ 0 47  3]
 [ 0  4 46]]
```

精度・再現率・F 値は，これらの値から計算することができます．

2.3 まとめ

本章では Weka の Explorer インタフェースと Python の scikit-learn を用いて，
機械学習の典型的な手順を説明しました．以後，説明の中心となるのは学習アルゴリ
ズムです．入力データの種類や学習の目的を変えたときに，どのような学習アルゴリ
ズムを用いることができるのか，また，学習結果の評価はどのようにすればよいか，
ということを，第 1 章で述べた分類に従って順に説明してゆきます．

なお，Weka の詳細については，ツールの作者らの著書 [6] を参照してください．
scikit-learn については，プロジェクトのサイト◆1 にあるドキュメントが一番信頼で
きる情報源です．

演習問題

2.1 (Weka) 付録 B.2 を参考に，Weka の KnowledgeFlow インタフェースを用いて，2.1 節
で説明した内容の実験を行え．

2.2 (Python) Python の scikit-learn で計算した混同行列から，精度・再現率・F 値を計
算するコードを作成せよ．

◆1 http://scikit-learn.org/stable/

第3章 識別 —概念学習—

Introduction

この章では，各次元がカテゴリデータである特徴ベクトルと，その正解クラスの情報からなる学習データを用いて，「クラスの概念を得る方法」について説明します．たとえば，「乳癌が再発しやすい」という概念を，年齢・腫瘍のサイズ・放射線治療の有無などの情報を組み合わせて表現することを学習することが目的になります[1]．

3.1 カテゴリ特徴に対する「教師あり・識別」問題の定義

第3章から第5章では，正解情報の付いた学習データを用いる教師あり学習の設定で，識別を行うモデルを学習する方法について説明します．まず，第3章と第4章は，カテゴリデータからなる特徴ベクトルを入力として，それをクラス分けする（すなわち属するクラスを出力する）識別器を作る方法について学びます（図3.1）．

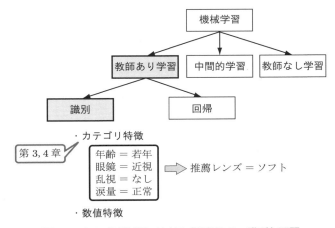

図3.1 カテゴリ特徴に対する「教師あり・識別」問題

---

[1] Weka の breast-cancer データのタスク設定です．

40 第3章 識別 —概念学習—

識別問題は教師あり学習なので，学習データは特徴ベクトル $\boldsymbol{x}_i$ と正解情報 y_i のペアからなります．

$$\{(\boldsymbol{x}_i, y_i)\}, \quad i = 1, \ldots, N$$

ここでの設定は，特徴ベクトル $\boldsymbol{x}_i$ の各次元および正解情報 y_i がいずれもカテゴリです．とくにカテゴリ形式の正解情報のことを**クラス**とよびます．

このカテゴリ特徴に対する「教師あり・識別」問題に対して，いかに納得のゆく概念モデルを獲得するか，という点に重点を置いたものが，この章で説明する概念学習です．一方，特徴が与えられたときに，それがあるクラスに属する確率を計算するモデルの獲得を目的とするものが，第4章で説明する統計的手法です．

3.2 概念学習とバイアス

機械学習において与えられるデータは，個々の事例です．その個々の事例から，あるクラスについて共通点を見つけることが，**概念学習**です．共通点は，特徴の値の組合せによって表現されます．

具体的に学習データを見ながら考えてゆきましょう．表3.1に示すデータは，Weka付属の contact-lenses データで，目の健康に関する特徴を用いて「ソフトコンタクトレンズの使用を勧める」・「ハードコンタクトレンズの使用を勧める」・「コンタクトレンズの使用を勧めない」という概念を獲得するための架空のデータです．

それぞれの特徴は，表3.2に示すいずれかの値をとります．

例として，このデータから，「コンタクトレンズの使用を勧めない」という概念を獲得する手順を考えてみます．対象とする概念に当てはまるデータ（クラス none のデータ）が正例，当てはまらないデータ（クラス soft とクラス hard のデータ）が負例となります．

3.2.1 初期の概念学習

1970年代の概念学習の研究における初期の段階では，概念の表現形式を限定することで，データに当てはまる概念の仮説を少なくし，その仮説の空間を探索することで概念を求める手法が開発されました．そのような手法として，**FIND-S アルゴリズム**や，**候補削除アルゴリズム**があります（図3.2）．

図 (a) に示す FIND-S アルゴリズムは，仮説の表現を，特徴に対する制約を論理積 (AND) で結合したものに制限します．たとえば，「年齢が若年かつ乱視がない」と

3.2 概念学習とバイアス **41**

表 3.1　コンタクトレンズデータ (contact-lenses.arff)

No.	age	spectacle-prescrip	astigmatism	tear-prod	contact-lenses
1	young	myope	no	reduced	none
2	young	myope	no	normal	soft
3	young	myope	yes	reduced	none
4	young	myope	yes	normal	hard
5	young	hypermetrope	no	reduced	none
6	young	hypermetrope	no	normal	soft
7	young	hypermetrope	yes	reduced	none
8	young	hypermetrope	yes	normal	hard
9	pre-presbyopic	myope	no	reduced	none
10	pre-presbyopic	myope	no	normal	soft
11	pre-presbyopic	myope	yes	reduced	none
12	pre-presbyopic	myope	yes	normal	hard
13	pre-presbyopic	hypermetrope	no	reduced	none
14	pre-presbyopic	hypermetrope	no	normal	soft
15	pre-presbyopic	hypermetrope	yes	reduced	none
16	pre-presbyopic	hypermetrope	yes	normal	none
17	presbyopic	myope	no	reduced	none
18	presbyopic	myope	no	normal	none
19	presbyopic	myope	yes	reduced	none
20	presbyopic	myope	yes	normal	hard
21	presbyopic	hypermetrope	no	reduced	none
22	presbyopic	hypermetrope	no	normal	soft
23	presbyopic	hypermetrope	yes	reduced	none
24	presbyopic	hypermetrope	yes	normal	none

表 3.2　コンタクトレンズデータの特徴値

特　徴	値
age（年齢）	{young, pre-presbyopic, presbyopic}（若年，老眼前期，老眼）
spectacle-prescrip（眼鏡）	{myope, hypermetrope}（近視，遠視）
astigmatism（乱視）	{no, yes}（なし，あり）
tear-prod-rate（涙量）	{reduced, normal}（減少，正常）
contact-lenses（クラス）	{soft, hard, none}（ソフト，ハード，なし）

いう概念である「age ＝ young ∧ astigmatism ＝ no」は，探索対象の仮説です．一方，「年齢が若年または老眼前期」という概念を論理和 (OR) の記号を用いて表した「age ＝ young ∨ age ＝ pre-presbyopic」は，探索対象の仮説ではありません．このように，仮説に対して課す制約を**バイアス**とよびます．探索の最初は，もっとも特殊な仮説（いかなる事例も正ではない）からスタートします．そして，正例を一つずつ

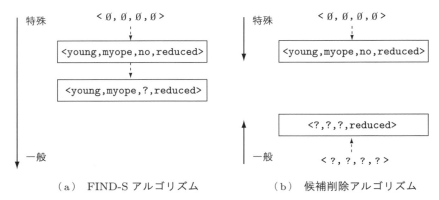

（a） FIND-S アルゴリズム　　　（b）　候補削除アルゴリズム

図 3.2　初期の概念学習アルゴリズム

読み込んで，その事例の値を受け入れるように仮説を最低限一般化します．
たとえば，表 3.1 のデータにおいて，最初の正例である 1 番のデータから，論理式「age = young ∧ spectacle-prescrip = myope ∧ astigmatism = no ∧ tear-prod = reduced」が仮説として得られます．次の正例である 3 番のデータは，age, spectacle-prescrip, tear-prod の値はこの論理式に当てはまりますが，astigmatism の値が異なります．1 番と 3 番のデータの両方が当てはまるようにするために，この論理式から，astigmatism の条件を取り除き，新たな仮説を「age = young ∧ spectacle-prescrip = myope ∧ tear-prod = reduced」とします．

これを続けると，5 番のデータで spectacle-prescrip の条件が落ち，9 番のデータで age の条件が落ち，最後は 16 番のデータで tear-prod の条件まで落ちて，条件が何もなくなってしまいます．これでは，すべての入力が正例であるという概念になり，明らかにおかしな結果になってしまいました．

図 3.2 (b) に示す候補削除アルゴリズムは，正例を一般化するという方向で概念を探索する FIND-S アルゴリズムに対して，負例に対してもっとも一般的な仮説（いかなる事例も正）を最低限特殊化するという方向の処理を加えて，仮説の空間を特殊な論理式と一般的な論理式で挟むことによって，候補を絞り込む方法です．しかし，候補削除アルゴリズムでも表現できる仮説の制約は同じなので，FIND-S アルゴリズムと同じ手順で，概念の学習に失敗します．

これらのアルゴリズムが概念の学習に失敗する理由は，仮説に対するバイアスが強すぎて，求めるべき概念が仮説の空間の中に存在しないことです．

3.2.2 概念学習のバイアスを考える

ここで，FIND-S アルゴリズムや候補削除アルゴリズムが想定している概念の表現として可能な仮説は何種類あるかを数えてみましょう．表3.1 のデータにおいて，全特徴に対して「特徴値の種類 + 1」（+1 はその特徴の値を問わない場合）を掛け合わせると $4 \times 3 \times 3 \times 3 = 108$ となります．また，すべてを負に分類する仮説も一つ必要です．したがって，すべての可能な仮説は 109 種類ということになります．このように仮説を絞った場合でも，学習データを説明できる仮説が見つかった場合は，その条件を満たす未知のデータも正しく分類できる可能性は高くなります．つまり，仮説の表現に関するバイアスが強い状況にもかかわらず見つかった概念は，信頼してもよいだろうということがいえます．しかし，上の例で見たように，小規模かつ特殊なデータでない限りは，このような概念が見つかる可能性は低くなります．

それでは，特徴値の OR 結合を仮説表現として認めればどうなるでしょう．これは論理式を求めるという設定においてはバイアスをなくしてしまうことになり，仮説空間は原理的にすべての特徴値がとりうる組合せを要素としたべき集合となります．具体的にいうと，表3.2 から，特徴値がとりうる組合せは $3 \times 2 \times 2 \times 2 = 24$ 種類となり，それぞれが正例または負例となりうるので，正例の集合として可能なもの（すなわち求める概念の候補数）は $2^{24} = 16777216$ 種類ということになります．

バイアスをなくすことによる弊害は，この候補数の多さだけには留まりません．バイアスという単語は統計の文脈で出てくるときは「偏り」と訳されますが，日常的な文脈では「偏見」です．「この特徴がこの値をとるデータは正例に決まっている」という偏見をもっているからこそ，学習結果が未知データに対する汎化性能をもっているといえるわけです．一方，偏見をなくしてしまうと，学習データの事例とたった 1 箇所だけ値が異なる事例に対しても，「似ているからといって正例とは限らないぞ」という判断になります．

すなわち，バイアスのない仮説空間上で，候補削除アルゴリズムと同様の方法で候補を絞り込んでゆくと，もっとも特殊な仮説は正例の OR 結合，もっとも一般的な仮説は負例の OR 結合の否定になり，この方法では，未知のテストデータに関して判断する根拠をもたないことになります．つまり，目標概念に関して何の仮定も設けていないバイアスなしの学習アルゴリズムは，本来の機械学習の目的を果たしません．「学習データにあるもののみ正しく答える」という暗記学習とでもよぶべきものになります．

3.3 決定木の学習

それでは，特徴値の OR 結合を仮説とした機械学習は不可能なのでしょうか．もちろんそんなことはありません．仮説空間にバイアスをかけられないのなら，探索手法にバイアスをかけます．「このような探索手法で見つかった概念ならば，汎化性能が高いはずである」というバイアスです．ここではそのような学習手法の代表である決定木について説明します．

3.3.1 決定木とは

決定木とは，データを分類する質問をノード（節）とし，分類結果をリーフ（葉）とする木構造の概念表現です．根から，分類結果が正であるリーフに至るノードの分岐の値を AND 条件で結合し，すべての正のリーフに関して，そのようにして得られた論理式を OR 条件で結合することで，木構造と等価な論理式を得ることができます．しかし，木構造のままのほうが，人間の目から見て学習結果がわかりやすいので，こちらの表現が好まれます．

コンタクトレンズデータ (contact-lenses.arff)（表 3.1）から作成した決定木の例を図 3.3 に示します[1]．

決定木の説明には，「二十の扉」という遊びがよく用いられます．「二十の扉」は，出題者が思い浮かべた概念（例えば「犬」）を，回答者が 20 個以内の質問（たとえば「それは生き物ですか」）を重ねて当てるクイズ遊びです．このとき，うまく対象を絞

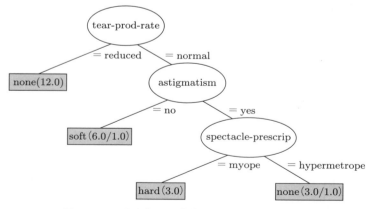

図 3.3　コンタクトレンズデータに対する決定木の例

---

[1] リーフを表す四角形に書かれている数字は，そのリーフに分類された事例数を表します．スラッシュと数字が続いている場合は，その分類の中で，リーフに書かれたクラスに当てはまらない事例数を表します．

れる質問をなるべく初期にもってくるほうが，答えにたどり着く確率が高くなります．最初の質問があまりにも特殊（たとえば「それは毒キノコの一種ですか」）な場合は，当たれば一気に候補が絞り込めますが，大抵の場合，外れてほとんど何の情報を得たことにもなりません．

この「二十の扉」の必勝法のように，得られる情報が多い質問（ここでは特徴）をなるべく木の上方のノードにもってくるように構成されたものが決定木です．

図 3.3 の木では特徴 tear-prod-rate（涙量）が最初の質問で，この値が reduced（減少）であると，コンタクトレンズは勧められない，という結論になります．一方，この値が normal（正常）であれば，次の特徴 astigmatism（乱視）を調べる，という手順になります．

3.3.2 ID3 アルゴリズム

このような決定木を作成するもっとも基本的な手順が，ID3 アルゴリズム（アルゴリズム 3.1）です．ここでは，2 値分類問題で決定木の作成手順を説明します．ID3 アルゴリズムでは，すべての特徴の中から，得られる情報がもっとも多そうなものを最初の質問として選びます．そして，その質問の答えによって，学習データがいくつかの部分集合に分割されます．同じクラスのデータのみからなる部分集合は，もうそれ以上質問を続ける必要はありません．一方，異なるクラスのデータが混在する部分集合は，得られる情報が多そうな質問を選んで，データをさらに分割します．

得られる情報がもっとも多い特徴を選ぶ手順は，ID3 アルゴリズムの中の「特徴集合 A 中でもっとも分類能力の高い特徴」を決定する手順に対応します．分類能力が高いとは，「その特徴を使った分類を行うことによって，なるべくきれいに正例と負例に分かれる」ということです．いいかえると，乱雑さが少なくなるように分類を行うということです．乱雑さの尺度として，エントロピーを用いる場合の計算法を以下に説明します．

学習データ集合 D の乱雑さを計算するために，まず正例の割合：P_+，負例の割合：P_- を計算します．それをもとに，以下の式によって，データ集合 D の乱雑さ（エントロピー）$E(D)$ を求めます．

$$E(D) = -P_+ \log_2 P_+ - P_- \log_2 P_- \tag{3.1}$$

エントロピー $E(D)$ の値は $P_+ = 1$ または $P_- = 1$ のとき最小値 0 となり，$P_+ = P_- = 0.5$ のとき最大値 1 となります．エントロピーの値が小さいほど，集合が乱雑でない，すなわち整っている（同じクラスのものが大半を占めている）ということに

46 第 3 章 識別 —概念学習—

アルゴリズム 3.1　ID3 アルゴリズム

入力：正解付き学習データ D，クラス特徴 y，特徴集合 A
出力：決定木 T

　root ノードを作成
　if D がすべて正例 **then**
　　return クラス Yes
　else if D がすべて負例 **then**
　　return クラス No
　else if 特徴集合 $A == \emptyset$（空集合）**then**
　　return D 中の最頻値のクラス
　else
　　$a \leftarrow A$ 中でもっとも分類能力の高い特徴
　　root ノードの決定特徴 $\leftarrow a$
　　for all a のとりうる値 v **do**
　　　$a = v$ に対応する枝を作成
　　　データの中から値 v をとる部分集合 D_v を作成
　　　if $D_v == \emptyset$ **then**
　　　　return D 中の最頻値のクラス
　　　else
　　　　ID3（部分集合 D_v，クラス特徴 y，特徴集合 $A - a$）
　　　end if
　　end for
　end if
　return root ノード

なります.

　特徴の値に基づく分類によって，このエントロピーが減る度合を計算したいのですが，単純に引き算はできません.エントロピーは一つの集合に対して定義できる量です.分類前は一つの集合で，分類後はその特徴値の種類数だけ集合ができます.そこで，分類後の乱雑さは，集合の要素数の割合で重みを付けて計算します.このエントロピーの減少量を情報獲得量と定義します.

　情報獲得量 Gain は，特徴 a のとりうる値 Values(a) の中から，値 $v \in$ Values(a) をとる学習データの集合を D_v，集合 D_v の要素数を $|D_v|$ と表現したとき，以下のように定義できます.

$$\mathrm{Gain}(D, a) \equiv E(D) - \sum_{v \in \mathrm{Values}(a)} \frac{|D_v|}{|D|} E(D_v) \qquad (3.2)$$

このID3アルゴリズムのバイアスを考えましょう．ID3アルゴリズムの学習結果である決定木は，正例の集合を表すリーフを複数もつことができるので，その仮説空間は特徴値のOR結合を許していることになります．先述したように，OR結合を許した仮説空間に何のバイアスもかけなければ，正例のOR結合と，負例のOR結合の否定が得られるだけで，学習になりません．そのような仮説空間にバイアスとして，「分類能力の高いノードをなるべく根の近くにもち，その結果として得られるなるべく小さな木を結果とする」という制約を与えることによって，未知データへ対処できる結果を得ます．また，ID3アルゴリズムは，探索空間が大きく全探索が難しいので，分岐ごとによい結果を積み重ねてゆく**欲張り (greedy) 法**で目標概念を探します（図3.4）．ただし，この方法で作成された決定木は，最小であることが保証されないので，このことが解の不安定性をもたらしていることになります．

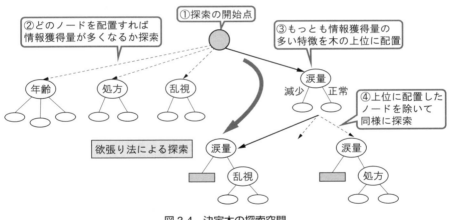

図 3.4 決定木の探索空間

それでは，別のデータから，Wekaを使って決定木を学習してみましょう．

例題 3.1 [Weka]

　WekaのJ48アルゴリズムを用いて，weather.nominal.arffから決定木を作成せよ．

解答▶ weather.nominalデータは表3.3に示すデータです．別名Golfデータともよばれ，ある人がゴルフをするか否か（クラス特徴 play の値）を気象条件（天気，気温，湿度，風）を特徴として決定するという識別問題用のデータです．

48 第3章 識別 —概念学習—

表 3.3 weather.nominal.arff（カテゴリ特徴）

No.	outlook	temperature	humidity	windy	play
1	sunny	hot	high	FALSE	no
2	sunny	hot	high	TRUE	no
3	overcast	hot	high	FALSE	yes
4	rainy	mild	high	FALSE	yes
5	rainy	cool	normal	FALSE	yes
6	rainy	cool	normal	TRUE	no
7	overcast	cool	normal	TRUE	yes
8	sunny	mild	high	FALSE	no
9	sunny	cool	normal	FALSE	yes
10	rainy	mild	normal	FALSE	yes
11	sunny	mild	normal	TRUE	yes
12	overcast	mild	high	TRUE	yes
13	overcast	hot	normal	FALSE	yes
14	rainy	mild	high	TRUE	no

表 3.4 weather.nominal データの特徴値

特　徴	値
outlook（天候）	$\{\text{sunny}, \text{overcast}, \text{rainy}\}$（晴，曇，雨）
temperature（気温）	$\{\text{hot}, \text{mild}, \text{cool}\}$（高温，適温，低温）
humidity（湿度）	$\{\text{high}, \text{normal}\}$（多湿，標準）
windy（風）	$\{\text{TRUE}, \text{FALSE}\}$（あり，なし）
play（クラス）	$\{\text{yes}, \text{no}\}$（正例，負例）

　weather.nominal データの特徴と値を表 3.4 に示します．ツールを使う前に，アルゴリズムを少しハンドシミュレーションしてみましょう．

　このデータ D は，全 14 事例中，yes が 9 事例，no が 5 事例なので，エントロピーは以下のように求めることができます．

$$E(D) = -\frac{9}{14} \log_2 \frac{9}{14} - \frac{5}{14} \log_2 \frac{5}{14}$$

$$\fallingdotseq -0.643 \times (-0.637) - 0.357 \times (-1.485)$$

$$\fallingdotseq 0.94$$

　最初の分類特徴を選ぶため，各特徴の情報獲得量を計算します．たとえば，$\text{Gain}(D, \text{outlook})$ の計算は以下のようになります．

$$\text{Gain}(D, \text{outlook})$$

$$= E(D) - \frac{5}{14} E(\text{sunny}) - \frac{4}{14} E(\text{overcast}) - \frac{5}{14} E(\text{rainy})$$

$$\doteqdot 0.94 - 0.357 \times \left(-\frac{2}{5}\log_2\frac{2}{5} - \frac{3}{5}\log_2\frac{3}{5} \right)$$

$$- 0.286 \times \left(-\frac{4}{4}\log_2\frac{4}{4} - \frac{0}{4}\log_2\frac{0}{4} \right)$$

$$- 0.357 \times \left(-\frac{3}{5}\log_2\frac{3}{5} - \frac{2}{5}\log_2\frac{2}{5} \right)$$

$$\doteqdot 0.94 - 0.357 \times 0.971 - 0.286 \times 0 - 0.357 \times 0.971$$

$$\doteqdot 0.247$$

同様に，特徴 temperature, humidity, windy のそれぞれについても情報獲得量を計算すると，以下のようになります．

$$\mathrm{Gain}(D, \mathrm{temperature}) \doteqdot 0.029$$

$$\mathrm{Gain}(D, \mathrm{humidity}) \doteqdot 0.151$$

$$\mathrm{Gain}(D, \mathrm{windy}) \doteqdot 0.048$$

この結果，最初の分岐は，もっとも情報獲得量の多い特徴 outlook になります．値 overcast をとる集合はすべて yes で，これ以上枝を伸ばす必要はありません．値 sunny や値 rainy の場合は，yes と no が混合しています．これら個々の集合に対して，今度は特徴 outlook 以外の特徴で，同じようにもっとも情報獲得量の多い特徴を選び，木を成長させてゆきます．

それでは，Weka の Explorer インタフェースを使って決定木を作成してみましょう．学習手順を表 3.5 にまとめます．

[Preprocess] タブでは，weather.nominal.arff を読み込みます．次に，[Classify] タブの Classifier 領域で，[trees] → [J48] を選びます．J48 は，ID3 アルゴリズムを拡張した C4.5 アルゴリズムの Weka における実装です．ここでは決定木を作ることが目的

表 3.5　Weka における決定木の学習手順

タ ブ	領 域	操 作	内 容
Preprocess	上部ボタン	[Open file . . .] → weather.nominal.arff	学習データの読み込み
Classify	Classifier	[Choose] → [trees] → [J48] を選択	識別器として決定木を選択
	Test options	Use training set を選択	評価法の選択
	左側ボタン	[Start]	学習の実行
	Classifier output		学習結果の確認
	Result list	反転している結果を右クリック → [Visualize tree]	決定木の表示

なので，未知データによる性能評価は省略し，Test options 領域では [Use training set] を選んで，全データを学習データとして決定木を作ります．ここまでの設定ができたら，[Start] ボタンを押します．右側の Classifier output 領域に，学習結果，評価結果が表示されたら OK です．

作成された決定木は，Result list 領域で，反転されている行の右クリックメニューから，[Visualize tree] を選ぶことで表示させることができます．また，グラフ表示のプラグインをインストールしている場合は，右クリックメニューから，[Plugins] → [Visualize tree (GraphViz)] → [Show graph]... と順に選ぶことで，図 3.5 のような木を表示させることができます．最初は特徴 outlook の値によって分岐し，値が overcast なら結果は yes です．値が sunny の場合は特徴 humidity の値を調べて normal ならば yes，high なら no となります．一方，特徴 outlook の値が rainy なら特徴 windy の値を調べて FALSE なら yes，TRUE なら no となります．

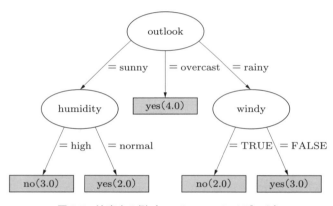

図 3.5 決定木の例（weather.nominal データ）

ここで説明した決定木と，初歩的な概念学習アルゴリズムの違いは，決定木には正解概念が必ず仮説空間に含まれており，それを短時間で見つけることができる点です．また，一度にすべてのデータを用いて学習を行うので，エラーデータの影響を吸収できるという実用的な利点もあります．一方欠点としては，学習の高速化のために欲張り法で探索を行っているので，結果として得られた木が最小であるとは限らない，データの少しの変動で得られる木が大きく異なる場合があるなどの点があります．また，アルゴリズムのパラメータ設定によっては，学習データに特化しすぎた概念が得られる，いわゆる過学習の問題が生じます．

3.3.3 過学習を避ける

ここで，ID3 アルゴリズムにおける**過学習**について考えてみます．過学習とは，文字通りの意味は学習しすぎるということです．機械学習においては，モデルが学習データに特化しすぎたために，未知データに対して性能が下がる現象を指します．

ID3 アルゴリズムのバイアスは単純に表現すると，「小さい木を好む」となります．なぜ小さな木を結果とするのでしょうか．これは**オッカムの剃刀** (Occam's razor) とよばれる「データに適合するもっとも単純な仮説を選べ」という基準に基づいています．複雑な仮説なら表現能力が高いので，偶然に学習データを説明できるかもしれません．一方，単純な仮説の場合は表現能力が低いので，偶然にデータを説明できる確率は低くなります．もし，ID3 アルゴリズムによって，小さな木で学習データが説明できたとすると，これは偶然である確率は相当低くなります．すなわち偶然でなければ必然である，というわけです．

しかし，小さな木として学習を終わらせることは，一般的には難しいことになります．正解率を上げるために，最後の 1 例までエラーがなくなるように決定木を作成してしまうと，その決定木は成長しすぎて，学習データに適応しすぎた過学習になりがちです．そこで，過学習への対処として，適当なところで決定木の成長を止める方法（リーフの要素数を一定値以下にならないようにする）や，完全に学習させたあと，**枝刈り**するという方法があります．

リーフの要素数は，学習データの量や性質によって左右され，事前に決めるのが難しいので，枝刈りの方が実用上有効です．枝刈りは，学習データを学習用データと検証用データに分割し，学習用データで十分に木を成長させた（すなわち過学習させた）のち，検証用データを用いて余分な枝を見つけて刈り取ることによって行います．決定木の枝刈りの手順をアルゴリズム 3.2 に示します．ただし，D' は検証用データ，$\mathrm{accuracy}(T, D)$ は決定木 T を用いてデータ D を識別したときの正解率，$\mathrm{majority}(D)$ はデータ D 中の最頻クラスの割合，$\mathrm{majority\_class}(D)$ はデータ D 中の最頻クラスを求める処理を示します．

52 第 3 章 識 別 —概念学習—

アルゴリズム 3.2 決定木の枝刈りアルゴリズム

入力：学習済みの決定木 T，検証用データ D'
出力：枝刈り後の決定木 T'
 for all T のノード N，ルートから遠いものから順に **do**
  $T_N \leftarrow N$ をルートとする木
  $D_N \leftarrow D'$ の中で，T_N によってカバーされるデータ
  if $\mathrm{accuracy}(T_N, D_N) < \mathrm{majority}(D_N)$ **then**
   T_N を，リーフ $\mathrm{majority\_class}(D_N)$ に置き換え
  end if
 end for
 return 枝刈り後の決定木 T'

3.3.4 分類基準の再検討

ID3 アルゴリズムで用いた情報獲得量は，値の種類が多い特徴ほど大きな値になる傾向があります．一般に，その性質は悪いものではないのですが，値の種類が極端に多い場合には問題があります．たとえば表 3.3 の特徴として，日付 (date) があったとし，その値がすべてのデータで異なっているとします．

この場合，date によって分割した集合は要素数が 1 となって，そのエントロピーは 0 となるので，$\mathrm{Gain}(D, \mathrm{date})$ の値は最大値である $E(D)$ になって，この特徴が決定木のルートに選ばれることになります．しかし，このようにしてできた決定木では，テスト例は分類できません．

そこで，分割の程度 SplitInformation を式 (3.3) によって評価し，分割が少ないほうが有利になるように式 (3.4) で定義された獲得率 GainRatio を用いて特徴を選択することもあります．

$$\mathrm{SplitInformation}(D, a) \equiv - \sum_{v \in \mathrm{Values}(a)} \frac{|D_v|}{|D|} \log_2 \frac{|D_v|}{|D|} \tag{3.3}$$

$$\mathrm{GainRatio}(D, a) \equiv \frac{\mathrm{Gain}(D, a)}{\mathrm{SplitInformation}(D, a)} \tag{3.4}$$

また，学習データの性質や学習の目的によって，データの乱雑さを評価する基準も変化することがあります．データの乱雑さを不純度 (impurity) と定義すると，先述のエントロピー以外にもいくつかの可能性を考えることができます．

以下の式で計算されるジニ不純度 (Gini impurity) は，分割後のデータの分散を表します．この性質は回帰木の作成で用いるので，そこで再度解説します．

$$\text{GiniImpurity}(D) \equiv 2 \cdot P_+ \cdot P_- \tag{3.5}$$

また，ジニ不純度の平方根をとって，最大値がジニ不純度と同じ 0.5 になるように係数を補正したものを RootGiniImpurity として，以下で定義します．

$$\text{RootGiniImpurity}(D) \equiv \sqrt{P_+ \cdot P_-} \tag{3.6}$$

いずれも，分割前後の値の差によって選ぶ特徴を決めるのですが，獲得率やジニ不純度は，正例・負例の数に偏りがあると，多数派の性能の影響が大きくなってしまいます．一方，RootGiniImpurity は，分割前のジニ不純度と，分割後の重み付きジニ不純度の比を計算していることになり，正例・負例の数に偏りがあっても，分割基準としては影響を受けないようになります．

3.4 数値特徴に対する決定木

ここでは，特徴ベクトルの中に，数値を値とする特徴がある場合の決定木学習について説明します[1]．

3.4.1 数値特徴の離散化

基本的なアイディアとして，連続値である数値特徴を，いくつかのグループに分ける離散化という処理を行うことで，決定木での学習を可能にします．具体的には，数値特徴 a_i に対して $a_i < \theta$ という条件式を値とするノードを作成します．この条件式を満たすデータと満たさないデータに分割することで，カテゴリを値としてもつ特徴に対する決定木学習と同じアルゴリズムが使えます．問題は，閾値 θ をどうやって決めるかということです．

具体的にデータを見ながら考えてゆきましょう．Weka 付属の weather.numeric データ（表 3.6）は，weather.nominal データの特徴 temperature と特徴 humidity を数値にしたものです．たとえば，特徴 humidity の値でデータを分割する場合を考えてみましょう．

もっともエントロピーが低くなるような切り方を見つけたいので，同じクラスの中で切ることは意味がありません．クラスの境目を探すと，図 3.6 に破線で示す 7 箇所になります．この境目の値は，その前後の値の平均値としておきましょう．

これらの中でもっとも情報獲得量の多い場所を選びます．カテゴリ特徴のときと同

---

[1] この章での説明の主眼はカテゴリ特徴を値とする場合なので，最初に読むときはこの節を読み飛ばして，第 5 章を読み終えたあたりで戻ってくるという読み方でも結構です．

表 3.6 weather.numeric.arff（数値特徴・カテゴリ特徴が混在）

No.	outlook	temperature	humidity	windy	play
1	sunny	85	85	FALSE	no
2	sunny	80	90	TRUE	no
3	overcast	83	86	FALSE	yes
4	rainy	70	96	FALSE	yes
5	rainy	68	80	FALSE	yes
6	rainy	65	70	TRUE	no
7	overcast	64	65	TRUE	yes
8	sunny	72	95	FALSE	no
9	sunny	69	70	FALSE	yes
10	rainy	75	80	FALSE	yes
11	sunny	75	70	TRUE	yes
12	overcast	72	90	TRUE	yes
13	overcast	81	75	FALSE	yes
14	rainy	71	91	TRUE	no

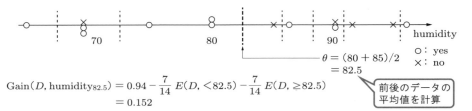

図 3.6 数値データの離散化

様の計算を行うと，$\theta = 82.5$ となるときに（すなわち，82.5 未満の値は yes，82.5 以上は no となるカテゴリ特徴に変換したときに）もっとも情報獲得量が多い分割になります．

この操作をすべての数値特徴について行ったあとは，通常の ID3 アルゴリズムと同じです．次の例題で結果を確認しておきましょう．

例題 3.2 [Weka]

Weka の J48 アルゴリズムを用いて，weather.numeric.arff から決定木を作成せよ．

解答 ▶ [Preprocess] タブで，カテゴリ・数値が混在する特徴をもつ weather.nominal.arff を読み込みます．次に，[Classify] タブの Classifier 領域で，[trees] → [J48] を選びます．ここでも決定木ができることを確認するのが目的なので，Test options 領域で [Use training set] を選んで，全データを学習データとして決定木を作ります．ここまでの設定ができたら，[Start] ボタンを押します．その結果，図 3.7 の決定木が得られます．

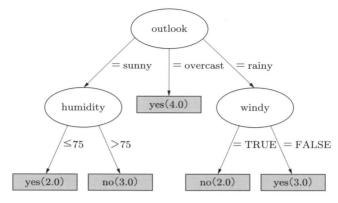

図 3.7　決定木の例（数値データを含む場合）

3.4.2　scikit-learn での決定木学習

scikit-learn は，基本的に数値特徴を入力とする前提で実装されています．カテゴリ特徴を数値特徴に変換するメソッドなども用意されていますが，結果の解釈が難しく，あまり使い勝手はよくありません．一方，学習時に指定できるパラメータが Weka と比べて豊富である，複数出力の問題 (multi-output problem) に対応しているなどの特長があります．

ここでは，scikit-learn に付属の wine データ（数値特徴）を使って，決定木を作成してみます．wine データセットは，イタリアのある地域産ワインに使われているブドウの品種を，さまざまな化学的分析の結果から推定する問題です．入力はアルコール度数・マグネシウムの含有量・色調などの 13 次元，出力は 0, 1, 2 の 3 クラスです．

例題 3.3　Python

scikit-learn の `DecisionTreeClassifier` を用いて，wine データから決定木を作成せよ．

解答▶ ここでは，図 3.8 の手順に従ってコーディングを行います．
`DecisionTreeClassifier` は CART（数値出力を行う二分決定木）の実装ですが，そのまま識別問題にも使うことができます．まず，必要なパッケージを読み込みます．

```
1  import numpy as np
2  from sklearn.datasets import load_wine
3  from sklearn.tree import DecisionTreeClassifier
4  from sklearn.model_selection import cross_val_score
```

図 3.8 例題 3.3 のコーディング手順

第 2 章と同じ手順で wine データを読み込み，その説明を表示させます．そして，変数 X と y にそれぞれ特徴ベクトルと正解データを格納しておきます．

```
5   wine = load_wine()
6   print(wine.DESCR)
7   X = wine.data
8   y = wine.target
```

次に，識別器のインスタンスを作成します．ここでは，木を表示しやすくするために，単純な木を作成します．そのため，学習のパラメータとして木の深さを表す `max_depth` を 2 に設定します．作成したインスタンスを表示させることで，そのほかのデフォルトのパラメータ値がわかります．

```
9   clf = DecisionTreeClassifier(max_depth = 2)
10  print(clf)
```

出力 ▸▸▸
```
DecisionTreeClassifier(class_weight=None, criterion='gini', max_depth=2,
        max_features=None, max_leaf_nodes=None,
        min_impurity_decrease=0.0, min_impurity_split=None,
        min_samples_leaf=1, min_samples_split=2,
        min_weight_fraction_leaf=0.0, presort=False,
        random_state=None, splitter='best')
```

交差確認を実行して，性能を確認しておきます．なお，scikit-learn の交差確認法は，乱数で分割するので，実行ごとに性能が変わります．

```
11  scores = cross_val_score(clf, X, y, cv=10)
12  print("Accuracy: %0.2f (+/- %0.2f)" % (scores.mean(), scores.std()*2))
```

出力▶▶▶
```
Accuracy: 0.84 (+/- 0.18)
```

付録 C.5 に示すグラフ表示のパッケージをインストールした環境では，学習結果の木（図 3.9）を以下のコードで表示することができます．

```
13  from IPython.display import Image
14  from sklearn.tree import export_graphviz
15  import pydotplus
16  clf.fit(X, y)
17  dot_data = export_graphviz(clf, out_file=None,
18                             feature_names=wine.feature_names,
19                             class_names=wine.target_names,
20                             filled=True, rounded=True,
21                             special_characters=True)
22  graph = pydotplus.graph_from_dot_data(dot_data)
23  Image(graph.create_png())
```

出力▶▶▶

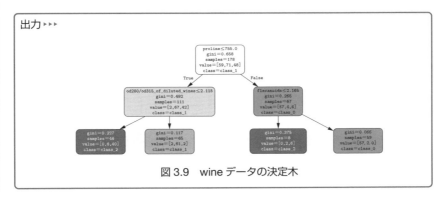

図 3.9 wine データの決定木

3.5 まとめ

　この章では概念学習について説明しました．決定木は学習データに対して特徴値による分割を繰り返し適用するもので，分割された集合が属するクラスが等しいものに偏るように特徴が選ばれてゆくものです．結果として得られた木は，学習データを分割する規則集合とみなすこともでき，学習された結果の妥当性を人間が見て判断することが容易なことから，この決定木学習はさまざまな分野で応用されています．

　概念学習に関しては，文献 [2] の第 2 章，第 3 章に詳しく説明されています．また，決定木および枝刈りについては，文献 [7] の第 11 章で詳細に解説されています．

58 第3章 識 別 —概念学習—

演習問題

3.1 [Weka] Weka の J48 アルゴリズムを用いて，カテゴリ特徴からなる breast-cancer
.arff から決定木を作成せよ．その際，枝刈りの有無を設定するパラメータ unpruned
の値 (False/True) と，Test options の設定 (Use training set/Cross-validation:
Folds=10 (10-fold CV)) のそれぞれを組み合わせて，枝刈りの効果を確認せよ．

3.2 [Weka] Weka の J48 アルゴリズムを用いて，カテゴリ特徴と数値特徴からなる
credit-g.arff から決定木を作成せよ．その際，パラメータ minNumObj（リーフ
となる事例数の最小数）を変化させて，木のサイズと正解率との関係を評価せよ．
なお，評価は Test options を 10-fold CV に設定して行うこと．

3.3 [Python] scikit-learn の DecisionTreeClassifier を用いて，iris データから決定
木を作成し，交差確認法で性能を評価せよ．また，決定木をより単純にしたときの
性能の変化を調べよ．

第4章 識別 —統計的手法—

Introduction

この章では前章に引き続き，教師あり学習における識別問題で，特徴ベクトルの要素がすべてカテゴリの場合を扱います．前章と異なるのは，識別に統計的手法を用いることによって，結果に確信度を付与することができる点です．

4.1 統計的識別とは

第3章の決定木は，ある事例がある概念に，当てはまるか否かだけを答えるものでした．しかし，たとえば病気の診断のように，その答えがどれだけ確からしいか，ということを知りたい場合も多くあります．学習データの統計的性質に基づいて，ある入力があるクラスに分類される確率を求め，もっとも確率が高いクラスを出力とする方法が，統計的識別手法です．

本節と次節では，第3章でも取り上げた weather.nominal データを例に，統計的識別の考え方を説明します．

突然ですが，現在の気象に関する情報が何も知らされていない状況で，weather.nominal データだけが与えられて，今日この人がゴルフをするかどうかと尋ねられたらどう答えますか．weather.nominal データを眺めると，全14事例のうち yes が9事例，no が5事例です．したがって，yes と答えたほうが正解する確率が高そうです．この場合はあまり確信をもって yes と答えられるとはいえませんが，プロゴルファーのような人の1年分のデータが与えられて，yes が360事例，no が5事例だったら，ためらいなく yes と答える人が多いでしょう．

この判断は，それぞれのクラスの起こりやすさの確率に基づいたものです．この入力を観測する前にもっているそれぞれのクラスの起こりやすさを，**事前確率** (prior probability) とよびます．クラス ω_i の事前確率は $P(\omega_i)$ $(i = 1, \ldots, c)$（ただし c はクラス数）と表します[1]．

---

[1] $P(A)$ は離散的な事象 A の起こる確率を示します．一方，あとで出てくる $p(x)$ は，連続値 x に対して定義される確率密度関数を表します．どちらも確率なので，A が全事象の場合 $P(A) = 1$ となり，また，x のすべての区間にわたって $p(x)$ を積分すると1になります．

60 第 4 章 識　別 ―統計的手法―

次に，入力 $\boldsymbol{x}$ が観測されたとします．この観測によって，事前確率からのみ判断した結果とは異なる結果が導き出される場合があります．たとえば，$\boldsymbol{x}$ が悪天候を示唆しているならば，ゴルフをする確率は下がると考えられます．入力 $\boldsymbol{x}$ が観測されたときに，結果がクラス ω_i である確率を，条件付き確率 $P(\omega_i \mid \boldsymbol{x})$ で表現します．この確率は，入力を観測したあとで計算される確率なので，**事後確率** (posterior probability) とよびます．

統計的識別手法の代表的な方法は，この事後確率が最大となるクラスを識別結果とする方法で，この決定規則を**最大事後確率則** (maximum a posteriori probability rule; MAP) とよびます．以下は，事後確率最大のクラス C_{MAP} を求める式です[◆1]．

$$C_{\mathrm{MAP}} = \arg\max_i P(\omega_i \mid \boldsymbol{x}) \tag{4.1}$$

それでは，この事後確率の値を学習データから求める方法を考えてゆきましょう．一般的な条件付き確率の値は，条件部（縦棒の右側）が一致するデータをできるだけ多く集め，結論部（縦棒の左側）の頻度を求めることによって推定できます．weather.nominal データの場合では，たとえば (sunny, hot, high, FALSE) という特徴をとるデータを大量に集めてきて，その中で yes が何回，no が何回出現したという頻度を得て，その頻度から条件付き確率値を推定します．そして，この推定をあらゆる特徴値の組合せについて行います．しかし，weather.nominal データを見ると，特徴値の組合せのうちのいくつかが 1 回ずつ出てきているだけで，可能な特徴値の組合せの大半は表の中に出てきません．これでは条件付き確率の推定はできません．

そこで，この事後確率の値を直接求めるのではなく，以下に示すベイズの定理[◆2] を使って，より求めやすい確率値から計算します．

$$P(A \mid B) = \frac{P(B \mid A)P(A)}{P(B)} \tag{4.2}$$

式 (4.1) にベイズの定理を適用すると，以下の式が得られます．

$$\begin{aligned} C_{\mathrm{MAP}} &= \arg\max_i P(\omega_i \mid \boldsymbol{x}) \\ &= \arg\max_i \frac{P(\boldsymbol{x} \mid \omega_i)P(\omega_i)}{P(\boldsymbol{x})} \end{aligned} \tag{4.3}$$

[◆1] $\arg\max_x f(x)$ は，$f(x)$ が最大となる x を返す関数です．

[◆2] ベイズの定理は，事象 A, B に関する同時確率の定義 $P(A, B) = P(A)P(B \mid A) = P(B)P(A \mid B)$ より導き出されます．

ここで，式 (4.3) の右辺の分母は，クラス番号 i を変化させても一定なので，右辺全体が最大となるクラス番号 i を求める際には，その値を考慮する必要がありません．したがって，事後確率を最大とするクラス番号 i を求める式は，以下のようになります．

$$C_{\mathrm{MAP}} = \arg\max_i P(\boldsymbol{x}\,|\,\omega_i)P(\omega_i) \tag{4.4}$$

式 (4.4) 右辺第 1 項の条件付き確率 $P(\boldsymbol{x}\,|\,\omega_i)$ を尤度 (likelihood) とよびます．あるクラス ω_i から特徴ベクトル $\boldsymbol{x}$ が出現する尤もらしさを表します．結論として，事後確率が最大となるクラスは，尤度と事前確率の積を最大とするクラスを求めることによって得られます．

ここで，少し機械学習の問題から離れて，簡単な例題で事後確率を求める計算をしてみましょう．

例題 4.1

外見では区別のつかない箱 A と箱 B がある（図 4.1）．箱 A には白玉が 1 個・黒玉が 3 個，箱 B には白玉が 4 個・黒玉が 1 個入っているものとする．

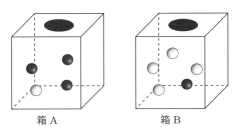

図 4.1　ベイズの定理の例題

(1) 箱 A，箱 B のいずれかから白玉を取り出す確率を求めよ．それぞれの箱の選び方は等確率とする．

(2) 箱 A，箱 B のいずれかから玉を取り出すと，白玉であった．この白玉が箱 A から取り出された確率，箱 B から取り出された確率をそれぞれ求めよ．それぞれの箱の選び方は等確率とする．

(3) 箱 A，箱 B の選ばれる割合が 9 : 1 であったとき，問題 (1)，(2) で求めた確率は，どのように変化するか求めよ．

解答 ▶

(1) 箱 A を選んだときに白玉が出る確率と，箱 B を選んだときに白玉が出る確率とに分けて考えます．最初にどちらかの箱を選ぶので，これらは同時には起こりま

せん. 同時に起こらない事象の確率を求めるには, それぞれの場合の確率を足し合わせます. いま, それぞれの箱の選び方が等確率であることから, 事前確率は箱 A を選ぶ確率 $P(A) = $ 箱 B を選ぶ確率 $P(B) = 1/2$ です. また, 箱 A から白玉が出る確率は $P(白 | A) = 1/4$, 箱 B から白玉が出る確率は $P(白 | B) = 4/5$ なので, 求める確率 $P(白)$ は以下のようになります.

$$P(白) = P(白 | A)P(A) + P(白 | B)P(B)$$
$$= \frac{1}{4} \times \frac{1}{2} + \frac{4}{5} \times \frac{1}{2} = \frac{21}{40}$$

(2) 求めたい確率は $P(A | 白)$ と $P(B | 白)$ です. $P(A | 白)$ にベイズの定理を適用すると, 以下のようになります.

$$P(A | 白) = \frac{P(白 | A)P(A)}{P(白)}$$

問題の前提から得られる確率と, (1) で求めた $P(白)$ から, $P(A | 白)$ は以下のように計算できます.

$$P(A | 白) = \frac{P(白 | A)P(A)}{P(白)}$$
$$= \frac{(1/4) \times (1/2)}{21/40} = \frac{5}{21}$$

$P(B | 白)$ も同様に求めることができます.

$$P(B | 白) = \frac{P(白 | B)P(B)}{P(白)}$$
$$= \frac{(4/5) \times (1/2)}{21/40} = \frac{16}{21}$$

(3) (1), (2) の計算式に $P(A) = 9/10$, $P(B) = 1/10$ を入れて再計算します.

$$P(白) = P(白 | A)P(A) + P(白 | B)P(B)$$
$$= \frac{1}{4} \times \frac{9}{10} + \frac{4}{5} \times \frac{1}{10} = \frac{61}{200}$$
$$P(A | 白) = \frac{P(白 | A)P(A)}{P(白)}$$
$$= \frac{(1/4) \times (9/10)}{61/200} = \frac{45}{61}$$

$$P(\mathrm{B} \mid 白) = \frac{P(白 \mid \mathrm{B})P(\mathrm{B})}{P(白)}$$

$$= \frac{(4/5) \times (1/10)}{61/200} = \frac{16}{61}$$

例題 4.1 において，箱がクラス，玉が特徴ベクトルだとすると，問題 (2) は，各クラスの事前確率が等しい場合に，ある特徴ベクトルを観測したときに，どちらのクラスのものであった確率が高いか（つまり，どちらの箱の事後確率が高いか）を求める問題とみなすことができます．この場合は，箱 B のほうの確率が高くなっており，図 4.1 を見せられて，「白玉が出たけど，どっちの箱から取ったと思う？」という質問に対する答えとして，妥当なものになっていることがわかります．また，計算結果から，箱 B から取った確率が 16/21 であるということがいえます．答えに対してどれだけ確からしいかという情報を添えることができるわけです．

また，問題 (3) は，各クラスに異なる事前確率が与えられたもとで，ある特徴ベクトルを観測したときに，どちらのクラスのものであった確率が高いかを求める問題，つまり通常の統計的識別の問題と同じということになります．今度は箱 A が 9 個，箱 B が 1 個あるという状況で，「白玉が出たけど，A と B のどちらの種類の箱から取ったと思う？」と聞かれた状況になります．即座には答えにくいかもしれませんが，事後確率を計算すると，箱 A から取った確率のほうが高いという結論になります．この場合も同様に，答えがどちら，というだけではなく，その確信度も得られています．

4.2　カテゴリ特徴に対するベイズ識別

4.2.1　学習データの対数尤度

例題 4.1 の設問 (1) や (3) では，それぞれの箱を選ぶ確率が与えられていました．また，設問 (2) では，箱の中身，すなわち尤度◆1 がわかっていたので，それらに基づいて事後確率を計算することができました．

しかし，一般の機械学習の問題では，どのクラスが出やすいかという事前確率や，各クラスから生じる特徴の尤もらしさを表す尤度はわかりません．

そこで，この事前確率や尤度を計算する確率モデルを仮定し，そのパラメータを学習データにもっとも合うように調整することを考えます．それぞれのクラスは，特徴ベクトルを生成する何らかの確率分布をもっていて，学習データはその確率分布か

◆1 ここでは，取り出す箱が固定されたという条件のもと，それぞれの色の玉が観測される尤もらしさのことです．

64 第 4 章 識 別 ―統計的手法―

ら，各事例独立に生成されたものと仮定します．この仮定を i.i.d. (independent and identically distributed) と表記します．学習データ全体 D が生成される確率 $P(D)$ は，個々の事例 $\{\boldsymbol{x}_1, \ldots, \boldsymbol{x}_N\}$ の独立性，すなわち i.i.d. を仮定すると，以下のように，個々の事例が生成される確率の積で求めることができます．

$$P(D) = \prod_{i=1}^{N} P(\boldsymbol{x}_i) \tag{4.5}$$

P は，データの生成確率を何らかのパラメータに基づいて計算するモデルです．ある程度複雑なモデルでは，パラメータが複数あることが一般的なので，これらのパラメータをまとめて $\boldsymbol{\theta}$ と表記して明示すると，式 (4.5) は以下のように書けます．

$$P(D \,|\, \boldsymbol{\theta}) = \prod_{i=1}^{N} P(\boldsymbol{x}_i \,|\, \boldsymbol{\theta}) \tag{4.6}$$

こちらは，モデルのパラメータが与えられたときの，学習データ全体が生成される尤度を表しています．ここで，確率は 1 以下であり，それらの全学習データ数回の積はとても小さな数になって扱いにくいので，式 (4.6) の対数をとって計算します．以下の式で計算される値を対数尤度 $\mathcal{L}(D)$ とよびます．

$$\mathcal{L}(D) = \log P(D \,|\, \boldsymbol{\theta}) = \sum_{i=1}^{N} \log P(\boldsymbol{x}_i \,|\, \boldsymbol{\theta}) \tag{4.7}$$

この対数尤度の値は，大きければ大きいほど学習データがそのモデルから生成された確率が高い，ということがいえます．そして，学習データが，真のモデルから偏りなく生成されたものであると仮定すると，この方法で求めたモデルは真の分布に近い，と考えることができます．したがって，式 (4.7) を最大にするパラメータが求まればよいわけです．

ここで，特徴ベクトルが 1 次元で，値として 2 値 $x \in \{0, 1\}$ を取り，その出現がベルヌーイ分布◆1 に従うと仮定します．そうすると，$P(x \,|\, \theta)$ は，確率 θ をパラメータとして，以下のように書くことができます．

$$P(x \,|\, \theta) = \theta^x (1 - \theta)^{1-x} \tag{4.8}$$

式 (4.8) を使うと，対数尤度 $\mathcal{L}(D)$ は，以下のように書くことができます．

◆1 確率 θ で値 1 を，確率 $1 - \theta$ で値 0 をとる分布のことです．たとえば，確率 θ で表が出るコイン投げを想像してください．とりうる値は表（値 1）と裏（値 0）の 2 種類で，それぞれの確率は $\theta, 1 - \theta$ です．

$$\mathcal{L}(D) = \sum_{i=1}^{N} \log \theta^{x_i} (1 - \theta)^{1-x_i}$$

$$= \sum_{i=1}^{N} x_i \log \theta + \left(N - \sum_{i=1}^{N} x_i \right) \log(1 - \theta) \tag{4.9}$$

ここで，対数尤度 $\mathcal{L}(D)$ を最大にするパラメータ $\hat{\theta}$ は，$d\mathcal{L}(D)/d\theta = 0$ の解として，以下のように求めることができます．

$$\hat{\theta} = \frac{\displaystyle\sum_{i=1}^{N} x_i}{N} \tag{4.10}$$

式 (4.10) 右辺の分子は値 1 をとる事例数，分母は全事例数です．このように，推定するべき確率は，値 1 をとるデータ数の全データ数に対する割合という，ごく直観的な推定と一致します．具体的には，D をクラス ω_1 のデータ集合に置き換えて同様の計算を行うと，$P(1 \mid \omega_1)$ が求まります．この推定法を**最尤推定法** (maximum likelihood estimation) とよびます．

4.2.2 ナイーブベイズ識別

それでは，この最尤推定法を使って，式 (4.4) の尤度 $P(\boldsymbol{x} \mid \omega_i)$ を具体的に求める方法を見てゆきましょう．

多次元ベクトル $\boldsymbol{x}$ を要素に分けて表記すると，以下のようになります．

$$P(\boldsymbol{x} \mid \omega_i) = P(x_1, \ldots, x_d \mid \omega_i) \tag{4.11}$$

尤度 $P(x_1, \ldots, x_d \mid \omega_i)$ を統計で求めるためには，学習データ中からクラス ω_i に属するデータを取り出し，そのデータに対してすべての特徴値の組合せが，それぞれ何回出現しているかをカウントすることになります．式 (4.1) のところでの考察に比べると，条件部に当てはまるデータがない，ということはないので少しはましですが，結論部に当てはまるデータが，統計をとれるほどに十分に揃っているということはなかなか望めそうにありません．

そこで，各特徴はほかの特徴とは独立に値を決定するものと仮定してみます．そうすると，特定の特徴について特定の値をとるデータを集めることになるので，すべての特徴値の組合せに対するデータよりはかなり少ない量のデータで学習ができます．このような，特徴の独立性を仮定した識別法を**ナイーブベイズ識別法** (naive Bayes classifier），または単純ベイズ識別法とよびます．識別の結果を C_{NB} とすると，ナイーブベイズ識別法は以下のように定義できます．

$$C_{\mathrm{NB}} = \arg\max_i P(\omega_i) \prod_{j=1}^{d} P(x_j \,|\, \omega_i) \tag{4.12}$$

この $P(x_j \,|\, \omega_i)$ であれば，クラス ω_i のデータの中で，特徴値 x_j をとるデータの頻度を数えることで確率を推定する，最尤推定を行うことで求めることができそうです．

しかし，このように少ないデータでも学習が行えるように尤度計算の方法を単純にしても，学習データが少ないがゆえに生じる問題がまだあります．

n_i を「学習データ中で，クラス ω_i に属するデータ数」，n_j を「クラス ω_i のデータ中で，ある特徴が値 x_j をとるデータ数」としたとき，ナイーブベイズ識別に用いる尤度 $P(x_j \,|\, \omega_i)$ は，以下の式で最尤推定されます．

$$P(x_j \,|\, \omega_i) = \frac{n_j}{n_i} \tag{4.13}$$

ここで n_j が 0 の場合，この特徴値に対する尤度が 0 になり，式 (4.12) より，この特徴値を含むすべての事例の確率が 0 になるという**ゼロ頻度問題**が生じます．たとえば，表 3.3 に示した weather.nominal データでは，play = no のクラスで，outlook = overcast を特徴とする事例がありません．

このようなゼロ頻度問題へ対処するには，確率の **m 推定**という考え方を用います．これは m 個の仮想的なデータがすでにあると考え，それらによって各特徴値の出現は事前にカバーされているという状況を設定します．各特徴値の出現割合 p を事前に見積もり◆1，事前に用意する標本数を m とすると，尤度 $P(x_j \,|\, \omega_i)$ は以下の式で推定されます．このときの m を，等価標本サイズとよびます．

$$P(x_j \,|\, \omega_i) = \frac{n_j + mp}{n_i + m} \tag{4.14}$$

この工夫によって，$n_j = 0$ のときでも，式 (4.14) の右辺の値が 0 にならず，ゼロ頻度問題が回避できることになります．

では，カテゴリデータを入力とする場合のナイーブベイズによる識別を試してみましょう．

◆1 たとえば，$p = 1/$「特徴値の種類数」と定めると，すべての特徴値が等確率で出現するという事前分布を仮定していることになり，学習データを用いてこれを修正することで，事後分布を得ているという解釈ができます．

4.2 カテゴリ特徴に対するベイズ識別 **67**

例題 4.2 [Weka]

Weka の NaiveBayes アルゴリズムを用いて，weather.nominal.arff を識別するナ
イーブベイズ識別器を作成せよ．

解答▶ Weka の Explorer インタフェースを用います．[Preprocess] タブで weather
.nominal.arff を読み込んだあと，[Classify] タブでの設定は，Classifier 領域で [bayes] →
[NaiveBayes] を選びます．今回は，学習ができていることを確認することが目的なので，
Test options 領域で選ぶ評価方法は，学習データを用いて評価を行う [Use training set]
とします．

結果は以下のようになります．ゼロ頻度問題の回避のために，各カウントの初期値が
1 の m 推定 $(m = 1/p)$◆1 が用いられています．

```
出力 ▶▶▶
                      Class
        Attribute      yes     no
                      (0.63) (0.38)
        =============================
        outlook
          sunny        3.0     4.0
          overcast     5.0     1.0
          rainy        4.0     3.0
          [total]     12.0     8.0

        temperature
          hot          3.0     3.0
          mild         5.0     3.0
          cool         4.0     2.0
          [total]     12.0     8.0

        humidity
          high         4.0     5.0
          normal       7.0     2.0
          [total]     11.0     7.0

        windy
          TRUE         4.0     4.0
          FALSE        7.0     3.0
          [total]     11.0     7.0
```

クラスを表す **yes, no** の下に括弧付きで示されている数字は，各クラスの事前確率
です．

◆1 $m = 1/p$ の m 推定を，ラプラス推定とよびます．

68　第 4 章　識　別 ―統計的手法―

例題 4.2 で得られたナイーブベイズ識別器を用いて，weather.nominal データの最初の事例 $\boldsymbol{x}_1 = (\text{sunny}, \text{hot}, \text{high}, \text{FALSE})$ を識別してみましょう．

$$
\begin{aligned}
P(\boldsymbol{x}_1 \mid \text{yes}) \cdot P(\text{yes}) &= P(\text{sunny} \mid \text{yes}) \cdot P(\text{hot} \mid \text{yes}) \\
&\quad \cdot P(\text{high} \mid \text{yes}) \cdot P(\text{FALSE} \mid \text{yes}) \cdot P(\text{yes}) \\
&= \frac{3}{12} \cdot \frac{3}{12} \cdot \frac{4}{11} \cdot \frac{7}{11} \cdot 0.63 \\
&\fallingdotseq 0.0091
\end{aligned}
$$

$$
\begin{aligned}
P(\boldsymbol{x}_1 \mid \text{no}) \cdot P(\text{no}) &= P(\text{sunny} \mid \text{no}) \cdot P(\text{hot} \mid \text{no}) \\
&\quad \cdot P(\text{high} \mid \text{no}) \cdot P(\text{FALSE} \mid \text{no}) \cdot P(\text{no}) \\
&= \frac{4}{8} \cdot \frac{3}{8} \cdot \frac{5}{7} \cdot \frac{3}{7} \cdot 0.38 \\
&\fallingdotseq 0.0218
\end{aligned}
$$

したがって，求める事後確率 $P(\text{play} \mid \boldsymbol{x}_1)$ は，以下のようになります．

$$
\begin{aligned}
P(\text{yes} \mid \boldsymbol{x}_1) &= \frac{P(\boldsymbol{x}_1 \mid \text{yes}) \cdot P(\text{yes})}{P(\boldsymbol{x}_1)} \\
&= \frac{P(\boldsymbol{x}_1 \mid \text{yes}) \cdot P(\text{yes})}{P(\boldsymbol{x}_1 \mid \text{yes}) \cdot P(\text{yes}) + P(\boldsymbol{x}_1 \mid \text{no}) \cdot P(\text{no})} \\
&= \frac{0.0091}{0.0091 + 0.0218} \\
&\fallingdotseq 0.29
\end{aligned}
$$

$$
P(\text{no} \mid \boldsymbol{x}_1) = 1 - P(\text{yes} \mid \boldsymbol{x}_1) = 0.71
$$

これより，事例 1 は約 71% の確率で no に分類されるという結果が得られました．

4.3　ベイジアンネットワーク

ナイーブベイズ識別器の「すべての特徴が，あるクラスのもとで独立である」という仮定は，一般的には成り立ちません．だからといって，必ずしもすべての特徴が依存し合っているということでもありません．間をとって，「特徴の部分集合が，あるクラスのもとで独立である」と仮定することが現実的です．このような仮定を表現したものが，ベイジアンネットワークです．

4.3.1 ベイジアンネットワークの概念

ベイジアンネットワークとは，確率的に値を変化させる変数（以下，**確率変数**とよびます．本書の設定では，特徴やクラスにあたります）をノード，それらの間の依存関係をアーク（片方向の矢印）でグラフィカルに表した確率モデルです．依存関係は，アークに付随する条件付き確率表で定量的に表現されます．

ベイジアンネットワークでは，確率変数間に条件付き独立の仮定を設けます．この仮定は，

> 確率変数（ノード）の値は，その親（アークのもと）となる確率変数の値以外のものには影響を受けない

というものです．数式で表すと，確率変数の値 $\{z_1, \ldots, z_n\}$ の結合確率 $P(z_1, \ldots, z_n)$ は，以下のように計算されます．

$$P(z_1, \ldots, z_n) = \prod_{i=1}^{n} P(z_i \mid \text{Parents}(z_i)) \tag{4.15}$$

ただし $\text{Parents}(z_i)$ は，値 z_i をとる確率変数を表すノードの親ノードの値です．親ノードは複数になる場合もあります．

それでは，ベイジアンネットワークの例を見てゆきましょう[◆1]．計算を簡単にするために，すべての確率変数は 2 値（true または false）をとるものとします．図 4.2 は二つの確率変数 Rain（true なら「雨が降った」）と，Wet grass（true なら「芝生が濡れている」）の関係を示しています．以後，式や図の中では確率変数 Rain の値が true であることを R，false であることを $\neg R$ と，変数名の頭文字と論理否定の記号（¬ (not)）を使って表現します．ほかの確率変数についても同様です．「芝生が濡れて

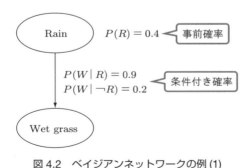

図 4.2 ベイジアンネットワークの例 (1)

[◆1] ベイジアンネットワークの例は，文献 [8] 第 16 章を参考にしました．

70 第4章 識別 —統計的手法—

いる」確率は，「雨が降った」かどうかに左右されると考えられるので，図4.2の関係が導かれます．ベイジアンネットワークでは，親ノードをもたないノードには事前確率が与えられます．この場合のRainの事前確率$P(R)$を0.4とします．また，アークには，矢印のもとの確率変数を条件部，矢印の先の確率変数を結論部とする条件付き確率が，それらの変数のすべての組合せについて与えられます[◆1]．

この確率モデルに従うと，何も情報がない状態[◆2]で，「芝生が濡れている」確率は以下のようになります[◆3]．

$$P(W) = \sum_R P(R, W)$$
$$= P(W \mid R)P(R) + P(W \mid \neg R)P(\neg R)$$
$$= 0.9 \times 0.4 + 0.2 \times 0.6$$
$$= 0.48$$

また，「芝生が濡れている」ことが観測されたもとで「雨が降った」確率は，以下のようになります．

$$P(R \mid W) = \frac{P(W \mid R)P(R)}{P(W)}$$
$$= 0.75$$

これは，何も情報がない状態での「雨が降った」確率（すなわち事前確率）の0.4が，「芝生が濡れている」という情報を得たことで，その確率が0.75に変化したことを示します．

例題4.3 [Weka]
Wekaの Bayes net editor を用いて，上記の計算過程を確認せよ．

解答▶ Wekaの Bayes net editor は，GUIを用いて構造と条件付き確率表を与えて，ベイジアンネットワークを作成することができます．そして，作成したベイジアンネットワークに対して，観測された変数の値を与えて，すべての変数の確率の変化を計算す

[◆1] ただし本章の図では，見やすさのために，余事象で計算される確率は省略しています．たとえば，図4.2では $P(\neg W \mid R)$ や $P(\neg W \mid \neg R)$ の値が省略されていますが，これは $P(\neg W \mid R) = 1 - P(W \mid R) = 1 - 0.9 = 0.1$ のように簡単に求められます．

[◆2] 事前確率 $P(R) = 0.4$ は与えられています．

[◆3] この計算は，W の確率を求めるために，R のすべての値に対して R と W の同時確率を求めて足し合わせる，周辺化とよばれる手順になります．R と W のマトリックスを考え，W の行の端（周辺）にある値（すなわち，すべての R について足し合わせた値）を求めていることになります．

ることができます．

Weka の起動画面から [Tools] → [Bayes net editor] を選択すると，ベイジアンネットワークの編集を行うためのウィンドウが起動します．まず，このウィンドウで，[Tools] → [Show Margins] を選択して，確率値が見えるように設定しておきます．

次に，[Edit] → [Add Node] で確率変数にあたるノードを，図 4.3 に示すように配置します．Name には確率変数名，Cardinality にはとりうる値の種類数（真偽値ならば 2）を設定します．ノードを表示する際のサイズは，[Tools] → [Layout] で Custom Node Size にチェックを入れることで変更できます．ノード配置がうまくゆかなくなった場合などは，このコマンドを選択することで，適当な位置に自動的に配置してくれます．

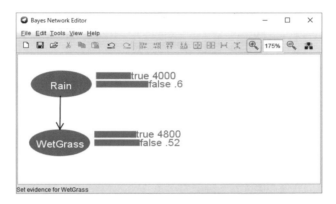

図 4.3　Bayes net editor でのノードの配置

次に，Rain ノードを右クリックして，[Rename value] で変数のとりうる値を，デフォルトのものから，true と false にしておきます．WetGrass ノードについても同様です．そして，結果にあたる WetGrass ノードを右クリックし，[Add parent] で原因にあたる Rain ノードを指定することで，アークを作成します．また，Rain ノードを右クリック → [EditCPT] から，true = 0.4，false = 0.6 とし，Rain の事前確率を設定しておきます．

アークに設定する条件付き確率表は，矢印の先の WetGrass ノードを右クリックし，[Edit CPT] を選択して，図 4.4 のように設定します．横方向が WetGrass の値，縦方向が Rain の値です．

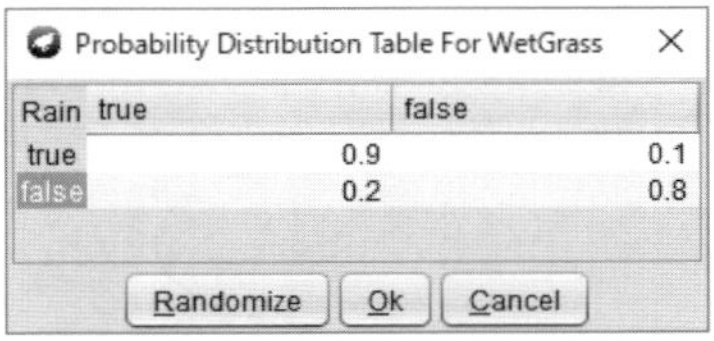

図 4.4　条件付き確率表の設定

これで，Rain の事前確率のみが得られた状態での，WetGrass の値の確率が計算されています（上述の $P(W) = 0.48$）．次に，WetGrass ノードを右クリックし，[Set evidence] で [true] を選び，WetGrass の値を true にします．そうすると，Rain の値が図 4.5 のように $P(R|W) = 0.75$ に更新されます．

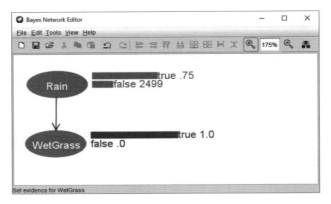

図 4.5　ベイジアンネットワークの確率計算

4.3.2　ベイジアンネットワークの構成

上記の例は，普通の条件付き確率をベイジアンネットワークで表現したものです．しかし，ベイジアンネットワークの利点は，変数間の独立性を表現できることです．以下では，独立性を表現する基本パターンと，それぞれの確率計算の例を示します．

head-to-tail connection

最初のパターンは head-to-tail connection で，これは三つのノードが直線上に並んだものです．図 4.6 に，「曇っている」(Cloudy)，「雨が降った」(Rain)，「芝生が濡れている」(Wet grass) が head-to-tail connection でつながっている例を示します．

これは，真ん中のノードの値が与えられると，左のノードと右のノードとが独立になるパターンです．もし，Rain の値が定まっていれば，Wet grass の値は Cloudy

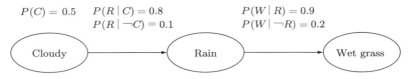

図 4.6　head-to-tail connection

の値とは無関係に，Rain からの Wet grass へのアークに付随している条件付き確率表のみから定まります．一方，Rain の値がわからないときは，Rain の値は Cloudy の値に影響され，Wet grass の値は Rain の値に影響されるので，Cloudy と Wet grass は独立ではありません．

何も情報がない状態での「芝生が濡れている」確率は以下のようになります．まず，「曇っている」の事前確率 $P(C)$ を使って「雨が降った」確率 $P(R)$ を求め，それを使って「芝生が濡れている」確率 $P(W)$ を求めます．

$$P(R) = P(R \mid C)P(C) + P(R \mid \neg C)P(\neg C) = 0.45$$
$$P(W) = P(W \mid R)P(R) + P(W \mid \neg R)P(\neg R) = 0.515$$

ここで，「曇っている」ことが観測されたとします．そうすると，その条件のもとで「芝生が濡れている」確率 $P(W \mid C)$ は，以下のようになります．

$$P(W \mid C) = P(W \mid R)P(R \mid C) + P(W \mid \neg R)P(\neg R \mid C) = 0.76$$

つまり，「曇っている」ことの観測が，「芝生が濡れている」確率を変化させているので，これらは独立していないことになります．

なお，確率伝播の計算は，逆方向にも可能です．「芝生が濡れている」ことがわかったときに，その日が「曇っている」確率は以下のようになります．

$$P(C \mid W) = \frac{P(W \mid C)P(C)}{P(W)} \fallingdotseq 0.738$$

tail-to-tail connection

二つめの独立性のパターンは，tail-to-tail connection で，二つのノードが親ノードを共有するパターンです．図 4.7 に「スプリンクラーが動作した」(Sprinkler)，「雨が降った」(Rain) が共通の親ノード「曇っている」(Cloudy) をもつパターンを示します．

このパターンで，たとえば「雨が降った」ことがわかると，「曇っている」確率は，事前確率 $P(C) = 0.5$ から以下の $P(C \mid R)$ のように変化します．

$$P(C \mid R) = \frac{P(R \mid C)P(C)}{P(R)}$$
$$= \frac{P(R \mid C)P(C)}{P(R \mid C)P(C) + P(R \mid \neg C)P(\neg C)}$$
$$\fallingdotseq 0.889$$

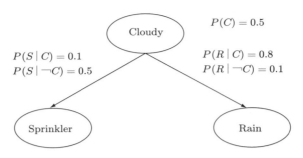

図 4.7 tail-to-tail connection

このことによって,「スプリンクラーが動作した」の確率も変化するので,「雨が降った」と「スプリンクラーが動作した」は独立ではありません.

一方,Cloudy の値がわかると,Sprinkler, Rain それぞれの値は,その条件付き確率表だけから求まるので,それぞれ独立になります.すなわち,この tail-to-tail connection パターンでは,親ノードの値が与えられると,子ノードどうしが独立になります.

head-to-head connection

最後は,子ノードを共有する head-to-head connection パターンです.このパターンの例を図 4.8 に示します.

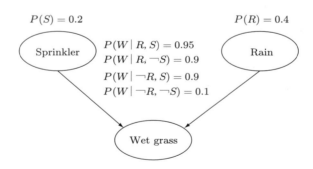

図 4.8 head-to-head connection

この場合,「スプリンクラーが動作した」と「雨が降った」は,共有する祖先ノードをもたないので,独立です.しかし,「芝生が濡れている」の値が与えられると,独立ではなくなります.

このことを計算によって確認してゆきましょう.まず,$P(W)$ の事前確率を計算します.S, R それぞれの true または false の組合せが出現する確率を事前確率から求

め，条件付き確率表の値と掛け合わせたものを，すべての組合せに対して計算するので，少し面倒な計算になります．

$$P(W) = \sum_{R,S} P(W, R, S)$$
$$= P(W \mid R, S)P(R)P(S) + P(W \mid \neg R, S)P(\neg R)P(S)$$
$$+ P(W \mid R, \neg S)P(R)P(\neg S)$$
$$+ P(W \mid \neg R, \neg S)P(\neg R)P(\neg S)$$
$$= 0.52$$

同様にして，$P(W \mid S)$, $P(W \mid R)$ を求めます．

$$P(W \mid S) = \sum_{R} P(W, R \mid S)$$
$$= P(W \mid R, S)P(R) + P(W \mid \neg R, S)P(\neg R)$$
$$= 0.92$$
$$P(W \mid R) = \sum_{S} P(W, S \mid R)$$
$$= P(W \mid R, S)P(S) + P(W \mid R, \neg S)P(\neg S)$$
$$= 0.91$$

この $P(W)$ と $P(W \mid S)$ を使って，「芝生が濡れている」ことが観測されたときの「スプリンクラーが動作した」の確率 $P(S \mid W)$ を計算します．

$$P(S \mid W) = \frac{P(W \mid S)P(S)}{P(W)} \fallingdotseq 0.354$$

また，「雨が降った」と「芝生が濡れている」の両方が観測されたとき，「スプリンクラーが動作した」の確率 $P(S \mid R, W)$ は

$$P(S \mid R, W) = \frac{P(W \mid R, S)P(S \mid R)}{P(W \mid R)}$$
$$= \frac{P(W \mid R, S)P(S)}{P(W \mid R)}$$
$$\fallingdotseq 0.209$$

になります．条件部に R が加わることで，条件付き確率の値が変わっているので，Wet grass の値が与えられると，Rain と Sprinkler は独立ではなくなったといえます．

前二つの独立性の議論と比べて，直観的にわかりにくいのですが，「芝生が濡れている」ことがわかっていて，「雨が降った」が否定されるのなら，「スプリンクラーが動作した」の確率が高くならざるを得ないと見れば，納得がゆくと思います．

これらのパターンを組み合わせて，図 4.9 のようなベイジアンネットワークを構成することができます．

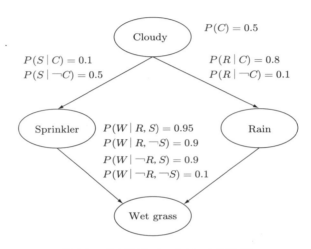

図 4.9　ベイジアンネットワークの例 (2)

ベイジアンネットワークにおけるノードの値の確率計算は，この 3 パターンと，そのバリエーション（親や子の数が異なる場合）に限られるので，この計算を順に行うことで，ネットワーク全体の確率計算が行えます．

4.3.3　ベイジアンネットワークを用いた識別

ここでは，ベイジアンネットワークがすでにできている，すなわち図 4.9 に示したようなネットワークの構造と，全アークに対応する条件付き確率表が得られているものとして，それを用いて識別を行う手順を説明します．一般にクラスは親ノードに，特徴は子孫ノードに配置します．求めるものは，特徴を表すノードの値が与えられたもとで，クラスを表すノードが真となる確率ですが，ここではネットワーク中の一部のノードの値が与えられたときに，値が与えられていないノードが真となる確率を求める問題に一般化して考えます．

ここで，値が真となる確率を知りたいノードが表す変数を，目的変数とよびます．目的変数以外のすべての変数の値が観測された場合（実際は，目的変数の親ノードの値が観測された場合，あるいは，さらなる親ノードの値から計算可能な場合）は，目的変数から遠い順に条件付き確率表を使ってノードの値を計算することで，目的変数の値が求まります．しかし，効率を求める場合や，一部のノードの値しか観測されなかった場合にも対応できる方法として，確率伝播による計算法があります．

図 4.6 の head-to-tail connection のネットワークで，確率伝播による計算の概要を示します．いま，求めたいものは真ん中の Rain ノードの確率 $P(R)$ であるとします．また，Rain ノードに親ノード，子ノードがそれぞれ複数ある状況を考えます．ここで，Rain の親ノード集合で，値のわかっている変数の情報をまとめて e^+ と表現します．また，Rain の子ノード集合で，値のわかっている変数の情報をまとめて e^- と表現します．そうすると，求める条件付き確率は，以下のようになります．

$$P(R\,|\,e^+, e^-) = \frac{P(e^-\,|\,R, e^+)P(R\,|\,e^+)}{P(e^-\,|\,e^+)} \tag{4.16}$$

head-to-tail connection のところで説明したように，Rain の値が決まると，e^+ と e^- は独立になるので，右辺分子第一項の条件部中の e^+ は消えます．また，分母は Rain の値に関係がないので定数とみなして，$\alpha = 1/P(e^-\,|\,e^+)$ とおくと，式 (4.16) は以下のように変形できます．

$$P(R\,|\,e^+, e^-) = \alpha P(e^-\,|\,R)P(R\,|\,e^+) \tag{4.17}$$

$P(e^-\,|\,R)$ は，すべての子ノードの値が得られていれば，条件付き確率表から求まります．値が得られていない場合，もし末端のノードなら何の情報も得られていないので，すべてのとりうる値を等確率とみなし，もし子ノードがあればこの計算を再帰的に行います．一方，$P(R\,|\,e^+)$ は，すべての親ノードの値が得られていれば，条件付き確率表から求まります．値が得られていない場合，さらに親ノードをもたない場合は，事前確率が与えられているはずです．親ノードをもつ場合は，この計算を再帰的に行います．

このようにノード間の独立性を使いながら，確率を伝搬させて任意のノードの確率を求めることができます．ただし，この方法はアークを無向とみなした結合がある場合，ループが形成されていれば値が収束しないことがあるので，適用することができません．そのような場合は，**確率的シミュレーション**も用いられます．

ここでは，確率的シミュレーションのうち，比較的単純な Gibbs サンプリングを紹介します．基本的な考え方は，ベイジアンネットワークの条件付き確率表に基づいた

確率で，乱数を使って変数の値の組合せを多数発生させ，そのうちの目的変数が真であった割合をカウントするというものです．アルゴリズムを示すと，アルゴリズム 4.1 のようになります．

アルゴリズム 4.1　Gibbs サンプリング

すべての確率変数 x_j を乱数で初期化 $\{x_1^{(0)}, \ldots, x_n^{(0)}\}$

repeat

　$x_1^{(i+1)}$ を $P(x_1 \mid x_2^{(i)}, \ldots, x_n^{(i)})$ から抽出

　$x_2^{(i+1)}$ を $P(x_2 \mid x_1^{(i+1)}, x_3^{(i)}, \ldots, x_n^{(i)})$ から抽出

　...

　$x_n^{(i+1)}$ を $P(x_n \mid x_1^{(i+1)}, \ldots, x_{n-1}^{(i+1)})$ から抽出

until 目標の標本数

サンプリングによって得られたデータ集合から，目的変数の確率を得る

4.3.4　ベイジアンネットワークの学習

最後に，ベイジアンネットワークの学習について説明します．ベイジアンネットワークにおいて学習するべき項目は，ネットワークの構造とアークの条件付き確率表です．

まず，ネットワークの構造が得られているものとして，アークの条件付き確率表を得る方法について説明します．

学習データにすべての変数の値が含まれる場合は，ナイーブベイズ識別法と同様な数え上げによって確率値を決めることができます．ここでも，ゼロ頻度問題を回避するために，データカウント数の初期値を一定値にしておくなどの工夫が必要になります．一方，学習データに値が観測されない変数がある場合は，適当な初期値を設定して，第 5 章で説明する最急勾配法により学習することになります．

また，ベイジアンネットワークの構造の学習は，そのネットワークによって計算される式 (4.7) の対数尤度 $\mathcal{L}(D)$ が大きくなるように，アークを探索的に追加してゆく方法が考えられます．その基本的な方法が K2 アルゴリズムで，概要はアルゴリズム 4.2 のようになります．ここで *Node* は，特徴集合とクラスからなるノード全体の集合を表します．

一般に，複雑なネットワークのほうが対数尤度は大きくなるので，このアルゴリズムは過学習に陥りやすいといわれています．過学習への対処法としては，親ノードの数をあらかじめ制限する方法が提案されています．

4.3 ベイジアンネットワーク **79**

アルゴリズム 4.2　K2 アルゴリズム

ノードの順番を決める（通常はクラスを表す特徴を最初に）

for all $n \in Node$ **do**

　for all $n' \in n+1$ 以降のノード **do**

　　if n から n' へのアークを追加することにより対数尤度が増加 **then**

　　　n から n' へアークを追加

　　end if

　end for

　if 対数尤度が変化しない **then**

　　break

　end if

end for

return 学習されたベイジアンネットワーク

例題 4.4 Weka

　Weka の BayesNet アルゴリズムを用いて，weather.nominal データを識別するベイジアンネットワークを作成せよ．

解答▶ Weka の Explorer インタフェースを用います．[Preprocess] タブで weather.nominal.arff を読み込んだあと，[Classify] タブでの設定は Classifier 領域で [bayes] → [BayesNet] を選び，Test options 領域で選ぶ評価方法は，[Use training set] とします．

　評価結果が出たあと，Result list 領域で反転している行の右クリックメニューから [Visualize graph] を選んでください．

　図 4.10 (a) のようなベイジアンネットワークが表示されます．これは，目的変数以外の変数がすべて独立になっているので，ナイーブベイズ識別器と同じものが得られたということになります．

　このようなネットワークが得られた原因は，BayesNet 内でネットワークを構築している K2 アルゴリズムのオプション (searchAlgorithm) で，親の最大数を 1 に設定しているからです．searchAlgorithm 右のテキストボックスをクリックしてオプションを開き，親ノードの最大数を指定する maxNrOfParents の値を 2 にして学習させると，図 (b) のようなベイジアンネットワークが得られます．

　なお，得られたベイジアンネットワークは，図の表示画面から，フロッピーディスクボタンで保存することができます．ファイルのタイプとして [XML BIF files] を選ぶと，学習済みのベイジアンネットワークを以下のような XML 形式で保存することができ，学習の結果である依存関係の情報や，条件付き確率表の値を確認することができます．

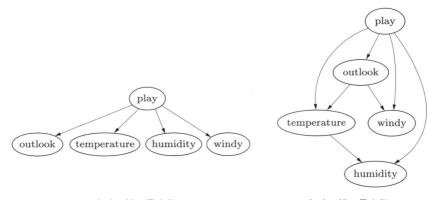

（a）親の最大数 1　　　　　　（b）親の最大数 2

図 4.10　ベイジアンネットワークの構造の学習結果

```
出力▶▶▶
<BIF VERSION="0.3">
<NETWORK>
<NAME>weather.symbolic</NAME>
<VARIABLE TYPE="nature">
<NAME>outlook</NAME>
<OUTCOME>sunny</OUTCOME>
<OUTCOME>overcast</OUTCOME>
<OUTCOME>rainy</OUTCOME>
<PROPERTY>position = (0,78)</PROPERTY>
</VARIABLE>
...
<DEFINITION>
<FOR>outlook</FOR>
<GIVEN>play</GIVEN>
<TABLE>
0.23 0.42 0.33
0.53 0.07 0.38
</TABLE>
</DEFINITION>
...
```

4.4　まとめ

　この章では，カテゴリ特徴に対する統計的識別手法について説明しました．すべての特徴値の同時確率を求めるのは難しいので，すべての次元を独立と仮定したナイーブベイズ識別器や，特徴の部分集合間の独立性を仮定したベイジアンネットワークを

用いて，学習・識別を行う方法を説明しました．視点を変えると，人工知能分野における確率推論の基礎的な部分を学んだことになります．

　統計的識別手法のメリットは，識別結果に確率を付けられる点です．病気の識別など，誤分類のタイプによってコストが大きく異なる場合は，識別結果の確率とコストを掛け合わせて，コストの期待値が最小になるような識別結果を求めることが，現実では必要になってきます．

演習問題

4.1 [Weka] Weka の NaiveBayes アルゴリズムを用いて，カテゴリ特徴からなる breast -cancer.arff から識別器を作成せよ．また，得られた正解率を演習問題 3.1 の結果と比較せよ．

4.2 [Weka] Weka の BayesNet アルゴリズムを用いて，カテゴリ特徴からなる breast -cancer.arff からベイジアンネットワークを作成せよ．また，パラメータ Search Algorithm で選択している K2 アルゴリズムのパラメータ MaxNrOfParents の値を変化させ，得られたネットワークの複雑さと性能との関係を調べよ．

第5章 識別 —生成モデルと識別モデル—

Introduction

この章では，前章で学んだ統計モデルによる識別法で，数値を要素とする特徴ベクトルを識別する問題に取り組みます．数値を要素とする特徴ベクトルに対する識別問題は，一般にはパターン認識とよばれます．

5.1 数値特徴に対する「教師あり・識別」問題の定義

第3章と第4章では，カテゴリ特徴に対する識別問題を扱いました．続いて本章では，数値を要素とする特徴ベクトル $\boldsymbol{x}$ に対する識別問題を扱います（図5.1）．

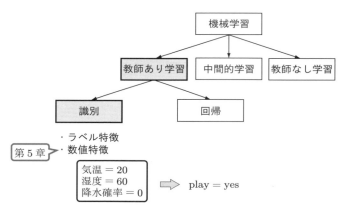

図 5.1 数値特徴に対する「教師あり・識別」問題

識別問題は教師あり学習なので，学習データは特徴ベクトル $\boldsymbol{x}_i$ と正解情報であるクラス y_i のペアからなります．

$$\{(\boldsymbol{x}_i, y_i)\}, \quad i = 1, \ldots, N$$

カテゴリ特徴との違いは，特徴ベクトルの要素が数値なので，各要素を軸とする空間を考えることができる点です．特徴の種類数を d 個とすると，この空間は d 次元空間になります．この空間を，**特徴空間**とよびます．学習データ中の各事例は，特徴空

5.1 数値特徴に対する「教師あり・識別」問題の定義

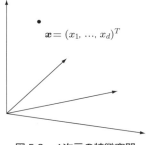

図 5.2　d 次元の特徴空間

間上の点として表すことができます（図 5.2）．

　もし，特徴抽出段階で適切な特徴が選ばれているならば，図 5.3 のように，学習データは特徴空間上で，クラスごとにある程度まとまりを構成していることが期待できます．そうでなければ，人間や動物が日常的に識別問題を解決できるはずがありません．このように考えると，数値特徴に対する識別問題は，クラスのまとまり間の境界を見つける，すなわち，特徴空間上でクラスを分離する識別面を探す問題として定義することができます．

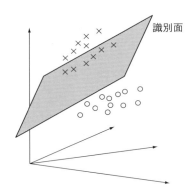

図 5.3　特徴空間上の学習データと識別面

　識別面が平面や 2 次曲面程度で，よく知られた統計モデルがデータの分布にうまく当てはまりそうな場合は，本章で説明する統計モデルによるアプローチが有効です．
　一方，学習データがまとまっているはずだといっても，それが比較的単純な識別面で区別できるほど，きれいには分かれていない場合もあります．その境界は，曲がりくねった非線形曲面になっているかもしれません．また，異なるクラスのデータが一部重なる部分がある可能性があります．そのような，非線形性をもち，完全には分離できないかもしれないデータに対して識別を試みるには，第 7 章以降で説明する二つのアプローチがあります．

84 第5章 識別 —生成モデルと識別モデル—

一つは，学習データを高次元の空間に写すことで，きれいに分離される可能性を高めておいて，線形のモデルを使ってなるべく学習データに特化しすぎないような識別面を求めるという方法です．この手法の代表的なものが，第7章で説明するSVM（サポートベクトルマシン）です．もう一つは，非線形のモデルで表した複雑な識別面のパラメータを，学習データとの誤差がなるべく少なくなるように調整する方法です．この手法の代表的なものが，第8章と第9章で説明するニューラルネットワークです．

5.2 生成モデル

第4章では，カテゴリ特徴に対する統計的識別手法を説明してきました．その基本的な考え方は，数値特徴に対しても適用することができます．

5.2.1 数値特徴に対するナイーブベイズ識別

数値特徴の場合のナイーブベイズ識別の結果 C_{NB} を求める式は，以下のようになります．カテゴリ特徴の場合の式 (4.12) とほとんど同じですが，尤度が離散事象に対する確率分布 $P(x_j \mid \omega_i)$ ではなく，数値に対する確率密度関数 $p(x_j \mid \omega_i)$ になっています．

$$C_{\mathrm{NB}} = \arg \max_i P(\omega_i) \prod_{j=1}^{d} p(x_j \mid \omega_i) \tag{5.1}$$

事前確率 $P(\omega_i)$ に関しては，カテゴリ特徴のときと同様に，学習データ中のクラス ω_i に属するデータを数える最尤推定で求めればよいので，とくに問題はありません．

しかし，尤度 $p(x_j \mid \omega_i)$ に関しては，求めるものが「クラス ω_i のデータの特徴 a_j が値 x_j となる確率」で，x_j が連続値なので，頻度を数えるという方法を用いることはできません．

そこで，数値特徴に対しては，尤度を計算する確率密度関数に適切な統計モデルを当てはめ，そのモデルのパラメータを学習データから推定するという方法をとります．数値データに対する統計的モデル化は，それだけで1冊の本になるぐらい奥が深い問題です．本書では，教師なし学習におけるモデル推定のところで少し詳しく説明するので，ここでは，もっとも単純な方法で考えます．

さまざまな数値データに対して多く用いられる統計モデルが正規分布です．正規分布は図5.4に示すような釣り鐘型をした分布で，身長・体重の分布や，多人数が受けるテストの点数の分布などがよく当てはまります．

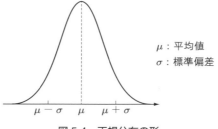

図 5.4　正規分布の形

1次元データの正規分布 $p(x)$ は，以下のようになります．

$$p(x) = \frac{1}{\sqrt{2\pi}\sigma} \exp\left\{-\frac{(x-\mu)^2}{2\sigma^2}\right\} \tag{5.2}$$

ここで，μ は正規分布の平均値，σ は標準偏差です．この二つを正規分布のパラメータとよび，パラメータの値が決まると，$p(x)$ の関数形が決まります．

このような仮定をおいたときの学習は，正規分布の平均値と標準偏差を学習データから推定するという問題になります．これは，カテゴリデータの頻度による推定と同様の考え方で，式 (4.7) の確率分布を確率密度関数に置き換え，パラメータで偏微分したものを 0 とおいて，パラメータについて解きます．そうすると，学習データの平均値をモデルの平均値，学習データの標準偏差をモデルの標準偏差とすることで，最尤推定になります．

例題 5.1 [Weka]

Weka の NaiveBayes アルゴリズムを用いて，diabetes.arff を識別するナイーブベイズ識別器を作成せよ．

解答▶ ここで用いる diabetes データ（表 5.1）は，ピマ・インディアンの女性の種々の検査結果と糖尿病検査結果の関係を示すデータです．血圧・年齢・BMI などの値から，糖尿病であるかどうかを判定する識別器を作成するのが目標です．diabetes データの特徴とその値の意味を表 5.2 に示します．分類するクラスは，正 (tested_positive)，負 (tested_negative) の 2 クラスで，用いる特徴は 8 次元の数値特徴です．

Weka の Explorer インタフェースを用います．[Preprocess] タブで diabetes.arff データを読み込んだあと，[Classify] タブでの設定は Classifier 領域で [bayes] → [NaiveBayes] を選び，Test options 領域で選ぶ評価方法は，[Use training set] とします．

学習結果は以下のようになります．学習結果が，各特徴の平均値 (`mean`) や標準偏差 (`std. dev.`)（すなわち，各次元の正規分布のパラメータ）になっているところに注目してください．なお，`weight sum` は，パラメータ推定に用いた事例数，`precision` は

86 第 5 章　識　別 ―生成モデルと識別モデル―

表 5.1　diabetes データ (diabetes.arff)（一部）

No.	preg	plas	pres	skin	insu	mass	pedi	age	class
1	6	148	72	35	0	33.6	0.627	50	tested_positive
2	1	85	66	29	0	26.6	0.351	31	tested_negative
3	8	183	64	0	0	23.3	0.672	32	tested_positive
4	1	89	66	23	94	28.1	0.167	21	tested_negative
5	0	137	40	35	168	43.1	2.288	33	tested_positive
6	5	116	74	0	0	25.6	0.201	30	tested_negative
7	3	78	50	32	88	31	0.248	26	tested_positive
8	10	115	0	0	0	35.3	0.134	29	tested_negative
9	2	197	70	45	543	30.5	0.158	53	tested_positive
10	8	125	96	0	0	0	0.232	54	tested_positive

表 5.2　diabetes データの特徴

特　徴	内　容
preg	妊娠回数
plas	糖負荷試験 2 時間後の血糖値
pres	最低血圧 [mmHg]
skin	上腕の皮膚の厚さ [mm]
insu	血中インスリン濃度 [mu U/mL]
mass	BMI = 体重 [kg]/(身長 [m] × 身長 [m])
pedi	糖尿病家系の度合
age	年齢
class	{tested_positive, tested_negative}（正例，負例）

それらの事例の中の隣接事例距離の平均です．いずれも推定されたパラメータの妥当性を検証するための補助的な情報で，これらの数値は確率の計算には用いられません．

```
出力 ▶▶▶
                          Class
    Attribute   tested_negative  tested_positive
                    (0.65)           (0.35)
    =============================================

    preg
      mean             3.4234           4.9795
      std. dev.        3.0166           3.6827
      weight sum          500              268
      precision        1.0625           1.0625

    plas
      mean           109.9541         141.2581
      std. dev.       26.1114          31.8728
      weight sum          500              268
```

	precision	1.4741	1.4741
	...		

正解率は，76% 程度になります．Test options 領域の評価方法を [Use training set] から，交差確認法を行う 10-fold CV に変更しても，あまり性能は変化しないので，かなり難しい識別問題だといえます．

ここで，表 5.1 の diabetes データをよく見てみましょう．ところどころに値が 0 になっているところがあります．妊娠回数 (preg) は 0 でもおかしくはないのですが，上腕の皮膚の厚さ (skin) や BMI (mass) など，0 になるはずがないところに 0 が入っています．これは，データが観測されなかったことを表す欠損値です．

欠損値が存在するデータに関しては，以下のいずれかの処理を行っておくことが望ましいとされています．

- 一つの特徴でも欠損値を含んでいれば，そのデータを取り除く．
- 欠損値を適当な値に置き換える．数値データの場合は平均値や中央値，カテゴリデータの場合には最頻値がよく用いられる．

通常，欠損値は記号 NaN や？で表すのですが，今回のように，この慣習に従っていないデータも存在します．Weka にも欠損値を処理するフィルタはありますが，特徴の値としての 0 と欠損値としての 0 が入り混じっているようなデータに関しては，取り扱いが難しくなります．このような場合には，プログラミング言語 Python で処理コードを記述することができる scikit-learn が本領を発揮します．

例題 5.2 Python

scikit-learn の GaussianNB アルゴリズムを用いて，Weka 付属の diabetes.arff を識別するナイーブベイズ識別器を作成せよ．

解答▶ まず，必要なパッケージを読み込みます．今回は，ARFF 形式のファイルを読み込むため，scipy.io パッケージの arff メソッドを読み込んでおきます．

```
1  import numpy as np
2  from scipy.io import arff
3  from sklearn.naive_bayes import GaussianNB
4  from sklearn.model_selection import cross_val_score
```

loadarff メソッドは，ARFF 形式のデータを読み込み，@data 以下の情報を変数 data に，@attribute の情報を変数 meta に格納します．Weka がインストールされたフォルダの data フォルダにある diabetes.arff をコピーして notebook と同じフォルダ

88　第 5 章　識　別 —生成モデルと識別モデル—

に置いておくと，長い Path の指定が不要になります．

```
5  data, meta = arff.loadarff('diabetes.arff')
```

data はタプルの配列で，一つのタプルは表 5.2 の九つの要素から構成されます．こ
れらを，パターン行列 X と正解クラスのベクトル y に格納します．その手順として，ま
ず X と y の型を np.empty を使って宣言します．それから，for ループの内部で，変数
data の各要素を list 型に変換し，その list の最初の八つの要素を特徴ベクトルを X に，
最後の文字列を y に順次追加します．
　一方，meta は ARFF 形式の relation 部や attribute 部に書かれたデータに関するメ
タ情報を格納したオブジェクトです．今回はこの情報を使用しません．

```
6   X = np.empty((0,8), np.float)
7   y = np.empty((0,1), np.str)
8   for e in data:
9       e2 = list(e)
10      X = np.append(X, [e2[0:8]], axis=0)
11      y = np.append(y, e2[8:9])
```

　次に，sklearn.preprocessing パッケージの Imputer を使って欠損値処理を行い
ます．パッケージを読み込んで，Imputer のインスタンスを作成します．その際，欠損
値を埋める方法を，列方向 (axis=0) の中央値 (strategy='median') と指定します．
作成したインスタンスの fit メソッドにデータを与えて変換方法を計算し，transform
メソッドで実際の変換を行います．それぞれのメソッドの引数では，第 0 列の妊娠回数
preg における値 0 は欠損値とみなさず，第 1 列以降の 0 を，その列の中央値に置き換
えるよう指定します．

```
12  from sklearn.preprocessing import Imputer
13  imp = Imputer(missing_values=0, strategy='median', axis=0)
14  imp.fit(X[:, 1:])
15  X[:, 1:] = imp.transform(X[:, 1:])
```

　次に，識別器のインスタンスを作成し，パラメータを確認します．そして，交差確認
法で性能を評価します．

```
16  clf = GaussianNB()
17  print(clf)
```

出力 ▶▶▶
GaussianNB(priors=None)

```
18  scores = cross_val_score(clf, X, y, cv=10)
19  print("Accuracy: %0.2f (+/- %0.2f)" % (scores.mean(), scores.std()*2))
```

　結果は，Accuracy: 0.75 (+/- 0.07) となりました．Weka での結果と比較すると，残念ながら欠損値処理の効果はほとんどなかったようです．

5.2.2　生成モデルの考え方

　ここで，式 (4.2) に基づいて得られた事後確率の計算式を，記号を変えてもう一度見直してみます．

$$P(\omega_i \,|\, \boldsymbol{x}) = \frac{p(\boldsymbol{x} \,|\, \omega_i)P(\omega_i)}{p(\boldsymbol{x})} \tag{5.3}$$

$$= \frac{p(\omega_i, \boldsymbol{x})}{p(\boldsymbol{x})} \tag{5.4}$$

　式 (5.3) の分子は，**生成モデル**とよばれる考え方で解釈することができます．まず，あるクラス ω_i が確率 $P(\omega_i)$ で選ばれ，そのクラスから特徴ベクトル $\boldsymbol{x}$ が確率 $p(\boldsymbol{x} \,|\, \omega_i)$ に基づいて生成されたという考え方です．これは式 (5.4) の分子である特徴ベクトルとクラスの同時確率 $p(\omega_i, \boldsymbol{x})$ を求めていることになります．

　この生成モデルアプローチは，（学習データとは別に，何らかの方法で）事前確率がかなり正確にわかっていて，それを識別に取り入れたい場合には有効です．しかし，そうでない場合は，推定するべきパラメータは，$P(\omega_i \,|\, \boldsymbol{x})$ を直接推定するよりも増えてしまいます．同じ量のデータを用いて複数のパラメータを推定する場合，パラメータの量が増えるほど，問題が難しくなるのが一般的です．つまり，生成モデルアプローチは，本来解くべき問題を，あえて難しい問題にしてしまっているのではないかという疑問が出てくるわけです．

　この問題への対処法として，次節では，$P(\omega_i \,|\, \boldsymbol{x})$ を直接推定する方法について説明します．

5.3　識別モデル

　$P(\omega_i \,|\, \boldsymbol{x})$ をデータから直接推定するアプローチは，**識別モデル**とよばれます．識別モデルと近い考え方で，**識別関数法**というものがあります．これは，第 1 章で説明した関数 $\hat{c}(\boldsymbol{x})$ を，確率分布などの制約を一切考えずに，データだけに注目して構成する方法です．確率・統計的な手法が主流となる前の時代，すなわちコンピュータが

それほど高速でなく，大規模なデータを用意することが難しかった時代には，この識別関数法はパターン認識の主流の手法でした．ここでは，識別関数法から統計的識別モデルに至る流れを説明します．

もっとも古典的な識別関数法の手法は，パーセプトロンとよばれるもので，生物の神経細胞の仕組みをモデル化したものでした．以後，このパーセプトロンを多層に重ねたニューラルネットワーク（多層パーセプトロンともよばれます）について，理論的な研究が進められ，1980年代に誤差逆伝播法によって学習が可能であることが多くの研究者に認知されると，一時的にブームを迎えることになります．しかしその後は，統計的手法の発展や，同じ識別関数法でもサポートベクトルマシンの優位性[1]が強調されるにつれて，次第に過去の手法とみなされるようになっていました．

ところが近年，第9章で紹介する深層学習が驚異的な成果を上げていることで，再度注目されるようになっています．

5.3.1 誤り訂正学習

まず，もっとも基本的な識別関数法である**誤り訂正学習**から説明を始めます．

1943年に，McCullochとPittsは神経細胞の数理モデル（図5.5）を組み合わせて，任意の論理関数が計算可能であることを示しました．

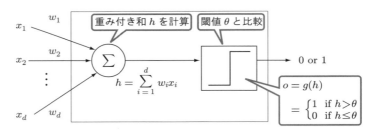

図 5.5 McCulloch & Pitts モデル

図5.5に基づいた計算モデルを単層パーセプトロンとよびます．このモデルを単独で考えると，入力の重み付き和を計算して，その値と閾値を比べて出力を決めるということをしています．閾値との比較をしている部分は，$x_0 = 1$ という固定した入力を仮定し，この入力に対する重みを $w_0 = -\theta$ とすることで，その他の入力の重み付き和に組み込むことができます．これは d 次元の特徴空間上で，$\hat{c}(\boldsymbol{x}) = w_0 + w_1 x_1 + \cdots + w_d x_d = 0$ という識別超平面を設定し，入力がこの識別超平面のどちら側にあるのか

---

[1] ニューラルネットワークは誤差逆伝播法でも局所的最適解しか発見できないのに対して，サポートベクトルマシンでは大域的最適解を見つけることができます．

を計算していることと等価になります.

もし，与えられた学習データが特徴空間上で線形分離可能ならば（超平面で区切ることができるならば），アルゴリズム 5.1 に示す**パーセプトロンの学習アルゴリズム**で，線形分離面を見つけることができます.

アルゴリズム 5.1　パーセプトロンの学習アルゴリズム

入力：正解付学習データ $D\{(\boldsymbol{x}_i, y_i)\}$，$i = 1, \ldots, N$（数値特徴）

出力：重み $\boldsymbol{w}$

　重み $\boldsymbol{w}$ を適当な値で初期化

　repeat

　　for all $\boldsymbol{x}_i \in D$ **do**

　　　$o \leftarrow g(\boldsymbol{w} \cdot \boldsymbol{x}_i)$　/* g は図 5.5 に示す閾値関数 */

　　　if $o \neq y_i$ **then**

　　　　$\boldsymbol{w} \leftarrow \boldsymbol{w} + \eta(y_i - o)\boldsymbol{x}_i$

　　　end if

　　end for

　until エラーがなくなる

ここで，$\boldsymbol{x}$ は特徴ベクトルに $x_0 = 1$ を加えた $d+1$ 次元ベクトル，$\boldsymbol{w}$ は $d+1$ 次元の重みベクトル，$\boldsymbol{w} \cdot \boldsymbol{x}$ はベクトル $\boldsymbol{w}$ とベクトル $\boldsymbol{x}$ との内積です．ベクトルの内積は，対応する次元の要素を掛けたものの和で定義されます．η は学習係数で，適当な小さい値を設定します．また，教師信号 y_i の値は正例で 1，負例で 0 とします.

このアルゴリズムは，学習データが線形分離可能な場合には必ず識別面を見つけて停止します．これを**パーセプトロンの収束定理**とよびます．一方，学習データが線形分離不可能な場合にはこのアルゴリズムを適用することができません．すべての誤りがなくなることが学習の終了条件なので，データが線形分離不可能な場合はこのアルゴリズムは停止しません.

5.3.2　最小二乗法による学習

前節の誤り訂正学習は，学習データが線形分離可能であることを前提にしていました．しかし，現実のデータではそのようなことを保証することはできません．むしろ，線形分離不可能な場合のほうが多いと思われます.

そこで，第 4 章で解説した統計的手法での対数尤度最大化のように，識別関数法でもなんらかの基準で識別関数の良さを定量的に表して，それを最大化するという方法で，線形分離不可能なデータにも対処することを考えます.

92 第 5 章 識　別 —生成モデルと識別モデル—

　しかし，識別関数の「良さ」を定義するよりは，「悪さ」を定義するほうが簡単です．閾値関数を用いずに識別関数の出力を連続値としたうえで，識別関数が誤る度合いを定量的に表して，それを最小化するという方法を考えます．

　個々のデータに対する識別関数の「悪さ」は，その出力と教師信号との差で表すことができます．しかし，データ集合に対して，この「悪さ」を足し合わせてしまうと，出力よりも教師信号が大きい場合と，出力よりも教師信号が小さい場合の効果が打ち消し合ってしまいます．そこで，識別関数の出力と教師信号との差の2乗を，全データに対して足し合わせたものを識別関数の「悪さ」と定義し，この量を二乗誤差とよびます．この二乗誤差を最小にするように識別関数を調整する方法が，最小二乗法による学習です．

　求める関数が線形であると仮定すると，以下のように表現できます．

$$\hat{c}(\boldsymbol{x}) = \boldsymbol{w} \cdot \boldsymbol{x} \tag{5.5}$$

この式の係数 $\boldsymbol{w}$ を学習データから推定します．推定の基準として，式 (5.5) で算出された出力と，教師信号との誤差がなるべく少なくなるようにします．誤差は式 (5.5) の係数 $\boldsymbol{w}$ の値によって決まるので，$E(\boldsymbol{w})$ と表現し，以下の式で求めます．

$$E(\boldsymbol{w}) = \sum_{i=1}^{N} \{y_i - \hat{c}(\boldsymbol{x}_i)\}^2 \tag{5.6}$$

$$= \sum_{i=1}^{N} (y_i - \boldsymbol{w} \cdot \boldsymbol{x}_i)^2 \tag{5.7}$$

　ここで，扱いにくい総和演算を消すために，学習データを行列で，教師信号をベクトルで表します．

　$d+1$ 次元列ベクトルの学習データ $\boldsymbol{x}_i$ を転置して N 個縦に並べたパターン行列を $\boldsymbol{X}$ と表し，教師信号 y_i の値を縦に並べた列ベクトルを $\boldsymbol{y}$，係数を縦に並べた列ベクトルを $\boldsymbol{w}$ とすると，誤差は以下のようになります．

$$E(\boldsymbol{w}) = (\boldsymbol{y} - \boldsymbol{X}\boldsymbol{w})^T (\boldsymbol{y} - \boldsymbol{X}\boldsymbol{w}) \tag{5.8}$$

　この値が最小になるのは，$\boldsymbol{w}$ で微分した値が 0 となる極値をとるときなので，求める係数は以下のようになります．

$$\boldsymbol{X}^T (\boldsymbol{y} - \boldsymbol{X}\boldsymbol{w}) = 0 \iff \boldsymbol{w} = (\boldsymbol{X}^T \boldsymbol{X})^{-1} \boldsymbol{X}^T \boldsymbol{y} \tag{5.9}$$

すなわち，二乗誤差を最小にする重み $\boldsymbol{w}$ は，学習データから解析的に求めることができます．また，学習データ数や特徴の次元数が大きく，逆行列を求めることが困難な場合は，5.3.5 項で説明する確率的最急勾配法を用いて，重み $\boldsymbol{w}$ を学習します．

ここで述べた最小二乗法は，線形分離不可能な可能性がある学習データに対しても線形識別面を学習する手法として説明しましたが，最小二乗法そのものは，対象とする識別関数が非線形であっても，その係数が線形であれば適用できます．

すなわち，特徴ベクトル $\boldsymbol{x}$ に対する基底関数ベクトル $\boldsymbol{\Phi}(\boldsymbol{x}) = (\phi_1(\boldsymbol{x}), \ldots, \phi_b(\boldsymbol{x}))^T$ を考え，識別関数を以下のように表現すると，この重み $\boldsymbol{w}$ も，最小二乗法で学習することができます．

$$\hat{c}(\boldsymbol{x}) = \sum_{k=1}^{b} w_k \phi_k(\boldsymbol{x}) \tag{5.10}$$

たとえば，スカラー値 x に対して，$\boldsymbol{\Phi}(x) = (1, x, \ldots, x^{b-1})^T$ という基底関数ベクトルを使って識別関数を構成すると，二乗誤差を最小にする $b - 1$ 次関数を求めることができます．

5.3.3 識別モデルの考え方

次に，この識別関数法の考え方を確率モデルに適用する，識別モデルについて説明します．

第4章で説明したように，データから直接に頻度を数えて事後確率 $P(\omega_i \mid \boldsymbol{x})$ を求めることはできません．そこで，識別モデルでは，この事後確率を特徴値の組合せから求めるようにモデルを作ります．つまり，特徴ベクトル $\boldsymbol{x}$ が与えられたときに，その $\boldsymbol{x}$ の値を用いて，何らかの方法で出力 y の確率分布を計算するメカニズムをモデル化します．

これまでと同様，特徴ベクトル $\boldsymbol{x}$ から，特定のクラスらしさを計算する関数を $\hat{c}(\boldsymbol{x}) = \boldsymbol{w} \cdot \boldsymbol{x}$ とします．ここで，$\hat{c}(\boldsymbol{x}) = 0$ とおいたものは，式の形から d 次元空間上の超平面を表しています．もし，$\hat{c}(\boldsymbol{x}) = \boldsymbol{w} \cdot \boldsymbol{x}$ が正例に対しては正の値，負例に対しては負の値となるように重み $\boldsymbol{w}$ を調整ができたとすると，この平面上にある点は，どちらのクラスとも判別がつかず，超平面の正の側（$\hat{c}(\boldsymbol{x}) > 0$ となる側）の空間に正例，超平面の負の側（$\hat{c}(\boldsymbol{x}) < 0$ となる側）の空間に負例の空間ができるはずです．このように，特徴空間上でクラスを分割する面を**識別面**とよびます．また，それぞれの点の判定の確からしさは，識別面からの距離に反映されます．

5.3.4 ロジスティック識別

次に，$\hat{c}(\boldsymbol{x})$ の値を事後確率に対応させる方法を考えます．前項で定義した $\hat{c}(\boldsymbol{x}) = \boldsymbol{w} \cdot \boldsymbol{x}$ のままでは，$\boldsymbol{x}$ の値次第で，極端に大きな（あるいは小さな）値となる可能性があり，確率と対応付けることが難しくなります．$\hat{c}(\boldsymbol{x})$ の望ましい振る舞いは，出力が 0 以上 1 以下の範囲で，正例に属する $\boldsymbol{x}$ には 1 に近い値を，負例に属する $\boldsymbol{x}$ には 0 に近い値を出力することです．このような振る舞いは，変換 $1/[1 + \exp\{-\hat{c}(\boldsymbol{x})\}]$ を行い，これを以下に示すように事後確率 $p(\oplus | \boldsymbol{x})$（ただし，$\oplus$ は正のクラス）と対応付けることで実現できます．これを**ロジスティック識別**とよびます．

$$p(\oplus | \boldsymbol{x}) = \frac{1}{1 + \exp(-\boldsymbol{w} \cdot \boldsymbol{x})} \tag{5.11}$$

この場合，$\boldsymbol{x}$ が負のクラスになる確率は $p(\ominus | \boldsymbol{x}) = 1 - p(\oplus | \boldsymbol{x})$（ただし，$\ominus$ は負のクラス）で求められます．

式 (5.11) はシグモイド関数（図 5.6）とよばれるもので，$\hat{c}(\boldsymbol{x}) = \boldsymbol{w} \cdot \boldsymbol{x}$ がどのような値をとっても，シグモイド関数の値は 0 から 1 の間となります．また，$\hat{c}(\boldsymbol{x}) = 0$，すなわち $\boldsymbol{x}$ が識別境界上にあるとき，式 (5.11) の値は 0.5 となり，これは確率を表現するのに適しているといえます．

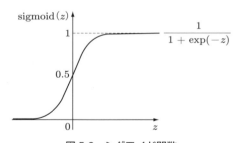

図 5.6 シグモイド関数

ロジスティック識別器は重み $\boldsymbol{w}$ をパラメータとする確率モデルとみなすことができます．そして，このモデルに学習データ D 中の $\boldsymbol{x}_i$ を入力したときの出力を o_i とします．望ましい出力は，正解情報 y_i です．2 値分類問題を仮定し，正例では $y_i = 1$，負例では $y_i = 0$ とします．作成したモデルがどの程度うまく学習データを説明できているか，ということを評価する値として，尤度 $P(D | \boldsymbol{w})$ を以下のように定義します．

$$P(D | \boldsymbol{w}) = \prod_{\boldsymbol{x}_i \in D} o_i^{y_i} (1 - o_i)^{1 - y_i} \tag{5.12}$$

正例のときは o_i がなるべく大きく，負例のときは $1 - o_i$ がなるべく大きく（すなわち o_i がなるべく小さく）なるようなモデルが，よいモデルだということを表現しています．

尤度の最大値を求めるときは，計算をしやすいように対数尤度 $\mathcal{L}(D)$ にして扱います．

$$\begin{aligned}\mathcal{L}(D) &= \log P(D \mid \boldsymbol{w}) \\ &= \sum_{\boldsymbol{x}_i \in D} \{y_i \log o_i + (1 - y_i) \log(1 - o_i)\}\end{aligned} \quad (5.13)$$

最適化問題をイメージしやすくするために，この節では，対数尤度の符号を反転させたものを誤差関数 $E(\boldsymbol{w})$ と定義し，以後，誤差関数の最小化問題を考えます．

$$E(\boldsymbol{w}) = -\log P(D \mid \boldsymbol{w}) \quad (5.14)$$

これを微分して極値となる $\boldsymbol{w}$ を求めます．モデルはロジスティック識別器なので，その出力である o_i はシグモイド関数で与えられます．

$$\sigma(z) = \frac{1}{1 + \exp(-z)} \quad (5.15)$$

シグモイド関数の微分は以下のようになります．

$$\sigma'(z) = \sigma(z) \cdot \{1 - \sigma(z)\} \quad (5.16)$$

モデルの出力は重み $\boldsymbol{w}$ の関数なので，$\boldsymbol{w}$ を変えると誤差の値も変化します（図5.7）．このような問題では，**最急勾配法**によって解を求めることができます．最急勾配法とは，最小化したい関数の勾配方向へ，パラメータを少しずつ動かすことを繰り返して，最適解へ収束させる方法です．この場合はパラメータ $\boldsymbol{w}$ を誤差の $E(\boldsymbol{w})$ の勾配方向

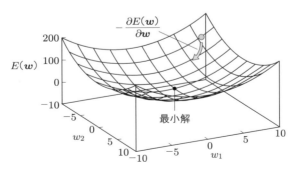

図 5.7　パラメータと誤差の関係

96 第 5 章 識 別 ―生成モデルと識別モデル―

へ少しずつ動かすことになります．この「少し」という量を，学習係数 η と表すことにすると，最急勾配法による重み w_j の更新式は，以下のようになります．

$$w_j \leftarrow w_j - \eta \frac{\partial E(\boldsymbol{w})}{\partial w_j} \tag{5.17}$$

そして，誤差 $E(\boldsymbol{w})$ の勾配方向の計算は以下のようになります．x_{ij} は，i 番目の学習データの j 次元目の値です．

$$\frac{\partial E(\boldsymbol{w})}{\partial w_j} = -\sum_{\boldsymbol{x}_i \in D} \left(\frac{y_i}{o_i} - \frac{1-y_i}{1-o_i} \right) o_i(1-o_i)x_{ij}$$

$$= -\sum_{\boldsymbol{x}_i \in D} (y_i - o_i)x_{ij}$$

したがって，重みの更新式は以下のようになります．

$$w_j \leftarrow w_j + \eta \sum_{\boldsymbol{x}_i \in D} (y_i - o_i)x_{ij} \tag{5.18}$$

最急勾配法は，重みの更新量があらかじめ定めた一定値以下になれば終了です．

例題 5.3 [Weka]

Weka の SimpleLogistic アルゴリズムを用いて，diabetes.arff を識別するロジスティック識別器を作成せよ．

解答▶ 例題 5.1 と同じデータに対して，識別手法を変えて識別実験を行ってみましょう．

Weka の Explorer インタフェースを用います．[Preprocess] タブで diabetes.arff を読み込んだあと，[Classify] タブでの設定は Classifier 領域で [functions] → [Simple Logistic] を選び，Test options 領域で選ぶ評価方法は，[Use training set] とします．

学習結果は，以下のように表示されます．

```
出力 ▶▶▶
Class tested_negative :
4.18 +
[preg] * -0.06 +
[plas] * -0.02 +
[pres] * 0.01 +
[insu] * 0    +
[mass] * -0.04 +
[pedi] * -0.47 +
[age] * -0.01
```

5.3 識別モデル **97**

```
Class tested_positive :
-4.18 +
[preg] * 0.06 +
[plas] * 0.02 +
[pres] * -0.01 +
[insu] * -0  +
[mass] * 0.04 +
[pedi] * 0.47 +
[age] * 0.01
```

　正解率は，[Use training set] で 78.5%，10-fold CV で 77.5% 程度になり，ナイーブ
ベイズ識別器に比べて，若干上昇しています．

　例題 5.3 で得られたロジスティック識別器を用いて，diabetes データの最初の事
例 $x_1 = (6.0, 148.0, 72.0, 35.0, 0.0, 33.6, 0.627, 50.0)$，$y_1 = $ tested_positive を識
別してみましょう．学習結果の混同行列表示を見ると，tested_positive が正例になっ
ているので，結果表示で tested_positive として示された式を使って確率を計算して
みます[◆1]．

$$g(x) = w \cdot x$$
$$= -4.18 + 0.06 \times 6.0 + 0.02 \times 148.0 - 0.01 \times 72.0$$
$$+ 0 \times 35.0 + 0 \times 0.0 + 0.04 \times 33.6$$
$$+ 0.47 \times 0.627 + 0.01 \times 50.0$$
$$\fallingdotseq 0.559$$
$$P(\oplus \mid x_1) = \frac{1}{1 + \exp(-0.559)}$$
$$\fallingdotseq 0.636$$

　これより，事例 1 は 63.6% の確率で，tested_positive に分類されるという結果が
得られました．

例題 5.4 Python

　scikit-learn の `LogisticRegression` アルゴリズムを用いて，diabetes データを識
別するロジスティック識別器を作成せよ．

解答▶ 例題 5.2 で作成した notebook に，以下のようにコードを加えてゆきましょう．

◆1 特徴 skin が消えているので，対応する係数を 0 として計算します．

```
20  from sklearn.linear_model import LogisticRegression
21  clf2 = LogisticRegression()
22  print(clf2)
```

出力 ▶▶▶
```
LogisticRegression(C=1.0, class_weight=None, dual=False,
          fit_intercept=True, intercept_scaling=1, max_iter=100,
          multi_class='ovr', n_jobs=1, penalty='l2', random_state=None,
          solver='liblinear', tol=0.0001, verbose=0, warm_start=False)
```

```
23  scores = cross_val_score(clf2, X, y, cv=10)
24  print("Accuracy: %0.2f (+/- %0.2f)" % (scores.mean(), scores.std()*2))
```

結果は，Accuracy: 0.77 (+/- 0.07) となります．Weka の結果と若干異なるの
は，学習パラメータの違いです．

　クラスがあまりきれいに分離できていないデータに対して，識別モデルの方が性能
が高くなることが多いのは，以下のような解釈が可能です．一つは，特徴選択の可否
です．生成モデルは特徴空間が固定され，そのもとで $p(\boldsymbol{x}\,|\,\omega)$ を推定します．一方，
識別モデルは，$p(\omega\,|\,\boldsymbol{x}) = p(\omega\,|\,\hat{c}(\boldsymbol{x}))$ とすることができるので，特徴選択が行えて
いる（すなわち，$\boldsymbol{x}$ の不要な次元が削減できている）という解釈ができます．二つめ
は，モデルの構成法の違いです．生成モデルは，個々のクラスのデータのみを用いて，
独立にモデルを構成しています．ほかのクラスのデータが近くにあっても，作られる
モデルに違いはありません．これに対し識別モデルは，あるクラスの識別関数の値が
高くなると，正規化項を通じてほかのクラスの識別関数の値が相対的に低くなる計算
をしています．これは，ほかのクラスとの境界を定めるモデルを構成していることに
なると解釈できます．

5.3.5　確率的最急勾配法

　ここで説明した最急勾配法は，最適化問題によく用いられる手法ですが，いくつか
欠点もあります．
　まず，式 (5.18) からわかるように，全データに対する誤差を計算してから重みを
更新するので，1 回の重みの更新に時間がかかり，データ数が多いと収束が遅くなり
ます．
　また，最大の欠点として，最適化対象の関数が複雑な形をしていて，いくつかの局
所的最適解をもつとき，その局所的最適解に陥りやすいといわれています．対処法と
しては，初期値を変えて何回か試行するという方法が考えられますが，データの次元

数が高い場合，その特徴空間にまんべんなく初期値を設定することは難しくなります．

これらの問題に対処するために，重みの更新を全データで一括に行うのではなく，ランダムに学習データを一つ選び，その学習データに対して重みを更新するという方法が考えられます．この方法を**確率的最急勾配法**とよびます．重みの更新式は，以下のようになります．

$$w_j \leftarrow w_j + \eta(y_i - o_i)x_{ij} \tag{5.19}$$

この方法は，新しくやって来る学習データに対して継続的に学習を続けてゆく，**オンライン学習**にも適用できます．

ただし，η が定数の場合，いつまでたっても重みが更新され続け，収束の判定ができません．したがって，学習の経過とともに η の値を徐々に 0 に近づけてゆく工夫が必要です．

この方法は，すべてのデータをメモリに蓄えて計算する必要がないので，大規模データを扱う場合に適します．また，η を比較的大きな値から減少させてゆくという方法をとるため，局所的最適解を避けられる場合が多いといわれています．

5.4 まとめ

本章では，確率的識別手法における生成モデルと識別モデルについて説明しました．ナイーブベイズは生成モデルの一種で，データとクラスの同時確率から事後確率を計算します．一方，ロジスティック識別は識別モデルの一種で，事後確率を直接推定します．

文献 [4]，[5] は，同じ著者が，機械学習の考え方を生成モデル・識別モデルそれぞれの観点から解説したもので，これらのモデルの基礎になっている考え方の違いや，実現される識別手法の違いなどについて理解を深めることができます．

演習問題

5.1 (Weka) Weka 付属の iris.arff に対して，NaiveBayes と SimpleLogistic で識別器を構成し，結果を比較せよ．

5.2 (Weka) Weka 付属の glass.arff に対して，NaiveBayes と SimpleLogistic で識別器を構成し，結果を比較せよ．

5.3 (Python) scikit-learn 付属の breast_cancer データに対して，GaussianNB と LogisticRegression で識別器を構成し，結果を比較せよ．

第6章 回 帰

Introduction

本章で扱う回帰問題は，過去の経験をもとに今後の生産量を決めたり，信用評価を行ったり，価格を決定したりする問題です．過去のデータに対するこれらの数値が学習データの正解として与えられ，未知データに対しても妥当な数値を出力してくれる関数を学習することが目標です．

6.1 数値特徴に対する「教師あり・回帰」問題の定義

回帰問題は，正解付きデータから，「数値特徴を入力として数値を出力する」関数を学習する問題と定義できます（図 6.1）．

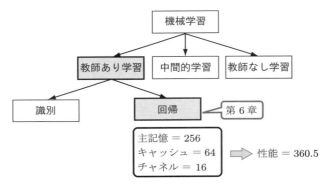

図 6.1　数値特徴に対する「教師あり・回帰」問題

関数を学習するためのデータは，すべての要素が数値である特徴ベクトルと，その出力値（スカラーの場合も，ベクトルの場合もあります）の対として与えられます．

$$\{(\boldsymbol{x}_i, y_i)\}, \quad i = 1, \ldots, N \tag{6.1}$$

識別問題との違いは，正解情報 y が数値であるということです．とくに，数値型の正解情報のことを**ターゲット**とよびます．

しかし，回帰と，「数値特徴を入力としてクラスを出力する」識別問題との境界はそれほど明確ではありません．たとえば，クラスによって異なる値をとるクラス変数を導入し[◆1]，入力からクラス変数の値を予測する問題と考えると，識別問題を回帰問題として考えることもできます．

実際，カーネル法など共通して使われる手法も多くあり，混乱しそうになってしまうのですが，まずはここでは「数値特徴を入力として数値を出力する」手法の習得に集中し，その全体像が見えてから，ほかの問題との関係を考えてゆきましょう．

6.2　線形回帰

まず，もっとも単純な，入力も出力もスカラーである場合の回帰問題（図 6.2）を考えましょう．

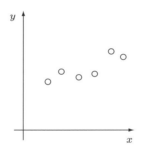

図 6.2　入出力ともスカラー値の回帰問題

この学習データから，入力 x を出力 y に写像する関数 $\hat{c}(x)$ を推定します．図 6.2 のデータからは，入力 x が大きくなると，出力 y も大きい値になる傾向が見えます．そこで，この傾向を直線で表して，入力 x と出力 y を関係付けることを試みます．

もし学習データのすべての点が，その上にあるように直線を決めることができれば，これで問題は終わりなのですが，通常そのようなことはありません．そこで，図 6.3 のようになるべく誤差の少ない直線を求めることとします．

そうすると，ここでの定式化は 5.3.2 項で説明した最小二乗法による学習と等しくなります．違いは，識別問題における教師信号 y_i が 1 または 0 であったのに対して，回帰問題の教師信号 y_i が連続値であるということですが，学習アルゴリズム自体は変更なく適用することができます．

[◆1] たとえば 2 値分類問題では，正のクラスなら 1，負のクラスなら 0 となる変数を考えます．

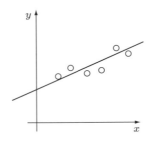

図 6.3　直線近似による回帰

回帰式を

$$\hat{c}(x) = w_1 x + w_0 \tag{6.2}$$

とすると，誤差の二乗和は

$$E(\boldsymbol{w}) = \sum_{i=1}^{N} \{y_i - \hat{c}(x_i)\}^2 \tag{6.3}$$

$$= (\boldsymbol{y} - \boldsymbol{X}\boldsymbol{w})^T (\boldsymbol{y} - \boldsymbol{X}\boldsymbol{w}) \tag{6.4}$$

となります．ただし，$\boldsymbol{X}$ は 1 列目のすべての要素が 1，2 列 i 行の要素が x_i であるパターン行列，$\boldsymbol{w}$ は，$(w_0, w_1)^T$ です．

式 (6.4) を $\boldsymbol{w}$ で微分したものを 0 とおいて解くと，

$$\boldsymbol{w} = (\boldsymbol{X}^T \boldsymbol{X})^{-1} \boldsymbol{X}^T \boldsymbol{y} \tag{6.5}$$

となります．このような線形回帰式の求め方は，入力 $\boldsymbol{x}$ が一般の d 次元の場合も，そのまま通用します．

解が解析的に求まってしまい，探索や最急勾配法による逐次的な修正も行っていないので，何か機械学習という感じはしませんが，一応これは，学習データから得られるもっとも誤差の小さい線形回帰式です．

6.3　回帰モデルの評価

ここでは回帰モデルの評価について考えます．教師あり学習においては，未知データに対する誤差が問題となります．この回帰式は未知データに対してもうまく値を予測してくれるのでしょうか．

回帰問題の評価は，交差確認法との相性はあまりよくありません．識別問題では，交差確認に用いるデータの部分集合は，そこに含まれるクラスの割合を調整することができます．そこで，部分集合内のクラスの割合を全体の割合と整合するように分割すれば，1回ごとの評価値がそれほど極端にはぶれず，ある程度適切な評価が行えます．しかし，回帰では何をもって部分集合の構成の近さを定義するかが難しくなります．したがって，計算能力に余裕があれば，一つ抜き法で評価することをお勧めします．

そこでの評価指標は，学習の基準に合わせると平均二乗誤差ということになります．しかし，この値はデータが異なれば，スケールがまったく異なるので，結果がよいものかどうか直観的にはわかりにくいものです．そこで，回帰の場合は，正解と予測とがどの程度似ているかを表す相関係数や，以下の式[1] で計算できる決定係数で評価します．決定係数は，「正解との離れ具合」と「平均との離れ具合」の比を1から引いたものですが，式変形により相関係数の二乗と一致するので，R^2 とも表記されます．

$$R^2 = 1 - \frac{\displaystyle\sum_{i=1}^{N}\{y_i - \hat{c}(x_i)\}^2}{\displaystyle\sum_{i=1}^{N}(y_i - \tilde{y})^2} \tag{6.6}$$

6.4 正則化

次に，線形回帰式の重みに注目します．

一般的に，入力が少し変化したときに，出力も少し変化するような線形回帰式が，汎化能力という点では望ましいと思われます．このような性質をもつ線形回帰式は，重みの大きさが全体的に小さいものです．逆に，重みの大きさが大きいと，入力が少し変わるだけで出力が大きく変わり，そのように入力の小さな変化に対して大きく変動する回帰式は，たまたま学習データの近くを通っているとしても，未知データに対する出力はあまり信用できないものだと考えられます．

また，重みに対する別の観点として，予測の正確性よりは学習結果の説明性が重要な場合があります．製品の品質予測などの例を思い浮かべればわかるように，多くの特徴量からうまく予測を行うよりも，どの特徴が製品の品質に大きく寄与しているのかを求めたい場合などです．線形回帰式の重みとしては，値として0となる次元が多くなるようにすればよいことになります．

---

[1] $\tilde{y}$ は y_i の平均値です．

104 第6章 回 帰

つまり，回帰式中の係数 w に関して，大きな値をもつものがなるべく少なくなる，あるいは値 0 となるものが多くなるような方法が必要になります．そのための工夫を**正則化**とよび，誤差の式に正則化項とよばれる項を追加することで実現します．

パラメータ w の二乗を正則化項とするものを **Ridge 回帰**とよびます．Ridge 回帰に用いる誤差評価式を以下に示します．ここで，λ は正則化項の重みで，大きければ性能よりも正則化の結果を重視，小さければ性能を重視するパラメータとなります．

$$E(\boldsymbol{w}) = (\boldsymbol{y} - \boldsymbol{X}\boldsymbol{w})^T(\boldsymbol{y} - \boldsymbol{X}\boldsymbol{w}) + \lambda \boldsymbol{w}^T\boldsymbol{w} \tag{6.7}$$

最小二乗法でパラメータを求めたときと同様に，w で微分した値が 0 となるときの w の値を求めると，以下のようになります．

$$\boldsymbol{w} = (\boldsymbol{X}^T\boldsymbol{X} + \lambda \boldsymbol{I})^{-1}\boldsymbol{X}^T\boldsymbol{y} \tag{6.8}$$

ここで I は単位行列です．Ridge は山の尾根という意味で，単位行列が尾根のようにみえるところから，このように名付けられたといわれています．一般に，Ridge 回帰は，パラメータの値が小さくなるように正則化されます．

また，パラメータ w の絶対値を正則化項とするものを **Lasso 回帰**とよびます．一般に，Lasso 回帰は値を 0 とするパラメータが多くなるように正則化されます．英単語の lasso は「投げ縄」という意味で，投げ縄回帰と訳されることがあります．多くの特徴がひしめき合っている中に投げ縄を投げて，少数のものを捕まえるというイメージをもってこのようによばれているのかもしれませんが，Lasso のオリジナルの論文では，Lasso は least absolute shrinkage and selection operator の意味だと書かれています．

Lasso 回帰に用いる誤差評価式を，以下に示します[1]．ここで，λ は正則化項の重みで，大きければ値を 0 とする重みが多くなります．

$$E(\boldsymbol{w}) = (\boldsymbol{y} - \boldsymbol{X}\boldsymbol{w})^T(\boldsymbol{y} - \boldsymbol{X}\boldsymbol{w}) + \lambda \sum_{j=1}^{d} |w_j| \tag{6.9}$$

Lasso 回帰の解は，原点で微分不可能な絶対値を含むため，最小二乗法のように解析的に求めることはできません．そこで，正則化項の上限を微分可能な 2 次関数で押さえ，その 2 次関数のパラメータを誤差が小さくなるように繰り返し更新する方法などが提案されています．

Ridge 回帰と Lasso 回帰における正則化の振る舞いの違いを図 6.4 に示します．

---

[1] w_0 は回帰式の切片で，その値の大小は回帰式の汎化能力に影響がないので，通常は正則化の対象とはしません．

6.4 正則化

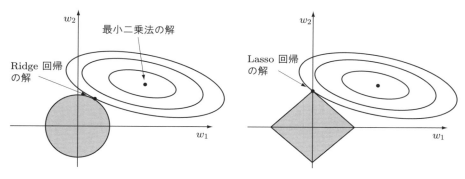

図 6.4　Ridge 回帰，Lasso 回帰における正則化の違い

Ridge 回帰は，図 (a) に示すように，パラメータの存在する範囲を円（一般の d 次元では超球）の中に限定することで，それぞれの重みが大きな値をとれないようにします．一般に，誤差関数の等位線との接点は，円周上の点になり，これが重みの値となります．一方，Lasso 回帰は，パラメータの和が一定という条件なので，図 (b) に示すように，それぞれの軸で角をもつ領域に値が制限されます．そして，その角のところで誤差関数の等位線と接します．角の部分は，多くのパラメータが 0 になるので，これが Lasso 回帰の正則化に反映されます．

例題 6.1 [Weka]

Weka の LinearRegression アルゴリズムを用いて，cpu.arff から回帰関数を作成せよ．

解答▶ ここでは，学習データとして CPU の仕様とその相対的な性能からなる cpu データ（表 6.1）を使用して，学習データにない CPU の仕様が得られたとき，その相対

表 6.1　CPU データ (cpu.arff)（一部）

No.	MYCT	MMIN	MMAX	CACH	CHMIN	CHMAX	class
1	125	256	6000	256	16	128	198
2	29	8000	32000	32	8	32	269
3	29	8000	32000	32	8	32	220
4	29	8000	32000	32	8	32	172
5	29	8000	16000	32	8	16	132
6	26	8000	32000	64	8	32	318
7	23	16000	32000	64	16	32	367
8	23	16000	32000	64	16	32	489
9	23	16000	64000	64	16	32	636
10	23	32000	64000	128	32	64	1144

106 第6章 回帰

な性能を予測する回帰関数を学習してみましょう.

学習データの特徴は,以下の6次元の数値で構成されます.

- MYCT: ナノ秒単位で表記したマシンサイクルタイム
- MMIN: キロバイト単位で表記した最小主記憶容量
- MMAX: キロバイト単位で表記した最大主記憶容量
- CACH: キロバイト単位で表記したキャッシュメモリ容量
- CHMIN: 最小チャネル数
- CHMAX: 最大チャネル数

Ridge 回帰の設定は以下のようにします.正則化係数 (ridge) は 1.0E-8 とし,評価は一つ抜き法（Cross-validation で Folds の値をデータ数と等しくする）を使いましょう.

設定 ▶▶▶

Classifier: LinearRegression ([functions] → [LinearRegression])
　　ridge: 1.0E-8
Test options: Cross-validation: Folds 209

学習させると,以下のような回帰式が得られます.CACH と CHMAX が比較的大きな係数,その他が比較的小さな係数になっています.

出力 ▶▶▶

```
Linear Regression Model

class =

      0.0491 * MYCT +
      0.0152 * MMIN +
      0.0056 * MMAX +
      0.6298 * CACH +
      1.4599 * CHMAX +
    -56.075
```

性能評価は以下のようになります.

出力 ▶▶▶

```
Correlation coefficient  0.903
Mean absolute error     40.8636
Root mean squared error 68.9296
```

Correlation coefficient は相関係数で,全データが回帰直線上にあれば 1 になります.回帰問題の最小化対象である二乗誤差は,その平均値が **Root mean squared error** で求められています.

6.4 正則化 **107**

例題 6.2 (Python)

scikit-learn の LinearRegression アルゴリズムを用いて、scikit-learn に付属の boston データに対して、線形回帰を行え.

解答▶ まず、必要なパッケージを読み込みます.

```
1  import numpy as np
2  from sklearn.datasets import load_boston
3  from sklearn.linear_model import LinearRegression, Ridge, Lasso
4  from sklearn.model_selection import ShuffleSplit
5  from sklearn.model_selection import LeaveOneOut
6  from sklearn.model_selection import cross_val_score
```

boston データは犯罪発生率、部屋数、立地などと不動産価格の関係を示したものです. data を X、target を y に格納しておきます.

```
7   boston = load_boston()
8   print(boston.DESCR)
9   X = boston.data
10  y = boston.target
```

組み込みデータセットの特徴名は feature_name 属性の値として文字列配列の形式で得られます. 回帰式の解釈に必要になるので確認しておきます.

```
11  print(boston.feature_names)
```

LinearRegression で線形回帰関数の学習を行います. そして、学習結果の係数と係数の二乗和を表示します.

```
12  lr = LinearRegression()
13  print(lr)
```

出力▶▶▶

```
LinearRegression(copy_X=True, fit_intercept=True, n_jobs=1,
normalize=False)
```

```
14  lr.fit(X, y)
15  for f, w in zip(boston.feature_names, lr.coef_) :
16      print("{0:7s}: {1:6.2f}". format(f, w))
17  print(sum(lr.coef_**2))
```

108 第6章 回 帰

```
出力▶▶▶
 CRIM   :  -0.11
 ZN     :   0.05
 INDUS  :   0.02
 CHAS   :   2.69
 NOX    : -17.80
 RM     :   3.80
 AGE    :   0.00
 DIS    :  -1.48
 RAD    :   0.31
 TAX    :  -0.01
 PTRATIO:  -0.95
 B      :   0.01
 LSTAT  :  -0.53
 341.864340928
```

　一つ抜き法による二乗誤差を用いた評価を行います．ランダム性はないので，分散を求める必要はありません（以下，1 行に収まりきらないコードを 2 行に分けて表示していますが，行番号が変わらない限り，1 行で入力してください）．

```
18  cv = LeaveOneOut()
19  scores = cross_val_score(lr, X, y, cv=cv,
    scoring='neg_mean_squared_error')
20  print("{0:4.2f}".format(scores.mean()))
```

　二乗誤差の負の値として，−23.73 が求まります．負の値にしているのは，精度などのほかの評価基準と同様に，大きいほうが好ましいとするためです．

例題 6.3 [Python]
　scikit-learn の Ridge, Lasso のアルゴリズムを用いて，boston データに対して，線形回帰を行え．

解答▶ 例題 6.2 の続きにコードを記述します．まず，Ridge 回帰の学習を行います．

```
21  lr2 = Ridge()
22  print(lr2)
```

```
出力▶▶▶
 Ridge(alpha=1.0, copy_X=True, fit_intercept=True, max_iter=None,
    normalize=False, random_state=None, solver='auto', tol=0.001)
```

学習を行い，結果として得られた線形回帰式の係数を表示します．

6.4 正則化 **109**

```
23  lr2.fit(X, y)
24  for f, w in zip(boston.feature_names, lr2.coef_) :
25      print("{0:7s}: {1:6.2f}". format(f, w))
26  print(sum(lr2.coef_**2))
```

```
出力▸▸▸
 CRIM   :  -0.10
 ZN     :   0.05
 INDUS  :  -0.01
 CHAS   :   2.55
 NOX    : -10.79
 RM     :   3.85
 AGE    :  -0.01
 DIS    :  -1.37
 RAD    :   0.29
 TAX    :  -0.01
 PTRATIO:  -0.88
 B      :   0.01
 LSTAT  :  -0.53
 140.87399797069321
```

次に，一つ抜き法による二乗誤差を用いた評価を行います．

```
27  scores = cross_val_score(lr2, X, y, cv=cv,
    scoring='neg_mean_squared_error')
28  print("{0:4.2f}".format(scores.mean()))
```

　二乗誤差の負の値として，-23.87 が求まります．二乗誤差の負の値があまり変化していないので，性能としては線形回帰とあまり変わらないということがいえます．しかし，係数の二乗和は約 341.9 から約 140.9 と大きく減少しており，入力の変動に対する出力の変動が小さくなることが期待できます．過学習を避けるという観点では，この性質は望ましいものです．
　次は，Lasso 回帰の学習を行います．

```
29  lr3 = Lasso()
30  print(lr3)
```

```
出力▸▸▸
 Lasso(alpha=1.0, copy_X=True, fit_intercept=True, max_iter=1000,
    normalize=False, positive=False, precompute=False, random_state=None,
    selection='cyclic', tol=0.0001, warm_start=False)
```

学習結果の係数と係数の二乗和を表示します．

```
31  lr3.fit(X, y)
32  for f, w in zip(boston.feature_names, lr3.coef_) :
33      print("{0:7s}: {1:6.2f}". format(f, w))
34  print(sum(lr3.coef_**2))
```

出力 ▸▸▸

```
CRIM    :  -0.06
ZN      :   0.05
INDUS   :  -0.00
CHAS    :   0.00
NOX     :  -0.00
RM      :   0.95
AGE     :   0.02
DIS     :  -0.67
RAD     :   0.26
TAX     :  -0.02
PTRATIO :  -0.72
B       :   0.01
LSTAT   :  -0.76
2.52373904698
```

一つ抜き法による二乗誤差を用いた評価を行います.

```
35  scores = cross_val_score(lr3, X, y, cv=cv,
    scoring='neg_mean_squared_error')
36  print("{0:4.2f}".format(scores.mean()))
```

二乗誤差の負の値として, -28.41 が求まります. 回帰式としての性能は低くなってしまいましたが, INDUS, CHAS, NOX の三つの特徴の重みが 0 になっています. 正則化項の重みパラメータ alpha の値を大きくすれば, 重みが 0 となる次元が増えます. しかし, 引き替えに回帰式の予測性能は悪くなってしまいます.

6.5 バイアス–分散のトレードオフ

前節で説明した最小二乗法は, 回帰式を高次方程式に置き換えてもそのまま適用できます. 一般に, 特徴ベクトルに対して, 5.3.2 項で説明した基底関数ベクトル $\phi(x)$ を考え[1], 回帰式を以下のように定義すれば, 係数が線形であるという条件のもとで, 最小二乗法が適用可能です.

$$\phi(x) = (\phi_1(x), \ldots, \phi_b(x))^T \tag{6.10}$$

---

[1] たとえば, 1 次元特徴ベクトル x に対して, $\phi(x) = (1, x, x^2, \ldots, x^b)^T$ となります.

$$\hat{c}(\boldsymbol{x}) = \sum_{j=0}^{b} w_j \phi_j(\boldsymbol{x}) \tag{6.11}$$

複雑な関数を用いれば，真のモデルに近い形を表現しやすいと考えられるので，より複雑な基底関数を用いればよいように見えますが，はたしてそうでしょうか．ここで，バイアスと分散の関係を考えてみます．バイアスは真のモデルとの距離，分散は学習結果の散らばり具合と理解してください．

線形回帰式のような単純なモデルは，個別のデータに対する誤差は比較的大きくなってしまう傾向があるのですが，学習データが少し変動しても，結果として得られるパラメータはそれほど大きく変動しません．これを，バイアスは大きいが，分散は小さいと表現します．逆に，複雑なモデルは個別のデータに対する誤差を小さくしやすいのですが，学習データの値が少し異なるだけで，結果が大きく異なることがあります．これを，バイアスは小さいが，分散は大きいと表現します．

このバイアスと分散は，片方を減らせば片方が増える，いわゆるトレードオフの関係にあります．

このテーマは第3章の概念学習でも出てきました．概念学習では，バイアスを強くすると，安定的に解にたどり着きますが，解が探索空間に含まれず，学習が失敗する場合が出てきてしまいました．一方，バイアスを弱くすると，探索空間が大きくなりすぎるので，探索方法にバイアスをかけました．探索方法にバイアスをかけてしまうと，最適な概念（オッカムの剃刀に従うと，最小の表現）を求めることが難しくなり，学習データのちょっとした違いで，まったく異なった結果が得られることがあります．

回帰問題でも同様の議論ができます．線形回帰式に制限すると，求まった超平面は，一般的には学習データ内の点をほとんど通らないので，バイアスが大きいといえます．一方，「学習データの個数 − 1」次の高次回帰式を仮定すると，「係数の数」と「学習データを回帰式に代入した制約の数」が等しくなるので，連立方程式で解くことで，重みの値が求まります．つまり，「学習データの個数 − 1」次の回帰式は，全学習データを通る式にすることができます．これが第1章の図1.8 (c) に示したような例になります．この図からもわかるように，データが少し動いただけでこの高次式は大きく変動します．つまり，バイアスが弱いので学習データと一致する関数が求まりますが，変動すなわち結果の分散はとても大きくなります．

このように，機械学習は常にバイアス−分散のトレードオフを意識しなければなりません．前節で説明した正則化はモデルそのものを制限するよりは少し緩いバイアスで，分散を減らすのに有効な役割を果たします．

6.6 回帰木

6.6.1 回帰木とは

　回帰木とは，識別における決定木の考え方を回帰問題に適用する方法です．このような判断をしたから，この値が求まったというように，結果に説明を付けやすくなるのが特徴です．

　決定木による識別問題の学習は，特徴の値によって学習データを同じクラスの集合になるように分割してゆく，という考え方でした．それに対して，回帰では，出力値の近いデータが集まるように，特徴の値によって学習データを分割してゆきます．結果として得られる回帰木は，図 6.5 のように，特徴をノードとし，出力値をリーフとするものになります．

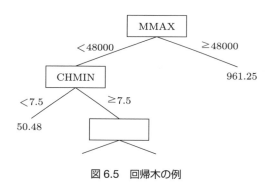

図 6.5　回帰木の例

6.6.2　CART

　CART (classification and regression tree) は，木の構造を二分木に限定し，分類基準としてジニ不純度 (Gini impurity) を用いた決定木です．

　式 (6.12) を用いて分類前後の集合のジニ不純度 G を求め，式 (6.13) で計算される改善度 ΔG がもっとも大きいものをノードに選ぶことを再帰的に繰り返します．

$$G = 1 - \sum_{j=1}^{c} N(j)^2 \qquad (6.12)$$

$$\Delta G(D) = G(D) - P_L \cdot G(D_L) - P_R \cdot G(D_R) \qquad (6.13)$$

ここで，D はあるノードに属するデータの全体，$N(j)$ はデータ中のクラス j の割合，D_L は左の部分木，P_L は D_L に属するデータの割合（L を R に変えたものも同様）を示します．

このCARTを回帰問題に用いるときは，分類基準としてデータの散らばりSSの減り方ΔSSが最大になるものを選びます．

$$SS(D) = \sum_{y_i \in D}(y_i - \tilde{y})^2 \tag{6.14}$$

$$\Delta SS(D) = SS(D) - P_L \cdot SS(D_L) - P_R \cdot SS(D_R) \tag{6.15}$$

ここで，$\tilde{y}$はDに属するデータの平均値です．式(6.14)はデータDの分散を求めていることになるので，式(6.15)の基準は，分割後の分散が最小となるような分割を求めていることに対応します．

例題 6.4 [Weka]

WekaのREPTreeを用いて，cpu.arffから回帰木を作成せよ．

解答▶ ここでは，cpu.arffを使用して，CARTによって回帰木を求めてみましょう．パラメータはとくに変更せず，評価は一つ抜き法 (Cross-validation) を使いましょう．

> **設定▶▶▶**
> Classifier: REPTree ([trees] → [REPTree])
> Test options: Cross-validation: Folds 209

上記の設定で学習させると，以下のような回帰木が得られます．

> **出力▶▶▶**
> ```
> MMAX < 48000
> |   CHMIN < 7.5 : 50.48 (110/1908.4) [55/760.29]
> |   CHMIN >= 7.5
> |   |   MMIN < 12000
> |   |   |   MYCT < 68
> |   |   |   |   CACH < 56
> |   |   |   |   |   MMAX < 18485 : 113.29 (2/1640.25) [5/5740.25]
> |   |   |   |   |   MMAX >= 18485 : 205.22 (7/1060.78) [2/7161.44]
> |   |   |   |   CACH >= 56 : 302.08 (9/5164.62) [4/3176.02]
> |   |   |   MYCT >= 68 : 105.4 (5/4140.64) [0/0]
> |   |   MMIN >= 12000
> |   |   |   MYCT < 28 : 446.5 (2/144) [2/6122]
> |   |   |   MYCT >= 28 : 510 (2/0) [0/0]
> MMAX >= 48000 : 961.25 (2/13110.25) [2/84681.25]
> ```

学習結果を右クリックし，木を表示させることもできます（図6.6）．

性能評価は以下のようになります．線形回帰と比べて悪くなってしまいました．

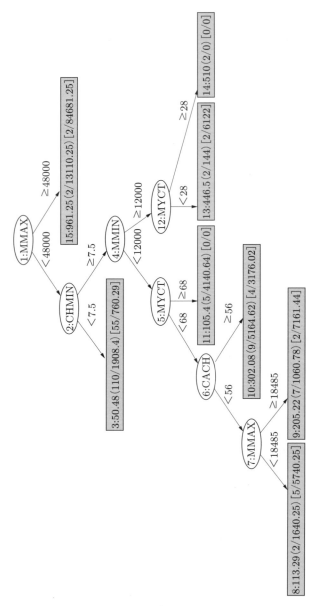

図 6.6　cpu データの回帰木

評価▶▶▶
```
Correlation coefficient              0.7957
Mean absolute error                 40.3942
Root mean squared error             99.1831
```

6.7　モデル木

　モデル木は，回帰木と線形回帰の双方のよいところをとった方法です．CART は
リーフの値が定数であったのに対して，モデル木ではリーフの値を線形回帰式とし
ます．

　回帰木と同じ考え方で，データの出力値が近い区間を切り出せる特徴を選んでデー
タを分割してゆき，分割後のデータに対して線形回帰式を求めます．

例題 6.5 [Weka]

　Weka の M5P アルゴリズムを用いて，cpu.arff からモデル木を作成せよ．

解答▶ ここでは，cpu.arff を使用して，モデル木を求めてみましょう．パラメータはと
くに変更せず，評価は一つ抜き法 (Cross-validation) を使いましょう．

設定▶▶▶
Classifier: M5P ([trees] → [M5P])
Test options: Cross-validation: Folds 209

　学習させると，以下のようなモデル木が得られます．回帰式はデータの分割に応じて
LM1 から LM5 までの 5 種類が得られています．

出力▶▶▶
```
CHMIN <= 7.5 : LM1 (165/12.903%)
CHMIN >  7.5 :
|   MMAX <= 28000 :
|   |   MMAX <= 13240 :
|   |   |   CACH <= 81.5 : LM2 (6/18.551%)
|   |   |   CACH >  81.5 : LM3 (4/30.824%)
|   |   MMAX >  13240 : LM4 (11/24.185%)
|   MMAX >  28000 : LM5 (23/48.302%)

LM num: 1
class =
-0.0055 * MYCT
+ 0.0013 * MMIN
+ 0.0029 * MMAX
```

```
    + 0.8007 * CACH
    + 0.4015 * CHMAX
    + 11.0971
    ...
```

学習結果を右クリックし，図 6.7 のように木を表示させることもできます．

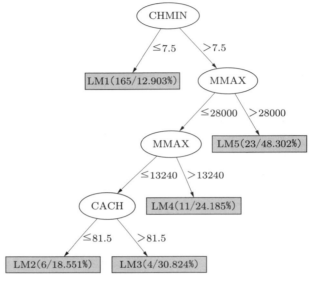

図 6.7 cpu データのモデル木

性能評価は以下のようになり，相関係数 (Correlation coefficient) は約 0.93 になります．やはり回帰木と線形回帰のよいところをとったようなアルゴリズムなので，これらと比べるとよい値が出ているようです．

```
出力 ▸▸▸
  Correlation coefficient              0.9314
  Mean absolute error                 29.1666
  Root mean squared error             59.0655
```

モデル木は，特定の要因によって振る舞いが異なるデータ（たとえば季節によって出力に影響を及ぼす要因が異なるデータ）を分割し，それぞれに対応する規則性を見つけ，かつ，その分割の要因を木構造によって説明できるという利点があります．

6.8 まとめ

ここでは回帰問題への解法として，線形回帰と回帰木を説明し，それらのよいところをとって，いわゆる区分線形問題として回帰へアプローチした，モデル木についても説明しました．

次に考えられる手法としては，もっとなめらかな非線形関数を用いて回帰式を得られないか，ということになるのですが，一般に非線形式ではデータにフィットしすぎてしまうため，過学習が問題になります．そこで，第7章で説明するカーネル法を使って，非線形空間へ写像したあとに，線形回帰を正規化項を入れながら学習するというアプローチが有効になります．この手法については，文献 [9] に詳しく書かれています．

演習問題

6.1 ワインの価格を推定する回帰式であるアッシェンフェルターのワイン方程式を，論文で公開されているデータ◆1 をもとに求めよ．

6.2 [Weka] カテゴリ特徴を含む回帰問題として，Weka の cpu.with.vendor.arff に対して線形回帰式を求め，その結果を解釈せよ．

6.3 [Python] scikit-learn の LinearRegression を用いて，boston データで回帰を行え．その際，正則化係数を変化させ，学習された線形関数の重みを観察せよ．

6.4 [Python] scikit-learn の DecisionTreeRegressor を用いて，boston データで回帰木を作成せよ．その際，木の大きさを変えて，誤差の変化を観察せよ．

◆1 http://www.liquidasset.com/winedata.html

第7章 サポートベクトルマシン

Introduction

　第7章から第10章では，教師あり学習全般に用いることができる，発展的手法について説明します．大半は識別問題を題材に説明しますが，ほとんどの手法は，少しの工夫で回帰問題にも適用できます．

　この章では，サポートベクトルマシン(support vector machine: SVM)とよばれる学習手法について説明します．扱う問題は，主として数値特徴に対する「教師あり・識別」問題です．

　サポートベクトルマシンは，線形のモデルを使って，なるべく学習データに特化しすぎないような識別面を求める方法です．そして，線形で識別できないデータに対応するために，誤識別に対してペナルティを設定することで対応する手法と，学習データを高次元の空間に写して，線形識別手法を適用するという手法について説明します．

7.1 サポートベクトルマシンとは

　いま，図7.1に示すような特徴空間上で超平面によって分離することができる学習データがあるとします．

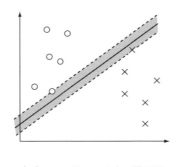 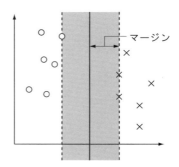

（a）マージンの小さい識別面　　　（b）マージンの大きい識別面

図7.1　学習データと識別面とのマージン

この学習データに対して，正解率100%で識別を行える識別面は無数に存在します．図 (a)，(b) のどちらの識別面（図の実線）も，学習データに関しては正解率100%です．しかし，未知データに対しては，図 (a) の識別面より図 (b) の識別面のほうが，よい結果が出そうです．図の全体を眺めたとき，データの塊が見えたなら，その塊の間の真ん中に位置する識別面が，もっとも汎化性能が高いことが予想できます．

この漠然とした「汎化性能の高さ」を定量的に表すために，識別面ともっとも近いデータとの距離を考えます．この距離のことを**マージン**（図の実線と図の破線の距離）といいます．

マージンが広いほうが，学習データと識別面の間に未知データが入る余地があることになるので，学習データからちょっとずれただけの未知データが，別クラスに識別されるということが少なくなります．これが，汎化性能の高さにつながります．

この学習データからのマージンが最大となる識別面（一般には識別超平面）を求める手法が**サポートベクトルマシン**です．

7.1.1　マージン最大化のための定式化

まず，学習データが線形識別可能な状況で，マージンが最大となる識別面を求める方法を考えてゆきましょう．

使用するデータは，数値特徴に対して正解情報の付いたデータです．ここでは，2値分類問題に限定し，正解情報 y_i の値を正例 1，負例 -1 とします．

$$\{(\boldsymbol{x}_i, y_i)\}, \quad i = 1, \ldots, N, \quad y_i = 1 \text{ または} -1$$

識別面は超平面を仮定するので，特徴空間上では以下の式で表現されます[1]．

$$\boldsymbol{w} \cdot \boldsymbol{x} + w_0 = 0 \tag{7.1}$$

そうすると，i 番目のデータ $\boldsymbol{x}_i$ と，この識別面との距離 $\mathrm{Dist}(\boldsymbol{x}_i)$ は，点と直線の距離の公式を用いて，以下のように計算できます．

$$\mathrm{Dist}(\boldsymbol{x}_i) = \frac{|\boldsymbol{w} \cdot \boldsymbol{x} + w_0|}{\|\boldsymbol{w}\|} \tag{7.2}$$

ここで，式 (7.1) の左辺は正例に対しては正の値，負例に対しては負の値を出力するように係数 $\boldsymbol{w}$, w_0 を調整した式ですが，右辺の値が 0 なので，両辺を定数倍しても表す超平面は変わりません．そこで，識別面にもっとも近いデータを識別面の式に

---

[1] ここでは，$\boldsymbol{w}$, $\boldsymbol{x}$ は d 次元ベクトルです．

120 第 7 章 サポートベクトルマシン

代入したときに，その絶対値が 1 になるように係数 $\boldsymbol{w}$, w_0 を調整したとします．

$$\min_{i=1,\ldots,N} |\boldsymbol{w} \cdot \boldsymbol{x}_i + w_0| = 1 \tag{7.3}$$

そうすると，式 (7.2)，(7.3) より，学習パターンと識別面との最小距離は，以下のようになります．

$$\min_{i=1,\ldots,N} \text{Dist}(\boldsymbol{x}_i) = \min_{i=1,\ldots,N} \frac{|\boldsymbol{w} \cdot \boldsymbol{x} + w_0|}{\|\boldsymbol{w}\|}$$
$$= \frac{1}{\|\boldsymbol{w}\|} \tag{7.4}$$

式 (7.4) がマージンを表すので，マージンを最大にする識別面を求める問題は，$\|\boldsymbol{w}\|$ を最小化する問題になります．ここで，最小化しやすいように，この問題を $\|\boldsymbol{w}\|^2$ の最小化とします．

この式の形だけを見ると，$\boldsymbol{w} = \boldsymbol{0}$ が最小解ですが，これでは識別面になりません．そこで，識別面としてすべての学習データを識別できるという以下の条件を加えます．

$$y_i(\boldsymbol{w} \cdot \boldsymbol{x}_i + w_0) \geq 1, \quad i = 1,\ldots,N \tag{7.5}$$

$y_i = 1$ or -1 としていたので，正例・負例両方の制約を一つの式で表すことができました．

ここまでで，マージンを最大にする識別面を求める問題の定式化が終わり，式 (7.5) の制約下での $\|\boldsymbol{w}\|^2$ の最小化問題になりました．このあと，微分を利用して極値を求めて最小解を導くので，乗数 $1/2$ を付けておきます．

$$\min \frac{1}{2}\|\boldsymbol{w}\|^2 \tag{7.6}$$

$$条件： y_i(\boldsymbol{w} \cdot \boldsymbol{x}_i + w_0) \geq 1, \quad i = 1,\ldots,N \tag{7.7}$$

7.1.2 マージンを最大とする識別面の計算

ここでは前節で定式化した問題を，ラグランジュの未定乗数法を用いて解決する方法を説明します[1]．

ラグランジュの未定乗数法を用いると，$g(\boldsymbol{x}) = 0$ という条件のもとで $f(\boldsymbol{x})$ の最小値（あるいは最大値）を求める問題は，$L(\boldsymbol{x}, \lambda) = f(\boldsymbol{x}) - \lambda g(\boldsymbol{x})$（ただし λ はラグ

---

[1] ラグランジュの未定乗数法のより詳しい解説は，参考文献 [10] の第 2 章，[11] の第 1 章をご覧ください．

ランジュ乗数）という新しいラグランジュ関数を導入し，この関数の極値を求めるという問題に置き換えることができます．

ラグランジュ関数の x に関する偏微分を 0 とすると，以下のようになります．

$$\frac{\partial f(x)}{\partial x} = \lambda \frac{\partial g(x)}{\partial x} \tag{7.8}$$

このラグランジュ関数の極値が，もとの問題での与えられた条件下での最小値問題に対応していることを図 7.2 で説明します．もとの問題の最小値を求める関数が 2 次式，制約を 1 次式と仮定します．

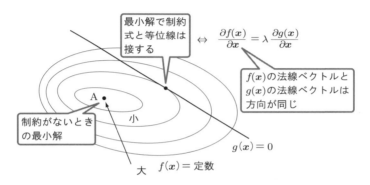

図 7.2　ラグランジュの未定乗数法

もとの問題で，まったく制約がないときの最小解は点 A です．一方，制約は直線 $g(x) = 0$ で表されるので，この直線上で $f(x)$ がもっとも低い値をとる点を探します．その最小値となる点では，$f(x)$ の等位線と直線 $g(x) = 0$ が接します．そうでなければ，その交点をどちらかにずらすことで，より低い値に移ることができるからです．この等位線と直線が接するという条件は，それらの法線ベクトルが一致するということに等しくなります．よって，式 (7.8) を満たす解が，もとの問題の最小値になります．

ここでは，ラグランジュの未定乗数法を不等式制約条件で用います．そうすると，式 (7.6)，(7.7) の制約付きの最小化問題は，ラグランジュ乗数 α_i を導入して，以下の関数 L の最小値を求めるという問題に置き換えることができます．

$$L(\boldsymbol{w}, w_0, \alpha) = \frac{1}{2}\|\boldsymbol{w}\|^2 - \sum_{i=1}^{N} \alpha_i \{y_i(\boldsymbol{w} \cdot \boldsymbol{x}_i + w_0) - 1\} \tag{7.9}$$

最小値では L の勾配が 0 になるはずなので，以下の式が成り立ちます．

$$\frac{\partial L}{\partial w_0} = 0 \implies \sum_{i=1}^{N} \alpha_i y_i = 0 \tag{7.10}$$

$$\frac{\partial L}{\partial \boldsymbol{w}} = 0 \implies \boldsymbol{w} = \sum_{i=1}^{N} \alpha_i y_i \boldsymbol{x}_i \tag{7.11}$$

これらを式 (7.9) に代入して，以下の式を得ます．

$$L(\alpha) = -\frac{1}{2} \sum_{i,j=1}^{N} \alpha_i \alpha_j y_i y_j \boldsymbol{x}_i^T \boldsymbol{x}_j + \sum_{i=1}^{N} \alpha_i \tag{7.12}$$

得られた式は，もとの問題の双対問題で，最小化問題が最大化問題に入れ替わります．これは α_i に関する 2 次計画問題とよばれるものです．したがって，Scilab[1] などの数値計算ソフトウェアを使って解くことができます．

これを解くと，$\alpha_i \neq 0$ となるのは，サポートベクトル[2] に対応するもののみで，大半は $\alpha_i = 0$ となります．この α_i を式 (7.11) に代入して，$\boldsymbol{w}$ を得ることができます．

$$\boldsymbol{w} = \sum_{i=1}^{N} \alpha_i y_i \boldsymbol{x}_i \tag{7.13}$$

また，w_0 は，$\boldsymbol{x}_+$，$\boldsymbol{x}_-$ をそれぞれ正例，負例に属するサポートベクトルとすると，以下の式で求めることができます．

$$w_0 = -\frac{1}{2}(\boldsymbol{w} \cdot \boldsymbol{x}_+ + \boldsymbol{w} \cdot \boldsymbol{x}_-) \tag{7.14}$$

この方法で，学習データが線形分離可能な場合にはマージンを最大にする識別面が見つかります．

7.2　ソフトマージンによる誤識別データの吸収

次に，学習データが線形分離可能でない場合を考えます．前節と同様に線形識別面を設定するのですが，その際，間違ったデータがあってもよいので，それらが識別面からあまり離れていないような識別面を選ぶこととします．

---

[1] http://www.scilab.org/
[2] 図 7.1 (b) の破線上にある 3 点のように，識別面を求めるのに寄与している学習データをサポートベクトルとよびます．

式 (7.7) がすべてのデータを正しく識別できる条件で，この設定をハードマージンとよびます．一方，ここでは，この制約を弱める変数（スラック変数とよびます）ξ_i (≥ 0) を導入して，i 番目のデータが制約を満たしていない程度を示します．このような設定をソフトマージンとよびます．

$$y_i(\boldsymbol{w} \cdot \boldsymbol{x}_i + w_0) \geq 1 - \xi_i, \quad i = 1, \ldots, N \tag{7.15}$$

ξ_i は制約を満たさない程度を表すので，小さいほうが望ましいものです．この値を式 (7.6) の SVM のマージン最大化（$\|\boldsymbol{w}\|^2$ の最小化）問題に加えます．

$$\min \left(\frac{1}{2} \|\boldsymbol{w}\|^2 + C \sum_{i=1}^{N} \xi_i \right) \tag{7.16}$$

$$条件：y_i(\boldsymbol{w} \cdot \boldsymbol{x}_i + w_0) \geq 1 - \xi_i, \quad i = 1, \ldots, N, \quad \xi_i \geq 0 \tag{7.17}$$

ここで，C は制約を満たさないデータを，どの程度の重みで最適化に組み込むかを決める定数です．C が大きければ影響が大きく，ハードマージンの問題設定に近くなり，識別面は複雑なものになります．一方，C が小さければ，誤りをほとんど無視するような振る舞いになり，識別面は比較的単純なものになります．

これをラグランジュの未定乗数法で解くと，結論として同じ式が出てきて，ラグランジュ乗数 α_i に $0 \leq \alpha_i \leq C$ という制約が加わります．

例題 7.1 Weka

Weka の SMO を用いて，glass.arff の識別器を作成せよ．その際，スラック変数の重み C の値を調整し，性能への影響を調べよ．

解答 ▶ SMO は，Weka における SVM の実装です．ラグランジュ乗数を求めるときの計算に使われている Sequential Minimal Optimization という高速化手法が，そのまま識別器の名前として使われています．

識別対象の glass データは，屈折率と 8 種類の成分（Na, Mg, Si など）の含有量を特徴として，ガラスの用途（建築用，乗り物用，食器など）を特定するものです．識別にあまり関係のない特徴が含まれていたり，データ中に事例がないクラスがあったりして，少し扱いにくいデータです．

まず，[Preprocess] タブで glass.arff を開き，[Visualize] タブで，どれくらい難しい問題なのかを確認してください．

最初は，SMO のデフォルトで識別してみます．[Classify] タブでは，以下のように設定します．

> **設定** ▶▶▶
> Classifier: SMO ([functions] → [SMO])
> Test options: Cross-validation: Folds 10

　この設定で実行すると，正解率は 56.1% でした．この設定（デフォルト）での C の値は 1.0 です．この結果だけからは，C の値が大きすぎるのか小さすぎるのかはわからないので，SMO のパラメータの C の値を変更して，$C = 0.1$ の場合と，$C = 10$ の場合を試してみます．すると，前者の正解率は 45.3%，後者は 63.1% となりました．

　以後，C の値を大きくしてみると，$C = 30$ で正解率が 65.1% となります．この問題では，マージンの大きさよりも誤りを減らすのを優先して識別面を設定したほうが，性能がよくなりそうなことがわかります．

7.3 カーネル関数を用いた SVM

　次に，図 7.3 左のように，ソフトマージンを設定した程度では信頼できる識別面が得られそうにはない状況を考えます．

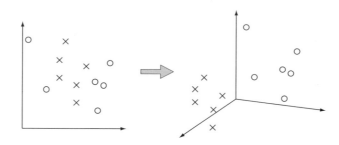

図 7.3　高次元空間への写像の例

　一般に，特徴空間の次元数 d が大きい場合は，データが高次元空間上に疎らに分布することになるので，線形識別面が偶然に存在する可能性が高くなります．そこで，この性質を逆手にとって，低次元の特徴ベクトルを高次元空間（図 7.3 右）に写像し，線形分離の可能性を高めてしまい，その高次元空間上で SVM を使って識別超平面を求めるという方法が考えられます．

　この方法は，むやみに特徴を増やして次元を上げる方法とは違います．識別に役立つ特徴で構成された d 次元空間に対して，もとの空間におけるデータ間の距離関係を保存する方式で高次元に非線形写像したならば，その高次元空間上での線形識別器の性能は，もとの空間での複雑な非線形識別器の性能に相当することがわかっています．一方，識別に無関係な特徴を持ち込むと，データが無意味な方向に疎らに分布し，も

との分布の性質がこわされやすくなってしまいます.

しかし問題は,もとの空間におけるデータ間の距離関係を保存するような,そんな都合のよい非線形写像が見つかるかということです.

ここで,もとの特徴空間上の2点 $\boldsymbol{x}$, $\boldsymbol{x}'$ の距離に基づいて定義される類似度関数 $K(\boldsymbol{x}, \boldsymbol{x}')$ を考えます.この関数の値は,2点 $\boldsymbol{x}$, $\boldsymbol{x}'$ が近いほど大きな値になります.この関数が,半正定値性などのいくつかの条件を満たすとき,以下の式に示すように2点 $\boldsymbol{x}$, $\boldsymbol{x}'$ からそれぞれ求まる高次元ベクトルの内積によって,その値を計算することができます.

$$K(\boldsymbol{x}, \boldsymbol{x}') = \boldsymbol{\phi}(\boldsymbol{x})^T \boldsymbol{\phi}(\boldsymbol{x}') \tag{7.18}$$

この関数を**カーネル関数**とよびます.カーネル関数の例としては,以下のような多項式カーネル関数や,

$$K(\boldsymbol{x}, \boldsymbol{x}') = (\boldsymbol{x}^T \boldsymbol{x}' + 1)^p \quad (p: 自然数) \tag{7.19}$$

以下のようなガウシアンカーネル関数[1] などがあります.

$$K(\boldsymbol{x}, \boldsymbol{x}') = \exp(-\gamma \|\boldsymbol{x} - \boldsymbol{x}'\|^2) \quad (\gamma > 0) \tag{7.20}$$

γ はカーネル関数の広がりを表すパラメータ σ^2 の逆数として定義されます ($\gamma = 1/\sigma^2$).γ が大きいほど,カーネル関数が大きな値をとる範囲が狭くなるので,識別面の形成に関与するデータが近傍のものに限られます.その結果,形成される識別面は複雑なものになります.

式 (7.18) から,写像後の空間での識別関数 $g(\boldsymbol{\phi}(\boldsymbol{x}))$ は以下のように書くことができます.

$$g(\boldsymbol{\phi}(\boldsymbol{x})) = \boldsymbol{w}^T \boldsymbol{\phi}(\boldsymbol{x}) + w_0 \tag{7.21}$$

ここで SVM を適用すると,$\boldsymbol{w}$ は式 (7.11) のようになるので,以下の識別関数 $g(\boldsymbol{\phi}(\boldsymbol{x}))$ を得ることになります.

$$\begin{aligned} g(\boldsymbol{\phi}(\boldsymbol{x})) &= \sum_{i=1}^{N} \alpha_i y_i \boldsymbol{\phi}(\boldsymbol{x})^T \boldsymbol{\phi}(\boldsymbol{x}_i) + w_0 \\ &= \sum_{i=1}^{N} \alpha_i y_i K(\boldsymbol{x}, \boldsymbol{x}_i) + w_0 \end{aligned} \tag{7.22}$$

---

[1] RBF (Radial Basis Function) カーネルとよばれることもあります.

同様に，式 (7.12) より，学習の問題も以下の式を最大化するという問題になります．

$$\sum_{i=1}^{N} \alpha_i - \frac{1}{2} \sum_{i,j=1}^{N} \alpha_i \alpha_j y_i y_j K(\boldsymbol{x}_i, \boldsymbol{x}_j) \tag{7.23}$$

ここで注意すべきなのは，式 (7.22)，(7.23) のどちらの式からも ϕ が消えているということです．カーネル関数 K さえ定まれば，識別面を得ることができるのです．このように，複雑な非線形写像を求めるという操作を避ける方法を**カーネルトリック**とよびます．これが，SVM がいろいろな応用に使われてきた理由です．

ここで，簡単なカーネルについてその非線形写像 ϕ を求めてみましょう．特徴ベクトルを 2 次元として多項式カーネル $(p = 2)$ を展開します．

$$\begin{aligned}
K(\boldsymbol{x}, \boldsymbol{x}') &= (\boldsymbol{x}^T \boldsymbol{x}' + 1)^2 \\
&= (x_1 x_1' + x_2 x_2' + 1)^2 \\
&= (x_1 x_1')^2 + (x_2 x_2')^2 + 2x_1 x_1' x_2 x_2' + 2x_1 x_1' + 2x_2 x_2' + 1 \\
&= ((x_1)^2, (x_2)^2, \sqrt{2}x_1 x_2, \sqrt{2}x_1, \sqrt{2}x_2, 1) \\
&\quad \cdot ((x_1')^2, (x_2')^2, \sqrt{2}x_1' x_2', \sqrt{2}x_1', \sqrt{2}x_2', 1)
\end{aligned}$$

したがって，$\boldsymbol{x} = (x_1, x_2)$ のとき，$\phi(\boldsymbol{x}) = (x_1^2, x_2^2, \sqrt{2}x_1 x_2, \sqrt{2}x_1, \sqrt{2}x_2, 1)$ となります．この変換の第 3 項に注目してください．特徴の積の項が加わっています．積をとるということは，二つの特徴が同時に現れるときに大きな値になります．すなわち，共起の情報が加わったことになります．

この例で示すように，カーネル法とは，理論的には入力データを高次元空間に写像しながら，計算上は明示的に高次元空間を考えずに識別面を構成することができる方法です．このような，非線形写像で線形分離可能な高次元にデータを飛ばしてしまい，マージン最大化基準で信頼できる識別面を求めるという SVM の方法は非常に強力で，文書分類やバイオインフォマティックスなど，さまざまな分野で利用されています．

例題 7.2 Weka

Weka の SMO を用いて，glass.arff の識別器を作成せよ．その際，いくつかのカーネルについて，性能への影響を調べよ．

解答▶ 例題 7.1 の設定で，カーネルだけ変化させます．C の値は 30 としておきましょう．
SMO のパラメータ設定から，kernel を設定します．[Choose] ボタンの右のテキスト領域をクリックすると kernel を設定するダイアログが開きます．多項式カーネル (PolyKernel) の次数は，exponent で指定します．

デフォルトは 1.0 だったので，これを 2.0 として 2 次の多項式カーネルとします．そうすると，正解率は 70.6% に上がりました．3 次にして試してみると若干落ちるので，多項式カーネルの場合は，2 次がよさそうです．

次に，ガウシアンカーネル (RBFKernel) を試してみます．パラメータは分散の逆数 gamma です．この値は，大きいほど複雑な境界になります．

デフォルトでは gamma = 0.01 で，正解率は 54.2% となりました．gamma = 1.0 で 69.2%，gamma = 10 では 70.1% です．

このようにカーネルをうまく設定することで，性能の高い識別器を構成することができます．

7.4 文書分類問題への SVM の適用

ここまで，数値特徴を対象に SVM を説明してきましたが，SVM は一見カテゴリ特徴の問題に見える，自然言語処理でも多用されている機械学習手法です．ここでは，典型的な SVM の応用事例として，文書分類問題を取り上げます．

分類対象である文書は文字列データです．この文書という対象の特徴ベクトルをどのように考えればよいでしょうか．ちょっと驚くかもしれませんが，文書分類では，文書に現れうる全単語を特徴ベクトルのそれぞれの次元に設定します．第 i 次元が単語 $word_i$ に対応し，文書に出現すれば 1，出現しなければ 0 とします[1]．そうすると，特徴ベクトルは数千次元から数万次元になります．

SVM は汎化性能が高いので，このような高次元の識別問題に用いることができます．

例題 7.3 [Weka]

Weka の ReutersCorn-train.arff を用いて SMO による識別器を作成し，Reuters Corn-test.arff を用いて評価せよ．

解答▶ ReutersCorn データは，イギリスのロイター通信社が発信した記事を，情報検索のための基礎データとして整形したものです．ReutersCorn データは，トウモロコシに関する記事の正例と負例が集められたもので，1 次元目の特徴が，記事本文そのものの文字列で，2 次元目が正解情報（正例が 1，負例が 0）です．ReutersCorn データは学習用と評価用に分かれていて，学習用の ReutersCorn-train.arff には正例 45 文書，負例 1509 文書が含まれており，評価用の ReutersCorn-test.arff には正例 24 文書，負例 580 文書が含まれています．

ここでは，このデータに対して，上で説明したような文字列から単語ベクトルへの変換を行って，SVM で学習を行います．

---

[1] 出現回数を各次元の値にする場合もあります．

128 第7章 サポートベクトルマシン

　Weka の Explorer インタフェースでこの例題の操作を行うには，あらかじめテスト
データに Filter を適用したものを保存しておく必要があります．[Classify] タブで学習
用とは異なったデータで評価を行うオプションは用意されているのですが，そこで指定
したデータには Filter がかけられないので，このような手間が必要になります．

　まず，[Preprocess] で ReutersCorn-test データを読み込みます．次に，Filter 領域で
[filters] → [unsupervised] → [attribute] → [StringToWordVector] を適用し，単語の出現
の有無 (0, 1) を特徴としたベクトルに変換します．その際，attributeIndices オプション
の値を first に変更して，正解特徴である class-att には Filter を適用しないようにしま
す．そして，その Filter 適用済みのデータを，右上の [Save . . .] から別名で保存します
（たとえば，ReutersCorn-test2.arff）．

　次に学習です．[Preprocess] で ReutersCorn-train データを読み込みます．そして，
先ほどと同様に [StringToWordVector] を適用します．同じく Filter からは class-att を
除外しておきます．

　[Classify] タブに移って Classifier 領域から [SMO] を選択し，Test options では
[Supplied test set] を選択し，[Set] → [Open file . . .] から，先ほど保存した Reuters
Corn-test2 データを指定します．SMO 適用時には，特徴 class-att を指定しないと，
SMO を利用できるようになりません．

　[Start] ボタンを押して学習と評価を行います．その際，学習用データと評価用データ
の単語集合が異なるために，特徴ベクトルの次元数が異なっているという警告が出ます．
Weka の Explorer インタフェースがこの警告メッセージで示唆してくれているのは，特
徴名でマッチングをとって特徴ベクトルの次元数を揃える "InputMappedClassifier"
を使うか，ということです．ここでは，そのメッセージに従って，[はい (Y)] をクリック
します．

　識別結果は以下のようになります．

```
出力 ▶▶▶
=== Summary ===

Correctly Classified Instances         592               98.0132 %
Incorrectly Classified Instances        12                1.9868 %
Kappa statistic                          0.7171
Mean absolute error                      0.0199
Root mean squared error                  0.141
Relative absolute error                 29.6758 %
Root relative squared error             72.0612 %
Coverage of cases (0.95 level)          98.0132 %
Mean rel. region size (0.95 level)      50       %
Total Number of Instances              604

=== Detailed Accuracy By Class ===
```

```
TP Rate FP Rate Precision Recall F-Measure MCC   ROC Area  PRC Area  Class
0.993   0.333   0.986     0.993  0.990            0.720 0.830   0.986     0
0.667   0.007   0.800     0.667  0.727            0.720 0.830   0.547     1
Weighted Avg. 0.980  0.320    0.979     0.980  0.979   0.720 0.830
0.969

=== Confusion Matrix ===

    a    b    <-- classified as
  576    4 |    a = 0
    8   16 |    b = 1
```

　正解率は 98% で，さすが SVM といいたいところですが，この結果は注意深く見な
ければなりません．混同行列を見ると，true positive 16 文書に対して，false positive
が 4 文書，false negative が 8 文書もあります．正例数に対して負例数が圧倒的に多い
ので，正解率だけを見るとよいように見えますが，この場合は，Class 1（正例）の精度
(0.800)，再現率 (0.667)，F 値 (0.727) が見るべき値になります．

例題 7.4 Python

scikit-learn の SVC アルゴリズムを用いて，Weka に付属の ReutersGrain データに
対して，例題 7.3 と同様の手順で識別を行え．

解答▶ まず，必要なパッケージを読み込みます．

```
1  import numpy as np
2  import re
3  from sklearn.feature_extraction.text import CountVectorizer
4  from sklearn.feature_extraction.text import TfidfVectorizer
5  from sklearn.svm import SVC
6  from sklearn.metrics import classification_report
```

scipy の `loadarff` メソッドは，特徴の型が String であるデータの読み込みに対応し
ていないので，直接ファイルを開いて読み込みます．ReutersGrain-train.arff のファ
イルを，notebook と同じフォルダにコピーしておきましょう．

```
7  # 学習データ
8  r = re.compile("'(.*)',([01])")
9  X = np.empty((0,1),np.string_)
10 y = np.empty((0,1),np.string_)
11
12 with open('ReutersGrain-train.arff', 'r') as file:
13     line = file.readline()
14     while not(re.match(r"@data", line)):
```

130 第 7 章 サポートベクトルマシン

```
15        line = file.readline()
16      line = file.readline()  # @data のあとの空行を読み飛ばす
17      for line in file:
18          m = r.search(line)
19          X = np.append(X, m.group(1))
20          y = np.append(y, m.group(2))
```

```
21  # 評価データ
22  Xe = np.empty((0,1),np.string_)
23  ye = np.empty((0,1),np.string_)
24  with open('ReutersGrain-test.arff', 'r') as file:
25      line = file.readline()
26      while not(re.match(r"@data", line)):
27          line = file.readline()
28      line = file.readline()  # @data のあとの空行を読み飛ばす
29      for line in file:
30          m = r.search(line)
31          Xe = np.append(Xe, m.group(1))
32          ye = np.append(ye, m.group(2))
```

CountVectorizer を使って，文字列を単語ベクトルに変換します．

```
33  vectorizer = CountVectorizer(min_df=1)
34  print(vectorizer)
35  Xv = vectorizer.fit_transform(X)
36  Xev = vectorizer.transform(Xe)
```

> 出力 ▸▸▸
> ```
> CountVectorizer(analyzer='word', binary=False, decode_error='strict',
>         dtype=<class 'numpy.int64'>, encoding='utf-8', input='content',
>         lowercase=True, max_df=1.0, max_features=None, min_df=1,
>         ngram_range=(1, 1), preprocessor=None, stop_words=None,
>         strip_accents=None, token_pattern='(?u)\\b\\w\\w+\\b',
>         tokenizer=None, vocabulary=None)
> ```

　識別器として SVC を使います．学習データの数が少ないので，線形カーネルを用います．また，正例と負例の数が大きく違うので，class_weight を設定しておきます．パラメータ class_weight の値を balanced と指定すると，スラック変数の重み C に対して，各クラスの事例数の割合が掛けられます．これによって多数派クラスの誤りの増加と引き換えに，少数派クラスの誤りが削減されることになり，バランスがとれていないデータで少数派が不利な扱いを受けるという問題が避けられます．

```
37  clf = SVC(kernel='linear', class_weight = 'balanced')
38  print(clf)
```

出力 ▶▶▶
```
SVC(C=1.0, cache_size=200, class_weight='balanced', coef0=0.0,
  decision_function_shape='ovr', degree=3, gamma='auto', kernel='linear',
  max_iter=-1, probability=False, random_state=None, shrinking=True,
  tol=0.001, verbose=False)
```

分割学習法の場合は，`classification_report` に正解と識別器の出力を与えます．

```
39  clf = clf.fit(Xv, y)
40  print(classification_report(ye, clf.predict(Xev),
    target_names=['negative', 'positive']))
```

出力すると，positive の F 値が 0.85 となります．同じデータでの Weka の結果である 0.771 を上回っています．これは特徴ベクトルの次元数が違うことと，SVM の実装が若干異なることが原因だと思われます．

7.5 ハイパーパラメータのグリッドサーチ

　グリッドサーチは，識別器のパラメータ（ハイパーパラメータ）のとりうる値をリストアップし，そのすべての組合せについて性能を評価して，もっとも性能の高い組合せを求める方法です．図 7.4 のような，ハイパーパラメータを組み合わせる空間をグリッドとよびます．

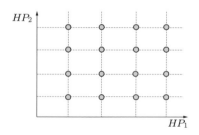

図 7.4　ハイパーパラメータからなるグリッド

　SVM では，たとえばガウシアンカーネルの範囲を制御する γ と，スラック変数の重み C は連続値をとるので，手作業でいろいろ試すのは手間がかかります．そこで，グリッドを設定して，ひととおりの組合せで評価実験を行います．

例題 7.5 [Python]
　scikit-learn の SVC アルゴリズムを用いて，iris データに対してグリッドサーチを行い，最適な「スラック変数の重み C」と「ガウシアンカーネルのパラメータ γ」を求めよ．

132 第7章 サポートベクトルマシン

解答▶ まず，必要なパッケージを読み込みます．

```
1  from sklearn.datasets import load_iris
2  from sklearn.svm import SVC
3  from sklearn.model_selection import GridSearchCV
```

次に，iris データを読み込みます．

```
4  iris = load_iris()
5  X = iris.data
6  y = iris.target
```

グリッドは Python のディクショナリ（辞書型オブジェクト）で表現します．試したいハイパーパラメータの組合せは，ディクショナリの配列で表します．各グリッドでは，軸をディクショナリのキーに，可能な値をリスト形式の要素で表現します．

```
7  param_grid = [
8    {'C': [1, 10, 100, 1000], 'gamma': [0.0001, 0.001, 0.01, 0.1, 1]}
9    ]
```

識別器のインスタンスを第1引数，グリッドを第2引数として，グリッドサーチのインスタンスを作成し，**fit** メソッドを実行します．パラメータ **cv** の値が None（デフォルト）のとき，性能は 3-fold CV で評価されます．また，結果は **cv_results_** 属性の値として，ディクショナリで得られます．

```
10  clf = GridSearchCV(SVC(), param_grid)
11  clf.fit(X, y)
12  print(clf.cv_results_)
```

いろいろな情報があってわかりにくいので，正解率だけを表示します．

```
13  re = clf.cv_results_
14  for params, mean_score, std_score in zip(re['params'],
    re['mean_test_score'], re['std_test_score']):
15      print("{:.2f} (+/- {:.2f}) for {}".format(mean_score, std_score*2,
    params))
```

出力▶▶▶
```
0.91 (+/- 0.03) for {'C': 1, 'gamma': 0.0001}
0.91 (+/- 0.03) for {'C': 1, 'gamma': 0.001}
0.95 (+/- 0.05) for {'C': 1, 'gamma': 0.01}
0.97 (+/- 0.02) for {'C': 1, 'gamma': 0.1}
0.97 (+/- 0.05) for {'C': 1, 'gamma': 1}
0.91 (+/- 0.03) for {'C': 10, 'gamma': 0.0001}
```

演習問題 **133**

```
0.95 (+/- 0.05) for {'C': 10, 'gamma': 0.001}
0.97 (+/- 0.02) for {'C': 10, 'gamma': 0.01}
0.97 (+/- 0.05) for {'C': 10, 'gamma': 0.1}
0.97 (+/- 0.05) for {'C': 10, 'gamma': 1}
0.95 (+/- 0.05) for {'C': 100, 'gamma': 0.0001}
0.97 (+/- 0.02) for {'C': 100, 'gamma': 0.001}
0.99 (+/- 0.04) for {'C': 100, 'gamma': 0.01}
0.97 (+/- 0.09) for {'C': 100, 'gamma': 0.1}
0.96 (+/- 0.03) for {'C': 100, 'gamma': 1}
0.97 (+/- 0.02) for {'C': 1000, 'gamma': 0.0001}
0.99 (+/- 0.04) for {'C': 1000, 'gamma': 0.001}
0.97 (+/- 0.07) for {'C': 1000, 'gamma': 0.01}
0.96 (+/- 0.08) for {'C': 1000, 'gamma': 0.1}
0.95 (+/- 0.04) for {'C': 1000, 'gamma': 1}
```

iris データのような性質のよいデータでも，ハイパーパラメータの設定によって比較的大きな性能差がでます．もっともよいのは，'C'：100，'gamma'：0.01 または 'C'：1000，'gamma'：0.001 のとき，という結果が得られました．

7.6　まとめ

本章では SVM について説明しました．SVM は 2 値識別器なので，多クラス識別問題に適用するときは，c クラスの場合，あるクラスとそれ以外のデータを識別する SVM を c 個作成し，結果としてもっともスコアの高いものを選ぶ，というような工夫が必要になります．

本章で説明したカーネル法は，回帰問題にも適用することができます．たとえばガウシアンカーネルを用いた回帰では，学習データのある場所の近傍のみで関数を近似することになるので，空間全体を無理に一つの式で近似するよりも高い性能を示すことがあります．

SVM の概要に関しては文献 [11] の第 1 章と第 4 章，理論の詳細に関しては，文献 [12] をお勧めします．

演習問題

7.1 [Weka] 例題 7.3 に基づいて，Weka の SMO で ReutersGrain データの学習と評価を行え．その際，カーネルの種類やハイパーパラメータをいくつか変化させて，識別率への影響を観察せよ．

7.2 [Weka] 演習問題 7.1 において，StringToWordVector フィルタ適用時に，(1) stop wordsHandler の値を Rainbow にする，(2) IDFTrandform，TFTransform を True

134 第 7 章　サポートベクトルマシン

にする，などの変更を行って変化を観察せよ．

7.3 [Python] scikit-learn による識別を行う例題 7.4 において，(1) CountVectorizer で stop_words 引数（値は 'english'）を用いる，(2) TfidfVectorizer を用いる などして，単語ベクトルを変更して変化を観察せよ．

第8章 ニューラルネットワーク

Introduction

この章では,数値データからなる特徴ベクトルとその正解クラスの情報からクラスを識別できる,神経回路網のモデルを作成する方法について説明します.

8.1 ニューラルネットワークの計算ユニット

ニューラルネットワークは,図8.1のような計算ユニットを階層的に組み合わせて,入力から出力を計算するメカニズムです.

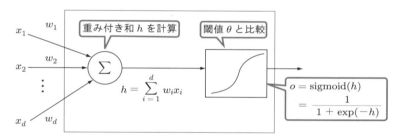

図 8.1 ニューラルネットワークのノード

このモデルは生物の神経細胞のはたらきを単純化したモデルであると考えられています.神経細胞への入力 x_i はそれぞれ異なる重み w_i をもっていて,それらの重み付き和 h が計算されます.そして,その結果が一定の閾値 θ を超えていれば,この神経細胞が出力信号 o を出し,それが他の神経細胞へ(こちらも重み付きで)伝播されます.

図8.1の計算メカニズムは,単純な論理演算を実現することができます.まずそのことをツールを使って確認しておきましょう.

Weka でこのユニットの学習を行うためには,多層ニューラルネットワーク用に用意された識別器を単層にして利用します.図5.5で説明した単層パーセプトロンとの違いは,閾値関数をシグモイド関数にしている点です(図8.1).関数の形が似ているので,単層パーセプトロンだけを取り出したときには性能の違いはないのですが,シグモイド関数は微分可能なので,あとで説明する誤差逆伝播法が利用可能になります.

例題 8.1 〔Weka〕

WekaのMultilayerPerceptronアルゴリズムを用いて，単層パーセプトロンによるOR関数を実現せよ．

解答▶ まず，以下の学習データを作成します．

```
@relation or

@attribute x1 integer
@attribute x2 integer
@attribute class {0,1}

@data
0,0,0
0,1,1
1,0,1
1,1,1
```

次に，Explorerインタフェースを用いてこのデータを読み込んだあと，[Classify] タブで以下のように設定します．MultilayerPerceptronは，あとで説明するニューラルネットワークを学習するためのアルゴリズムですが，hiddenLayersの値を0に設定することで，単層パーセプトロンを学習させることができます．

設定 ▶▶▶
Classifier: MultilayerPerceptron ([functions] → [MultilayerPerceptron])
　GUI: True
　hiddenLayers: 0
　normalizeAttributes: False
Test options: Use training set

学習結果は以下のようになります．二つのノードが図8.2に示すような重みを学習しており，単純な論理演算（OR関数）を実現できていることがわかります．

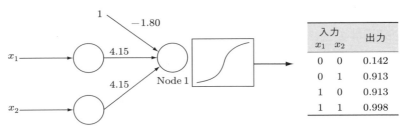

図 8.2　OR 関数

出力▸▸▸
```
Sigmoid Node 0
    Inputs      Weights
    Threshold   1.7953825874960807
    Attrib x1   -4.151585585190724
    Attrib x2   -4.15369712151082
Sigmoid Node 1
    Inputs      Weights
    Threshold   -1.7951433001084873
    Attrib x1   4.151140431635388
    Attrib x2   4.1532376091389
```

8.2　フィードフォワード型ニューラルネットワーク

8.2.1　ニューラルネットワークの構成

5.3.1 項で述べた誤り訂正学習における単層パーセプトロンは，特徴空間上では線形識別面を設定していました．

この識別器を図 8.1 に示した計算ユニットに変更し，階層状に重ねることで，非線形識別面が実現できます．図 8.3 のようにパーセプトロンをノードとして，階層状に結合したものを多層パーセプトロン，あるいは**ニューラルネットワーク**とよびます．

脳のニューロンは，一般には図 8.3 のようなきれいな階層状の結合をしておらず，階層内の結合，階層を飛ばす結合，入力側に戻る結合が入り乱れていると考えられます．このような任意の結合をもつニューラルネットワークモデルを考えることもできるのですが，学習が非常に複雑になるので，まずは図 8.3 のような 3 階層のフィード

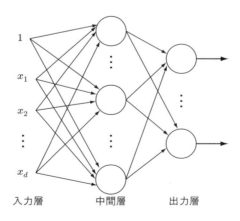

図 8.3　ニューラルネットワーク

フォワード型ネットワークを対象とします．一般に3階層のフィードフォワード型モデルによるパターン認識では，入力層を特徴ベクトルの次元数用意して，それぞれの次元を入力値とし，出力層を識別対象のクラス数だけ用意します．そして，入力層・出力層の数に応じた適当な数の中間層を用意します．中間層は隠れ層 (hidden layer) ともよばれます．

5.3.2 項で説明した基底関数ベクトルによる非線形識別面は，重みパラメータに対しては線形で，入力を非線形写像することによって実現されていました．一方，ここで説明するニューラルネットワークによる非線形識別面は，非線形写像の合成によって実現されています．

なぜノードを階層的に組むと非線形識別面が実現できるかというと，図 8.4 に示すように，個々のノードの出力であるロジスティック関数を重みを加えて足し合わせることで，データの境界の形に合わせた識別面を構成することができるからです．

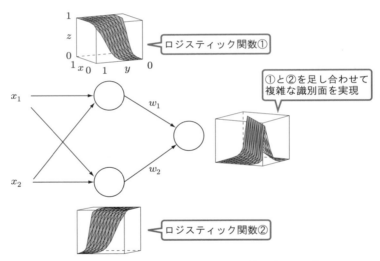

図 8.4　ニューラルネットワークによる非線形識別面の実現

8.2.2　誤差逆伝播法による学習

ノードを階層状に組むことによって，複雑な非線形識別面が実現することが可能なことはわかりました．問題は，その非線形識別面のパラメータを，どのようにしてデータから獲得するか，ということです．

もし，入力層から中間層への重みが固定されていると仮定すると，各学習データに対して，各中間層の値が決まります．それを新たな学習データとみなして，もとのターゲットを教師信号とするロジスティック識別器の学習を行えば，中間層から出力

層への重みの学習を行うことができます．

しかし，この方法では中間層が出力すべき値がわからないので，入力層から中間層への重みを学習することができません．一方，出力すべき値はわかりませんが，望ましい値との差であれば計算することができます．出力層では，出力値とターゲットとの差が，望ましい値との差になります．もし，出力層が正しい値を出していないとすると，その値の算出に寄与した中間層の重みが，出力層の更新量に応じて修正されるべきです．この，重みと出力層の更新量の積が，中間層が出力すべき値との差になります．

このように，出力層の誤差を求めて，その誤差を中間層に伝播させて学習を行う手法（図 8.5）を**誤差逆伝播法**とよびます．

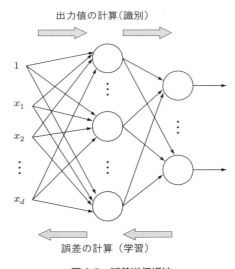

図 8.5 誤差逆伝播法

ニューラルネットワークでも，出力とターゲットの二乗誤差 $(y_i - o_i)^2$ が最小になるように学習を行います．

$$E(\boldsymbol{w}) \equiv \frac{1}{2} \sum_{\boldsymbol{x}_i \in D} (y_i - o_i)^2 \tag{8.1}$$

140 第8章　ニューラルネットワーク

ここでは，最急勾配法を用いて重みを学習します．

$$w_j \leftarrow w_j - \eta \frac{\partial E}{\partial w_j} \tag{8.2}$$

誤差の二乗和 $E(\boldsymbol{w})$ の勾配方向の計算は以下のようになります．

$$\begin{aligned}
\frac{\partial E}{\partial w_j} &= \frac{\partial}{\partial w_j} \frac{1}{2} \sum_{\boldsymbol{x}_i \in D} (y_i - o_i)^2 \\
&= \frac{1}{2} \sum_{\boldsymbol{x}_i \in D} \frac{\partial}{\partial w_j} (y_i - o_i)^2 \\
&= \sum_{\boldsymbol{x}_i \in D} (y_i - o_i) \frac{\partial}{\partial w_j} (y_i - o_i)
\end{aligned}$$

ここで，出力 o_i を重み w_j で偏微分したものは，以下の合成微分で求めます．

$$\frac{\partial o_i}{\partial w_j} = \frac{\partial o_i}{\partial h_i} \frac{\partial h_i}{\partial w_j} \tag{8.3}$$

第1項はシグモイド関数の微分です．

$$\frac{\partial o_i}{\partial h_i} = o_i(1 - o_i) \tag{8.4}$$

第2項は入力の重み付き和の微分です．

$$\frac{\partial h_i}{\partial w_j} = x_{ij} \tag{8.5}$$

したがって，出力層の重みの更新式は以下のようになります．

$$w_j \leftarrow w_j + \eta \sum_{\boldsymbol{x}_i \in D} (y_i - o_i) o_i (1 - o_i) x_{ij} \tag{8.6}$$

通常，ニューラルネットワークの学習は確率的最急勾配法を用いるので，式 (8.6) の全データに対して和をとる操作を削除します．

　また，中間層は，この修正量を重み付きで足し合わせます．まとめると，誤差逆伝播法のアルゴリズムはアルゴリズム 8.1 のようになります．ただし，$\mathrm{nn}(\boldsymbol{w}, \boldsymbol{x})$ は，重みパラメータが $\boldsymbol{w}$ に設定されたニューラルネットワークに，$\boldsymbol{x}$ を入力したときの出力層の出力を成分として並べたベクトルを返す関数です．

8.2 フィードフォワード型ニューラルネットワーク **141**

アルゴリズム 8.1　誤差逆伝播法

入力：正解付学習データ $D\{(\boldsymbol{x}_i, y_i)\}$, $i = 1, \ldots, N$（数値特徴）

出力：重み $\boldsymbol{w}$

　リンクの重みを小さな初期値に設定

　repeat

　　for all $\boldsymbol{x} \in D$ **do**

　　$\boldsymbol{o} \leftarrow \mathrm{nn}(\boldsymbol{w}, \boldsymbol{x})$

　　/* 出力層の k 番目のユニットに対してエラー量 δ_k を計算 */

　　$\delta_k \leftarrow o_k(1 - o_k)(y_k - o_k)$

　　/* 中間層の h 番目のユニットに対してエラー量 δ_h を計算 */

　　$\delta_h \leftarrow o_h(1 - o_h) \displaystyle\sum_k w_{kh}\delta_k$

　　/* 重みの更新（g_i は一つ手前の層のユニット i の出力）*/

　　$w_{ij} \leftarrow w_{ij} + \eta\delta_j g_i$

　　end for

　until 修正量が閾値以下 or 決められたループ回数

例題 8.2 Weka

　Weka の MultilayerPerceptron アルゴリズムを用いて，3 層のニューラルネットワークを構成し，iris.arff の識別を行え．

解答▶ 今度は，MultilayerPerceptron アルゴリズムの本領を発揮させて，以下の設定で識別器を作ります．パラメータ設定で，hiddenLayers が a（自動）となっていることを確認してください．そうすると，中間層のノード数が自動的に設定されます．

> **設定▶▶▶**
> Classifier: MultilayerPerceptron
> 　GUI: True
> Test options: Use training set

　実行すると，図 8.6 のようなニューラルネットワークが表示されます．[Start] ボタンを押して学習を開始します．

　Correctly Classified Instances は 148 となり，正解率は 98.7% となります．次に，交差確認法で評価してみましょう．交差確認法で GUI オプションを True にしておくと，交差の回数＋1 回[1] ネットワークが表示されて学習開始の指示をしなければならないので，GUI オプションを False にしておくのを忘れないようにしてください．10-fold の

---

[1] 交差の回数は評価のため，＋1 回分は全データを使った出力用モデル作成のためです．

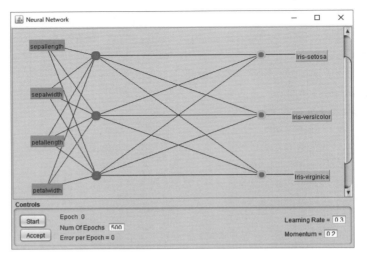

図 8.6 iris データに対するニューラルネットワーク

交差確認法でも正解率は 97.3% となり，第 2 章での実行例の 95.3% と比較して，非線形識別面を使った事による性能向上が見られます．

例題 8.3 [Python]

scikit-learn の `MLPClassifier` アルゴリズムを用いて，digits データを識別するニューラルネットワークを作成せよ．

解答 ▶ digits データは scikit-learn のサンプルデータで，8 ピクセル × 8 ピクセルの濃淡画像で 0 から 9 までの 10 種類の数字を表したものが，64 次元の特徴ベクトルとして格納されています．各ピクセルの濃度は，16 段階の数値で表されています．

まず，必要なパッケージを読み込みます．今回は，画像を表示するために，`matplotlib.pyplot` パッケージを使います．

```
1  %matplotlib inline
2  import numpy as np
3  import matplotlib.pyplot as plt
4  from sklearn.datasets import load_digits
5  from sklearn.neural_network import MLPClassifier
6  from sklearn.model_selection import cross_val_score
```

digits データを読み込み，パターン行列を X に，教師ベクトルを y に格納します．そして，digits データのデータ数や特徴の次元数・値などを表示させて確認します．

```
 7  digits = load_digits()
 8  X = digits.data
 9  y = digits.target
10  print(digits.DESCR)
```

パターン行列からデータを一つ取り出して，pyplot で表示します（図 8.7）．表示対象が行列である必要がある点に気をつけてください．

```
11  plt.gray()
12  plt.imshow(np.reshape(X[0],(8,8)))
```

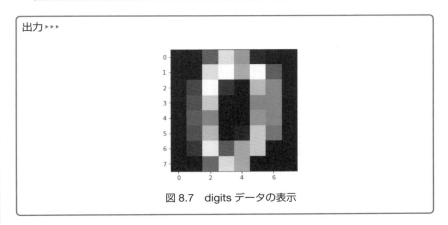

図 8.7　digits データの表示

次に，識別器のインスタンスを作成し，パラメータを確認します．

```
13  clf = MLPClassifier()
14  print(clf)
```

出力 ▶▶▶
```
MLPClassifier(activation='relu', alpha=0.0001, batch_size='auto',
      beta_1=0.9, beta_2=0.999, early_stopping=False,
      epsilon=1e-08, hidden_layer_sizes=(100,),
      learning_rate='constant', learning_rate_init=0.001,
      max_iter=200, momentum=0.9, nesterovs_momentum=True,
      power_t=0.5, random_state=None, shuffle=True,
      solver='adam', tol=0.0001, validation_fraction=0.1,
      verbose=False, warm_start=False)
```

そして，交差確認法で性能を評価します．

```
15  scores = cross_val_score(clf, X, y, cv=10)
16  print("Accuracy: %0.2f (+/- %0.2f)" % (scores.mean(), scores.std()*2))
```

出力結果は，Accuracy: 0.95 (+/- 0.06) となります．

8.3 ニューラルネットワークの深層化

人間の神経回路網は，3階層のフィードフォワード型ネットワークよりはるかに複雑な構造をもっているはずです．そこで，誤差逆伝播法による学習が流行した1980年代後半にも，ニューラルネットワークの階層を深くして性能を向上させようとする試みはなされてきました．しかし，多段階に誤差逆伝播法を適用すると，誤差が小さくなって消失してしまうという問題点があり，深い階層のニューラルネットワークの学習はうまくはゆきませんでした．しかし，2006年頃に考案された事前学習法をきっかけに階層の深いディープニューラルネットワークに関する研究が盛んになり，さまざまな成果を挙げてきました．

8.3.1 勾配消失問題

ディープニューラルネットワークは，フィードフォワード型ネットワークの中間層を多層にして，性能を向上させたり，適用可能なタスクを増やそうとしたものです．しかし，誤差逆伝播法による多層ネットワークの学習は，重みの修正量が層を戻るにつれて小さくなってゆく勾配消失問題に直面し，思うような性能向上は長い間実現できませんでした．

8.3.2 さまざまな活性化関数

勾配消失問題への別のアプローチとして，ユニットの活性化関数を工夫する方法があります．シグモイド関数ではなく，rectified linear 関数とよばれる $f(x) = \max(0, x)$（引数が負のときは0，0以上のときはその値を出力）を活性化関数としたユニットを，**ReLU** (rectified linear unit)（図8.8）とよびます．

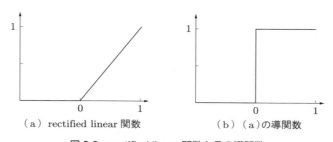

図 8.8　rectified linear 関数とその導関数

演習問題 145

　ReLU を用いると，半分の領域で勾配が 1 になるので，誤差が消失しません．また，多くのユニットの出力が 0 であるスパース（疎ら）なネットワークになる点や，勾配計算が高速に行える点などが，ディープニューラルネットワークの学習に有利にはたらくので，事前学習なしでも学習が行えることが報告されています．

8.4　まとめ

　本章では，ニューロンを計算単位とする識別手法について説明しました．特徴空間上では識別面を学習していることになり，ロジスティック識別器では線形な超平面，ニューラルネットワークでは非線形な曲面を学習できます．

　ニューラルネットワークは階層を 3 層に制限しましたが，人間の脳はもっと多くの階層で情報処理を行っています．ニューラルネットワークの階層を増やして，誤差逆伝播法で学習させようとすると，入力層に近づくほど修正量が小さくなり，学習が進まないという問題点があります．この問題点を克服したのが第 9 章で解説する深層学習です．

演習問題

8.1　[Weka] Weka の MultilayerPerceptron で weather.numeric.arff の識別を行え．その際，カテゴリ特徴に対して，どのような変換が行われているか確認せよ．

8.2　[Weka] Weka の MultilayerPerceptron で glass.arff データの識別を行え．その際，中間層のユニット数や学習回数を変化させて，10-fold CV で性能を評価せよ．

8.3　[Python] scikit-learn の MLPClassifier で digits データの識別を行え．その際，例題 8.3 のコードに，階層数や活性化関数を変化させて性能を評価する内容を追加せよ．

第 9 章 深層学習

Introduction

深層学習は deep learning の訳語で，日本語の文献ではディープラーニングとそのままの単語でよばれることもあります．第 1 章で述べたように，深層学習は機械学習の一手法で，高い性能を発揮する事例が多いことから，近年，音声認識・画像認識・自然言語処理などの分野で大いに注目を集めています．

本章では，深層学習の基本的な考え方を説明します．

9.1 深層学習とは

深層学習をごく単純に定義すると，図 9.1 のような，特徴抽出前の信号を入力とする多階層ニューラルネットワークの学習，ということになります．とくに，深層学習に用いるニューラルネットワークを **Deep Neural Network** (DNN) とよびます．

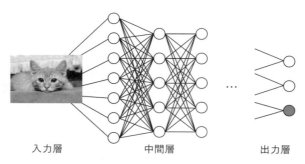

図 9.1 深層学習を行う多階層ニューラルネットワーク (DNN)

深層学習は，**表現学習** (representation learning) とよばれることもあります．特徴抽出前の生データに近い信号から，その内容を表現する特徴を学習する，というところがポイントです．これまでに説明してきた識別問題では，何を特徴とするかはすでに与えられたものとしてきました．音声処理や画像処理では，これまでの経験や分析の結果，どのような特徴が識別に役立つかがわかってきていて，識別問題の学習を行う対象は，それらの特徴からなるベクトルで表現されました．一方，深層学習は，

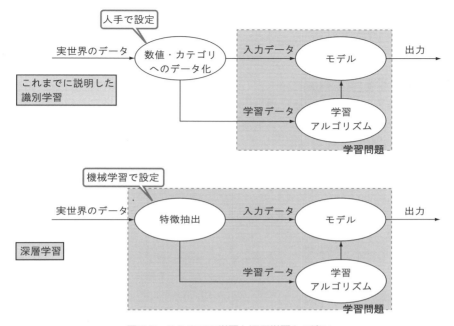

図 9.2　これまでの学習と深層学習との違い

どのような特徴を抽出するのかもデータから機械学習しようとするものです（図 9.2）．

深層学習に用いられるニューラルネットワークは，問題に応じてさまざまな形に特化してゆきました．本章では，まず DNN の抽象化したモデルを説明したあと，その特化した構造を，多階層ニューラルネットワーク，畳み込みネットワーク，リカレントネットワークに分類して説明します．

9.2　DNN のモデル

ここでは，第 8 章で説明したニューラルネットワークにおける識別問題の学習を抽象化して考えます．このことによって，DNN で学習を行う際に考慮すべきことが明らかになり，コーディングの手順が理解しやすくなります．

まずネットワークの構成を決めます．多階層ネットワークの場合は，層数・各層のユニット数・活性化関数を指定します．

活性化関数には，シグモイド関数や ReLU のほかに，以下の式で定義される softmax 関数があります．主として softmax 関数は出力層に用い，ネットワークの出力を確率値に変換する目的で使用されます．

$$f(h_i) = \frac{\exp(h_i)}{\displaystyle\sum_{j=1}^{c} \exp(h_j)} \tag{9.1}$$

ここで，h_i は i 番目の出力ユニットへの入力の重み付き和，c は出力ユニット数です．

ネットワークの構成に応じて，調整すべき重みパラメータが決まります．重みパラメータの初期値はランダムなので，最初に学習データを入力すると，でたらめな結果が出ます．その出力 o_i と望ましい値 y_i との差を評価するものが損失関数です．これまでは誤差の二乗和を取り上げてきましたが，識別問題では以下の式で定義されるクロスエントロピーもよく用いられます．

$$E(\boldsymbol{w}) \equiv -\sum_{\boldsymbol{x}_i \in D} y_i \log o_i \tag{9.2}$$

誤差に基づいて重みを修正する最適化器は，単純な最急勾配法以外にもいくつか方法があります．最急勾配法に加えるモーメンタムは，重みの勾配方向に 1 時刻前の勾配ベクトルを重み付きで加えることで，更新の方向に勢いを付けることで収束を早め，振動を抑制する効果があります．準ニュートン法は，2 次微分を更新式に加えることで，収束を早めることができます．また，adam (adaptive moment estimation) は，モーメンタムを直前の値だけではなく，これまでの指数平滑移動平均を用いることで改良し，さらに分散に関するモーメントも用いることで，まれに観測される特徴軸に対して大きく更新する効果を狙ったものです．さらに，階層が深い場合は，勾配の二乗を使って学習係数を自動的に調整する AdaGrad や，その勾配の二乗の指数移動平均を使うように改良した RMSProp がよく用いられています．

図 9.3 にネットワークの重み・損失関数・最適化器の関係を示します．

高レベルの DNN ライブラリでは，これらの内容を指定することでモデルが構成できます．

9.3　多階層ニューラルネットワーク

多階層ニューラルネットワークは，図 9.1 のようなニューラルネットワークで，入力に近い側の処理で，特徴抽出を行おうとするものです．これはよく用いられる 3 階層ニューラルネットワークの入力側に，もう 1 層の特徴抽出層を付け加えればよい，というものではありません．識別に有効な特徴が入力の線形結合で表される，という保証はないからです．それでは，もう 1 層加えて非線形にすればよいかというと，隣接するデータの関連性（音声の場合の時系列のデータの関連性・画像の場合の近接す

9.3 多階層ニューラルネットワーク

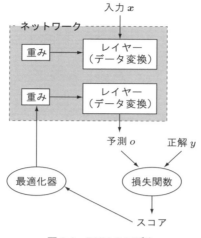

図 9.3　DNN のモデル

る空間的なデータの関連性など）が考慮されていないので，それでも十分ではないでしょう．つまり，特徴抽出を学習するには十分多くの層をもつニューラルネットワークが必要だということになります．

9.3.1　多階層ニューラルネットワークの学習

第 8 章で説明したニューラルネットワークの学習手法である誤差逆伝播法は，多階層構造でもそのまま適用できます．そうすると，深層学習でも最初からニューラルネットワークを多階層で構成すれば，それで問題が解決するのではないか，と思われるかもしれません．

しかし，一般に階層が多いニューラルネットワークの学習には問題点があります．第 8 章で説明した誤差逆伝播法は，入力層に向かうにつれ修正量が少なくなり，多階層では入力側の重みはほとんど動かない，ということがわかっています（図 9.4）．

アルゴリズム 8.1 中の修正量 δ には出力値 $\times (1 - $ 出力値$)$（ただし，$0 <$ 出力値 < 1）が掛けられますが，この値は最大でも 1/4 です．この値を 1 階層上の修正量の重み付き和に掛けるのですが，重みは大きい値をとるノード以外は小さくなるように学習される（正則化の議論を思い出してください）ので，この値もそれほど大きくはなりません．また，学習係数 η を大きくしても値が振動するだけなので，問題の解決にはなりません．3 層のフィードフォワード型ではこの修正量の減少はあまり問題になりませんでしたが，階層が 4 層，5 層と増えてゆくと修正量が急激に減ってしまいます．

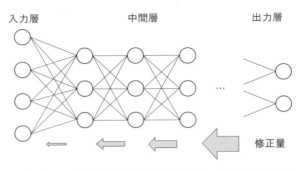

図 9.4　多階層の誤差逆伝播法（修正量は入力に戻るほど小さくなる）

この問題を解決する手法として，**事前学習法** (pre-training) が考案されました．誤差逆伝播法を用いた教師あり学習を行う前に，何らかの方法で重みの初期パラメータを適切なものに事前調整しておくというアイディアです．この事前学習は，入力 x の情報をなるべく失わないように，入力層側から1層ずつ順に教師なし学習で行います（図 9.5）．入力層から上位に上がるにつれノードの数は減るので，うまく特徴となる情報を抽出しないと情報を保持することはできません．このプロセスで，もとの情報を保持しつつ，抽象度の高い情報表現を獲得してゆくことを階層を重ねて行うことが，深層学習のアイディアです．

事前学習を含めた深層学習のアルゴリズムをアルゴリズム 9.1 に示します．ここで，$h(\Lambda; F)$ は，ニューラルネットワーク Λ のデータ F における誤差を表し，$\Phi(F)$ は，データ F に対して単層特徴抽出器を適用した結果を表します．

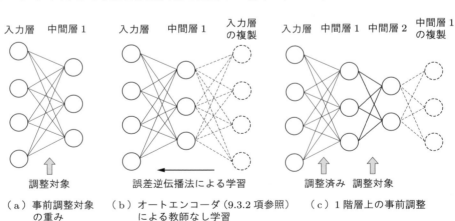

（a）事前調整対象　　（b）オートエンコーダ（9.3.2 項参照）　　（c）1 階層上の事前調整
　　の重み　　　　　　　　による教師なし学習

図 9.5　深層学習における初期パラメータ学習

9.3 多階層ニューラルネットワーク

> **アルゴリズム 9.1　事前学習のアルゴリズム**
>
> 入力：正解付き学習データ D
> 出力：L 層 DNN
> 　$F \leftarrow D$
> 　for $l = 1$ to $L - 1$ do
> 　　単層特徴抽出器の学習 $\hat{\Lambda} = \arg\min h(\Lambda; F)$
> 　　/* h は誤差関数，Λ はニューラルネットワーク，$\boldsymbol{W}$ はネットワークの重み */
> 　　単層特徴抽出器から DNN のパラメータ抽出：$\boldsymbol{W}_l \leftarrow \hat{\boldsymbol{W}}(\hat{\Lambda})$
> 　　単層特徴抽出器の適用：$F \leftarrow \boldsymbol{\Phi}(F)$
> 　end for
> 　softmax 法などで最上位層を含めた誤差逆伝播法による学習

9.3.2　オートエンコーダ

深層学習における初期パラメータの調整で必要な，入力の情報をなるべく失わない，より少ないノードへの写像を学習する手段として，オートエンコーダと Restricted Boltzmann Machine (RBM) がよく使われます．ここでは，第 8 章で説明したフィードフォワード型のニューラルネットワークを用いたオートエンコーダについて説明します．

オートエンコーダは，図 9.6 のように，3 階層のフィードフォワード型のニューラルネットワークで自己写像を学習するものです．

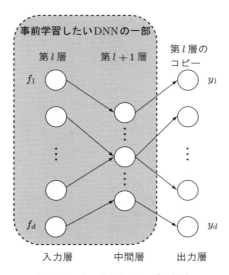

図 9.6　オートエンコーダの概念

152 第 9 章 深層学習

自己写像の学習とは，d 次元の入力 $\boldsymbol{f}$ と，同じく d 次元の出力 $\boldsymbol{y}$ の距離（誤差と解釈してもよいです）の全学習データに対する総和が最小になるように，ニューラルネットワークの重みを調整することです．

$$\min \sum_{i=1}^{N} \text{Dist}(\boldsymbol{f}_i, \boldsymbol{y}_i) \tag{9.3}$$

距離 Dist は通常，ユークリッド距離が使われます．また，入力が 0 または 1 の 2 値であれば，出力層の活性化関数としてシグモイド関数が使えるのですが，入力が連続的な値をとるとき，その値を再現するために，出力層では恒等関数を活性化関数として用います．すなわち，中間層の出力の重み付き和をそのまま出力します．

例題 9.1 [Weka]

Weka の MultilayerPerceptron アルゴリズムを用いて，0 から 7 までの数を自己写像するニューラルネットワークを作成せよ．ただし，入力は 8 次元ベクトルで，表現する数に対応する特徴のみが 1 の値をとり，他の特徴の値は 0 とする．また，中間層のノード数を 3 とせよ．

解答▶ 0 から 7 までの数を自己写像するニューラルネットワークを作成するために，以下の学習データを準備して，Weka で読み込みます．

```
@relation autoencoder

@attribute x0 {0,1}
@attribute x1 {0,1}
@attribute x2 {0,1}
@attribute x3 {0,1}
@attribute x4 {0,1}
@attribute x5 {0,1}
@attribute x6 {0,1}
@attribute x7 {0,1}
@attribute class {0,1,2,3,4,5,6,7}

@data
1,0,0,0,0,0,0,0,0
0,1,0,0,0,0,0,0,1
0,0,1,0,0,0,0,0,2
0,0,0,1,0,0,0,0,3
0,0,0,0,1,0,0,0,4
0,0,0,0,0,1,0,0,5
0,0,0,0,0,0,1,0,6
0,0,0,0,0,0,0,1,7
```

9.3 多階層ニューラルネットワーク **153**

Weka の [Classifier] 領域で [MultilayerPerceptron] を選び，以下の設定をします．

設定 ▶▶▶

Classifier: MultilayerPerceptron
　GUI: True
　hiddenLayers: 3
Test options: Use training set

特徴ベクトル $x_0, \ldots, x_7$ はカテゴリ特徴として宣言されていますが，Weka の MultilayerPerceptron は初期設定で，カテゴリを 2 値に変換してくれるオプション nominalToBinaryFilter が True にセットされているので，入力は 2 値変数を要素とするベクトルとなります．

[Start] ボタンを押すと，図 9.7 のようなニューラルネットワークが表示されます．中間層の数を確認して，目的のオートエンコーダができていることを確かめましょう．

この画面で [Start] ボタンを押すと学習が始まり，学習終了後，[Accept] ボタンを押すと結果が表示されます．

出力 ▶▶▶

```
=== Summary ===
Correctly Classified Instances     5   62.5%
Incorrectly Classified Instances   3   37.5%

=== Confusion Matrix ===
 a b c d e f g h   <-- classified as
 0 0 1 0 0 0 0 0 | a = 0
 0 1 0 0 0 0 0 0 | b = 1
 0 0 1 0 0 0 0 0 | c = 2
 0 0 0 1 0 0 0 0 | d = 3
 0 0 1 0 0 0 0 0 | e = 4
 0 0 1 0 0 0 0 0 | f = 5
 0 0 0 0 0 0 1 0 | g = 6
 0 0 0 0 0 0 0 1 | h = 7
```

混同行列を見ると，残念ながらうまくゆきませんでした．学習回数を増やしてみましょう．

学習回数の設定は MultilayerPerceptron の設定の trainingTime の値を変更します．最初に自動的に設定されていた値は 500 回だったので，今回は 5000 回にしてみます．

同様の手順で学習させると，以下の結果が得られます．

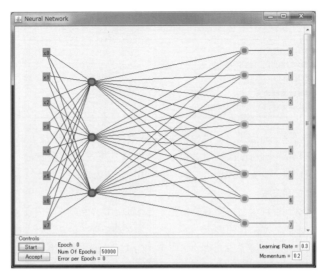

図 9.7 自己写像するニューラルネットワーク

```
出力▶▶▶
  === Summary ===
  Correctly Classified Instances    8    100%
  Incorrectly Classified Instances  0    0%

  === Confusion Matrix ===
   a b c d e f g h   <-- classified as
   1 0 0 0 0 0 0 0 | a = 0
   0 1 0 0 0 0 0 0 | b = 1
   0 0 1 0 0 0 0 0 | c = 2
   0 0 0 1 0 0 0 0 | d = 3
   0 0 0 0 1 0 0 0 | e = 4
   0 0 0 0 0 1 0 0 | f = 5
   0 0 0 0 0 0 1 0 | g = 6
   0 0 0 0 0 0 0 1 | h = 7
```

　今回は，100% の結果が得られました．8 個の入力情報を 3 個のノードに集約し，そこからもとの 8 個のノードの情報が復元できていることになります．

　例題 9.1 で作成したニューラルネットワークの中間層から出力層の重みを調べると[1]，正の比較的大きな値と，負の比較的大きな値のいずれかになっています．また，出力ノードによって，{正, 正, 負} の組合せであったり，{負, 負, 負} の組合せであっ

---

[1] Classifier output 領域に表示される結果の最初の部分に出ています．例題 9.1 の設定では Node 0 から 7 が出力ノード，Node 8, 9, 10 が中間層ノードになります．

たりしますが，同じ並びの組合せは出現していません．たとえば正を 1，負を 0 と考えると，これは中間層で 2 進エンコーディングの概念が獲得されていることに該当します．0 から 7 の数は 2 進数 3 桁以内で表現できるので，8 ノードの入力の情報が，その取りうる値の組合せが限定されているために，より少ない 3 ノードの中間の情報で表現できていることになります．

オートエンコーダではこのようにして得られた中間層の値を新たな入力として，1 階層上にずらして同様の表現学習を行います．この手順を積み重ねると，入力に近い側では単純な特徴が，階層が上がってゆくにつれ複雑な特徴が学習されます．

9.3.3 多階層学習の工夫

ニューラルネットワークの階層を深くすると，それだけパラメータも増えるので，過学習の問題がより深刻になります．そこで，ランダムに一定割合のユニットを消して学習を行う**ドロップアウト**（図 9.8）を用いると，過学習が起こりにくくなり，汎用性が高まることが報告されています．

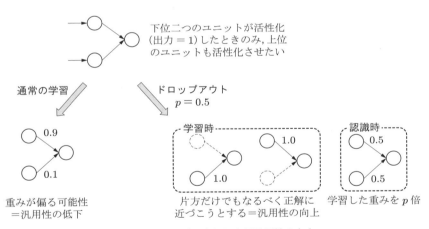

図 9.8 ドロップアウトによる汎用性の向上

ドロップアウトによる学習では，まず各層のユニットを割合 p でランダムに無効化します．たとえば $p = 0.5$ とすると，半数のユニットからなるニューラルネットワークができます．そして，このネットワークに対して，ミニバッチ一つ分のデータで誤差逆伝播法による学習を行います．対象とするミニバッチのデータが変わるごとに無効化するユニットを選び直して学習を繰り返します．

学習後，得られたニューラルネットワークを用いて識別を行う際には，重みを p 倍して計算を行います．これは複数の学習済みネットワークの計算結果を平均化してい

156 第9章 深層学習

ることになります.

このドロップアウトによって過学習が生じにくくなっている理由は,学習時の自由度を意図的に下げていることにあります.自由度が高いと結合重みが不適切な値(学習データに対しては正解を出力できるが,汎用性がないもの)に落ち着いてしまう可能性が高くなりますが,自由度が低いと,正解を出力するための結合重みの値は特定の値に限定されやすくなります(図 9.8).

例題 9.2 [Python]

DNN のライブラリである Keras を用いて,多階層ニューラルネットワークで MNIST データの識別を行え.

解答▶ まず,必要なパッケージを読み込みます.

```
1  import numpy as np
2  import keras
```

MNIST データをロードします.MNIST データは,手書き数字の濃淡画像で,縦 28 画素,横 28 画素の画像が,学習用に 60000 枚,評価用に 10000 枚あります.

```
3  from keras.datasets import mnist
4  (X_train, y_train), (X_test, y_test) = mnist.load_data()
```

入力をフラットな配列に変換し,学習データは 10000 個,テストデータは 1000 個だけ利用します.また,元データでは濃淡が 0 から 255 までで表現されており,最大値が大きすぎるので,特徴の値の最大値を 1 としておきます.

```
5  # 入力画像の次元数
6  img_rows, img_cols = 28, 28
7
8  X_train = X_train.reshape(X_train.shape[0], img_rows * img_cols)[0:10000]
9  X_test = X_test.reshape(X_test.shape[0], img_rows * img_cols)[0:1000]
10
11 X_train = X_train.astype('float32')
12 X_test = X_test.astype('float32')
13 X_train /= 255
14 X_test /= 255
```

出力を one-hot ベクトル表現(正解のクラスに対応する次元の値が 1,ほかの次元の値が 0 のベクトル)に変換します.

```
15 from keras.utils import np_utils
16 Y_train = np_utils.to_categorical(y_train)[0:10000]
```

```
17  Y_test = np_utils.to_categorical(y_test)[0:1000]
```

多階層ニューラルネットワークを使うためのパッケージを読み込みます.

```
18  import numpy as np
19  from keras.models import Sequential
20  from keras.layers import Dense, Activation
21  from keras.optimizers import SGD
```

まず, 中間層1層のモデルを設定します. ユニット数は入力の次元数を考えて, 適切に設定してください. 活性化関数は, パラメータ activation で指定します.

```
22  input_shape = X_train[0].shape
23  n_hidden = 200
24  n_out = len(Y_train[0])  # 10
25
26  model = Sequential()
27  model.add(Dense(n_hidden, input_shape=input_shape, activation='sigmoid'))
28  model.add(Dense(n_out, activation='softmax'))
29  model.summary()
```

出力▶▶▶

```
--------------------------------------------------
Layer (type)                  Output Shape            Param #
==================================================
dense_1 (Dense)               (None, 200)             157000
--------------------------------------------------
dense_2 (Dense)               (None, 10)              2010
==================================================
Total params: 159,010
Trainable params: 159,010
Non-trainable params: 0
--------------------------
```

損失関数 (loss), 最適化アルゴリズム (optimizer), 評価基準 (metrics) を指定して, モデルを compile します.

```
30  model.compile(loss = 'categorical_crossentropy', optimizer = SGD(lr=0.1),
    metrics = ['accuracy'])
```

fit メソッドで学習します. 繰り返し回数はパラメータ epochs で, バッチサイズはパラメータ batch_size で指定します.

```
31  model.fit(X_train, Y_train, epochs=10, batch_size=200)
```

158 第9章 深層学習

evaluate メソッドで評価します.

```
32  score = model.evaluate(X_test, Y_test, verbose=0)
33  print('Test loss:', score[0])
34  print('Test accuracy:', score[1])
```

出力 ▸▸▸

```
Test loss: 0.531298254967
Test accuracy: 0.863
```

あまり性能がよくないので,中間層を増やしてみます.その際,活性化関数 sigmoid,
tanh, relu のそれぞれの違いを確認します.

```
35  model = Sequential()
36  af = 'sigmoid'
37  model.add(Dense(n_hidden, input_shape=input_shape, activation=af))
38  model.add(Dense(n_hidden, activation=af))
39  model.add(Dense(n_hidden, activation=af))
40  model.add(Dense(n_hidden, activation=af))
41  model.add(Dense(n_hidden, activation=af))
42  model.add(Dense(n_out, activation='softmax'))
43  model.summary()
```

出力 ▸▸▸

```
-------------------------------------------------
Layer (type)                 Output Shape          Param #
=================================================
dense_3 (Dense)              (None, 200)           157000
-------------------------------------------------
dense_4 (Dense)              (None, 200)           40200
-------------------------------------------------
dense_5 (Dense)              (None, 200)           40200
-------------------------------------------------
dense_6 (Dense)              (None, 200)           40200
-------------------------------------------------
dense_7 (Dense)              (None, 200)           40200
-------------------------------------------------
dense_8 (Dense)              (None, 10)            2010
=================================================
Trainable params: 319,810
Non-trainable params: 0
-------------------------------------------------
```

```
44  model.compile(loss = 'categorical_crossentropy', optimizer = SGD(lr=0.1),
    metrics = ['accuracy'])
45  model.fit(X_train, Y_train, epochs=10, batch_size=200)
46  score = model.evaluate(X_test, Y_test, verbose=0)
47  print('Test loss:', score[0])
48  print('Test accuracy:', score[1])
```

出力 ▸▸▸

```
Test loss: 2.3076571579
Test accuracy: 0.099
```

　正解率は約 10% で，これは 10 クラスの問題なので，まったく学習ができていないこと
になります．活性化関数を変えて，上記コードを実行すると，tanh で Test accuracy:
0.906，relu で Test accuracy: 0.926 となります．
　次に，学習にドロップアウトを入れてみます．

```
49  from keras.layers.core import Dropout
50
51  model = Sequential()
52  af = 'relu'
53  model.add(Dense(n_hidden, input_shape=input_shape, activation=af))
54  model.add(Dropout(0.5))
55  model.add(Dense(n_hidden, activation=af))
56  model.add(Dropout(0.5))
57  model.add(Dense(n_hidden, activation=af))
58  model.add(Dropout(0.5))
59  model.add(Dense(n_hidden, activation=af))
60  model.add(Dropout(0.5))
61  model.add(Dense(n_hidden, activation=af))
62  model.add(Dropout(0.5))
63  model.add(Dense(n_out, activation='softmax'))
64  model.summary()
```

出力 ▸▸▸

```
-------------------------------------------------
Layer (type)                 Output Shape              Param #
=================================================
dense_21 (Dense)             (None, 200)               157000
-------------------------------------------------
dropout_1 (Dropout)          (None, 200)               0
-------------------------------------------------
dense_22 (Dense)             (None, 200)               40200
-------------------------------------------------
dropout_2 (Dropout)          (None, 200)               0
-------------------------------------------------
```

160 第9章　深層学習

```
dense_23 (Dense)              (None, 200)                40200
----------------------------------------------------------
dropout_3 (Dropout)           (None, 200)                0
----------------------------------------------------------
dense_24 (Dense)              (None, 200)                40200
----------------------------------------------------------
dropout_4 (Dropout)           (None, 200)                0
----------------------------------------------------------
dense_25 (Dense)              (None, 200)                40200
----------------------------------------------------------
dropout_5 (Dropout)           (None, 200)                0
----------------------------------------------------------
dense_26 (Dense)              (None, 10)                 2010
==========================================
Total params: 319,810
Trainable params: 319,810
Non-trainable params: 0
```

このネットワークで学習を行います.

```
65  model.compile(loss = 'categorical_crossentropy', optimizer = SGD(lr=0.1),
    metrics = ['accuracy'])
66  model.fit(X_train, Y_train, epochs=20, batch_size=200)
67  score = model.evaluate(X_test, Y_test, verbose=0)
68  print('Test loss:', score[0])
69  print('Test accuracy:', score[1])
```

出力▸▸▸
```
Test loss: 0.439313820839
Test accuracy: 0.866
```

　学習データに対する accuracy が繰り返しごとに表示されていて, 最後の回が 0.8493 だったのに対して, 評価データで, Test accuracy: 0.866 が出ています. 過学習が回避できているのがわかります.

9.4　畳み込みネットワーク

　タスクに特化したディープニューラルネットワークの代表的なものが, 画像認識でよく用いられる**畳み込みニューラルネットワーク** (convolutional neural network; CNN) です. CNN は, **畳み込み層**と, **プーリング層**を交互に配置し, 最後のプーリング層の出力を受ける通常のニューラルネットワークを最終出力側に配置したものです (図 9.9).

9.4 畳み込みネットワーク

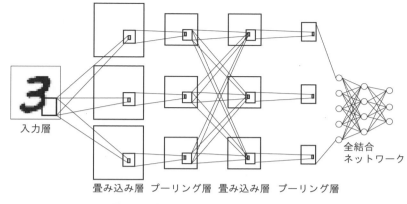

図 9.9　畳み込みニューラルネットワーク

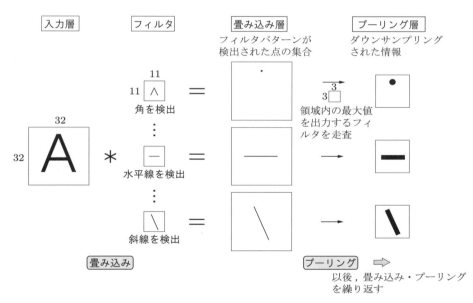

図 9.10　畳み込みニューラルネットワークの演算

　畳み込み層の処理は，画像にフィルタをかける処理に相当します（図 9.10）．最初の畳み込み層は入力画像と同じ大きさのものを，準備したいフィルタの種類数分だけ用意します．畳み込み層の各ユニットは，入力画像中の一部とのみ結合をもち，その重みは全ユニットで共有されます．この結合をもつ範囲はフィルタサイズに相当し，この範囲のことを**受容野**とよびます．図 9.9 では，最初の畳み込み層は 3 種類のフィルタに相当する処理を行っています．ここでは，それぞれ異なるパターンを学習し，

162 第9章 深層学習

フィルタ係数として獲得しています.

　プーリング層は畳み込み層よりも少ないユニットで構成されます. 各ユニットは, 畳み込み層と同様に受容野をもち, その範囲の値の平均あるいは最大値を出力とします◆1. これは, 受容野内のパターンの位置変化を吸収していることになります.

　畳み込みニューラルネットワークでは, 特定のユニットは, 前の階層の特定の領域の出力だけを受けるという制約を設けているので, 単純な全結合のネットワークに比べて, ユニット間の結合数が少なくなります. また, 同じ階層のユニット間で重みを共有することで, 学習すべきパラメータが大幅に減っていることになります. これらの工夫によって, 画像を直接入力とする多階層のニューラルネットワークを構成し, 特徴抽出処理も学習の対象とすることができました. このことが, 畳み込みニューラルネットワークが各種の画像認識タスクにおいて高い性能を示している理由だと考えられます.

例題 9.3 [Python]

　DNN のライブラリである Keras を用いて, 畳み込みニューラルネットワークで MNIST データの識別を行え.

解答▶ まず, 必要なパッケージを読み込みます.

```
1   import numpy as np
2   import keras
3   from keras.datasets import mnist
4   from keras.models import Sequential
5   from keras.layers import Dense, Dropout, Flatten
6   from keras.layers import Conv2D, MaxPooling2D
7   from keras.optimizers import SGD
8   from keras.utils import np_utils
```

データの読み込みと整形を行います.

```
9    (X_train, y_train), (X_test, y_test) = mnist.load_data()
10
11   # 画像の次元数を入力
12   img_rows, img_cols = 28, 28
13
14   X_train = X_train.reshape(X_train.shape[0], img_rows,
     img_cols, 1)[0:10000]
15   X_test = X_test.reshape(X_test.shape[0], img_rows, img_cols, 1)[0:1000]
16   input_shape = (img_rows, img_cols, 1)
17
```

◆1 畳み込み層からプーリング層への重みは学習の対象ではありません.

9.4 畳み込みネットワーク **163**

```
18  X_train = X_train.astype('float32')
19  X_test = X_test.astype('float32')
20  X_train /= 255
21  X_test /= 255
22
23  Y_train = np_utils.to_categorical(y_train)[0:10000]
24  Y_test = np_utils.to_categorical(y_test)[0:1000]
```

ネットワークの設定として，畳み込み＋プーリングを2回行ったあと，1次元に整形して3層MLPで識別を行います．

```
25  n_out = len(Y_train[0])  # 10
26
27  model = Sequential()
28  model.add(Conv2D(16, kernel_size=(3, 3), activation='relu',
    input_shape=input_shape))
29  model.add(MaxPooling2D(pool_size=(2, 2)))
30  model.add(Conv2D(32, (3, 3), activation='relu'))
31  model.add(MaxPooling2D(pool_size=(2, 2)))
32  model.add(Flatten())
33  model.add(Dense(128, activation='relu'))
34  model.add(Dense(n_out, activation='softmax'))
35  model.summary()
```

出力▸▸▸

```
-------------------------------------------------
Layer (type)                 Output Shape              Param #
=================================================
conv2d_1 (Conv2D)            (None, 26, 26, 16)        160
-------------------------------------------------
max_pooling2d_1 (MaxPooling2 (None, 13, 13, 16)        0
-------------------------------------------------
conv2d_2 (Conv2D)            (None, 11, 11, 32)        4640
-------------------------------------------------
max_pooling2d_2 (MaxPooling2 (None, 5, 5, 32)          0
-------------------------------------------------
flatten_1 (Flatten)          (None, 800)               0
-------------------------------------------------
dense_1 (Dense)              (None, 128)               102528
-------------------------------------------------
dense_2 (Dense)              (None, 10)                1290
=================================================
Total params: 108,618
Trainable params: 108,618
Non-trainable params: 0
```

学習と評価を行います．

```
36  model.compile(loss = 'categorical_crossentropy', optimizer = SGD(lr=0.1),
    metrics = ['accuracy'])
37  model.fit(X_train, Y_train, epochs=5, batch_size=200)
38  score = model.evaluate(X_test, Y_test, verbose=0)
39  print('Test loss:', score[0])
40  print('Test accuracy:', score[1])
```

```
出力▶▶▶
Epoch 1/5
10000/10000 [==============] - 4s - loss: 1.4588 - acc: 0.5615
Epoch 2/5
10000/10000 [==============] - 4s - loss: 0.4322 - acc: 0.8701
Epoch 3/5
10000/10000 [==============] - 4s - loss: 0.2611 - acc: 0.9233
Epoch 4/5
10000/10000 [==============] - 4s - loss: 0.1927 - acc: 0.9422
Epoch 5/5
10000/10000 [==============] - 4s - loss: 0.1627 - acc: 0.9498
Test loss: 0.157798857391
Test accuracy: 0.947
```

Test accuracy: 0.947 で，非常に高い性能が出ています．

9.5 リカレントニューラルネットワーク

　もう一つのタスクに特化した構造をもつニューラルネットワークとして，中間層の出力が時間遅れで自分自身に戻ってくる構造をもつ**リカレントニューラルネットワーク** (Recurrent Neural Network; RNN) (図 9.11 (a)) があります．リカレントニューラルネットワークは時系列信号や自然言語などの系列パターンを扱うことができます．

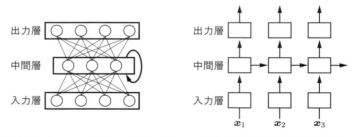

（a）リカレントニューラルネットワーク　　（b）帰還路を時間方向に展開

図 9.11　リカレントニューラルネットワーク

このリカレントニューラルネットワークへの入力は，特徴ベクトルの系列 $x_1, x_2, \ldots,$ x_T という形式になります．たとえば，動画像を入力して異常検知を行ったり，ベクトル化された単語系列[1] を入力して品詞列を出力するようなタスクが具体的に考えられます．これらに共通していることは，単純に各時点の入力からだけでは出力を決めることが難しく，それまでの入力系列の情報が何らかの役に立つという点です．

リカレントニューラルネットワークの中間層は，入力層からの情報に加えて，一つ前の中間層の活性化状態を入力とします．この振る舞いを時間方向に展開したものが，図 (b) です．時刻 t における出力は，時刻 $t-1$ 以前のすべての入力をもとに計算されるので，これが深い構造をもっていることがわかります．

そして，問題となる結合重みの学習ですが，単純な誤差逆伝播法ではやはり勾配消失問題が生じてしまいます．この問題に対する対処法として，リカレントニューラルネットワークでは，中間層のユニットを，記憶構造をもつ特殊なメモリユニットに置き換えるという工夫をします．この方法を，**長・短期記憶** (Long Short-Term Memory; LSTM) とよび，メモリユニットを **LSTM セル**とよびます．LSTM セルは，入力層からの情報と，時間遅れの中間層からの情報を入力として，それぞれの重み付き和に活性化関数をかけて出力を決めるところは通常のユニットと同じです．通常のユニットとの違いは，内部に情報の流れを制御する三つのゲート（入力ゲート・出力ゲート・忘却ゲート）をもつ点です．これらのゲートの開閉は入力情報をもとに判定され，現在の入力が自分に関係があるものか，自分は出力に影響を与えるべきか，これまでの情報を忘れてもよいかが判断されます（もちろん判断基準も学習の対象です）．学習時には誤差もゲートで制御されるので，必要な誤差のみが伝播することで，勾配消失問題が回避されています．

9.6 まとめ

深層学習を実装するためのツールはいくつか公開されています．

本章では，主として Keras, TensorFlow を用いましたが，日本では Chainer[2] を使っている開発者も多いようです．

Kaldi は音声認識のためのツールキットです[3]．音声認識を実現するためのさまざまなプログラムが提供されており，その中の一つとして DNN が実装されています．

---

[1] 単語をベクトルに変換する操作を埋め込み (embedding) とよびます．

[2] https://chainer.org/

[3] http://kaldi.sourceforge.net/index.html

166 第9章 深層学習

　深層学習の詳しい説明は，IEEE Signal Processing Magazine に掲載された解説 [13] がまとまっています．Python によるコーディングを中心に学びたい場合は，Keras の開発者による書籍 [14] をお勧めします．この書籍には，物体認識や自然言語処理を行う具体的なコードだけではなく，大量のデータで学習済のネットワークを利用して，少量のデータしかない問題に適応させる転移学習についても事例が掲載されています．日本語で読める解説としては [15]，[16] などがあります．

演習問題

9.1 (Python) 例題 9.2，9.3 において，対象のデータを衣服の識別を行う Fasion-MNIST◆1 に差し替えて識別を試みよ．

9.2 (Python) 映画のレビュー（英語）に対して，P/N（肯定／否定）のラベルが付いた学習データである IMDB データを用いて，RNN による識別器を作成せよ．

◆1 https://github.com/zalandoresearch/fashion-mnist

第10章 アンサンブル学習

Introduction

アンサンブル学習とは，識別器を複数組み合わせ，それらの結果を統合することで，個々の識別器よりも性能を向上させる方法です（図 10.1）．ここでの問題設定は識別問題ですが，アンサンブル学習の考え方は，ほぼそのまま回帰問題にも適用できます．

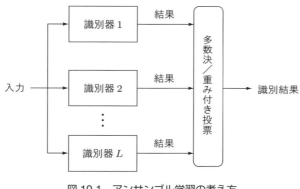

図 10.1　アンサンブル学習の考え方

10.1 なぜ性能が向上するのか

アンサンブル学習の説明には，「三人寄れば文殊の知恵」ということわざがよく引き合いに出されます．確かに，一つの識別器を用いて出した結果よりは，多数の識別器が一致した結果のほうが，信用できそうな気はします．

そのような直観的な議論ではなく，本当に多数が出した結論の方が信用できるのかどうかを検討してみましょう．ここで，同じ学習データを用いて，異なる識別器を L 個作成したとします．仮定として，識別器の誤り率 ϵ[1] はすべて等しく，その誤りは独立であるとします．誤りが独立であるとは，評価用のデータそれぞれに対して，それぞれの識別器が誤る確率が独立であるということで，多くの識別器が一緒に誤っ

---

[1] 誤り率 = 1 − 正解率

てしまうようなデータはない，ということです．このような仮定をおくと，この識別器集合に，ある評価用データを与えたとき，識別器が誤る数が m 個になる確率は二項分布 $B(m;\epsilon,L)$ となります．

$$B(m;\epsilon,L) = {}_L\mathrm{C}_m \epsilon^m (1-\epsilon)^{L-m} \tag{10.1}$$

具体的な数値で考えるために，識別器の個数 $L=11$，誤り率 $\epsilon=0.2$ として，二項分布 $B(m;0.2,11)$ をグラフに描くと，図 10.2 のようになります．

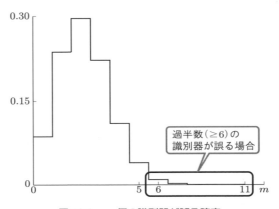

図 10.2　m 個の識別器が誤る確率

識別結果を多数決で決めるとすると，全体として誤った判定をする確率は，6 個以上の識別器が誤る確率になります．これを計算すると約 1.2% ということになります．

個々の識別器は誤り率 20% の性能しかないのに，異なる識別器を 11 個用意すれば誤り率 1.2% の識別器ができてしまいます．ただし，これは理論上のことで，現実にはこんなにはうまくゆきません．どこが一番現実と合っていないかというと，識別器の出す誤りが「独立である」というところです．識別対象のデータには，同じクラスのデータとまとまりを形成していて比較的識別しやすいデータと，境界線付近にあって，識別がしにくいデータがあります（図 1.7 参照）．識別しにくいデータは，やはり多くの識別器が誤った結果を出してしまうので，多数決をとることによる誤りの減少は見込まれません．

そこで，いかにして独立な識別器を作るかという工夫が，アンサンブル学習においてなされてきました．以下，それらを説明してゆきます．

10.2 バギング

異なった振る舞いをする識別器を複数作るための最初のアイディアは，異なった学習データを複数用意する，ということです．ここまでの教師あり学習の説明からもわかるように，学習データが異なれば，たいていその学習結果も異なります．**バギング** (bagging) はこのアイディアに基づいて，学習データから復元抽出[◆1]することで，もとのデータと同じサイズの独立なデータ集合を複数作成し，各々のデータ集合に対して同じアルゴリズムで識別器を作成するものです（図10.3）．

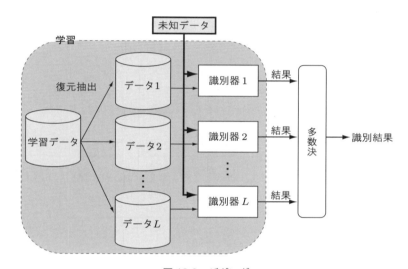

図 10.3 バギング

復元抽出によって作成されたデータ集合が，もとのデータ集合とどれぐらい異なるのかを試算してみましょう．データ集合の要素数を N とします．もとのデータ集合に含まれるあるデータが，復元抽出後のあるデータ集合に含まれない確率は，$(1-1/N)^N$ です．$N=10$ の小さいデータ集合の場合，この確率は約 0.349 となり，$N=100$ で約 0.366 です．$N \to \infty$ で，この確率は $1/e \fallingdotseq 0.368$ となるので，おおよそどのような N に対しても，復元抽出後のデータ集合には，もとのデータ集合の約 $1/3$ のデータが含まれないことになります．

そして，識別器を作成するアルゴリズムは不安定（学習データの違いに敏感）なほうが，少しデータが異なるだけで異なった識別器になるので，よいといわれています．

[◆1] 取り出したデータを記録しておいて，またもとに戻す抽出法．同じデータが何回も取り出されることがある一方，1回も取り出されないデータも出てきます．

170 第 10 章 アンサンブル学習

不安定な識別器としては，枝刈りをしない決定木などがあります．それぞれの識別器が同じ学習データ量で学習しているので，すべての識別器は同程度に信用できると考え，結果の統合は単純な多数決とします．

例題 10.1 [Weka]

Weka の Bagging アルゴリズムを用いて，iris.arff に対する識別器を作成せよ．ただし，組み合わせる識別器は J48 とする．

解答▶ ここでは Bagging アルゴリズムの挙動を確かめるために，識別器の数 (numIterations) を 3 とし，作成する識別器は，その学習結果がわかりやすい決定木 (J48) としましょう．また，printClassifiers を True に設定しておくと，生成された決定木が表示されます．

```
設定▶▶▶
Classifier: Bagging ([meta] → [Bagging])
    classifier (in Bagging): J48
    numIterations: 3
    printClassifiers: True
Test options: Cross-validation: Folds 10
```

正解率は 94.7% と出ますが，今回はそちらよりも学習された識別器に注目しましょう．以下の三つの決定木が得られています．

```
出力▶▶▶
petalwidth <= 0.6: Iris-setosa (48.0)
petalwidth > 0.6
|   petalwidth <= 1.6
|   |   petallength <= 5: Iris-versicolor (53.0)
|   |   petallength > 5: Iris-virginica (4.0/1.0)
|   petalwidth > 1.6: Iris-virginica (45.0)

petalwidth <= 0.5: Iris-setosa (55.0)
petalwidth > 0.5
|   petalwidth <= 1.6
|   |   petallength <= 4.9: Iris-versicolor (46.0)
|   |   petallength > 4.9
|   |   |   sepallength <= 6: Iris-versicolor (4.0/1.0)
|   |   |   sepallength > 6: Iris-virginica (2.0)
|   petalwidth > 1.6: Iris-virginica (43.0/1.0)

petalwidth <= 0.5: Iris-setosa (52.0)
petalwidth > 0.5
|   petallength <= 4.8
|   |   sepallength <= 4.9: Iris-virginica (2.0)
```

```
|   |     sepallength > 4.9: Iris-versicolor (42.0/1.0)
|   petallength > 4.8
|   |   petalwidth <= 1.7
|   |   |   petallength <= 4.9: Iris-versicolor (3.0)
|   |   |   petallength > 4.9
|   |   |   |   petalwidth <= 1.5: Iris-virginica (6.0)
|   |   |   |   petalwidth > 1.5: Iris-versicolor (2.0)
|   |   petalwidth > 1.7: Iris-virginica (43.0)
```

　根ノードはすべて `petalwidth` で，その後も `petalwidth` の別の値で分岐しているものが二つです．バギングでは復元抽出で異なるデータ集合を作っていますが，もとの iris データが比較的性質のよいデータ（比較的きれいなクラスタを形成している）なので，復元抽出を行っても抽出されたデータ集合にはあまり違いが生じないようで，その結果，学習結果の木もほとんど同じものになってしまいました．

10.3　ランダムフォレスト

　バギングでは，不安定な学習アルゴリズムを用いて，異なる識別器を作成しました．しかし，復元抽出によって作られた個々のデータ集合は，もとの学習データ集合と約 2/3 のデータを共有しているので，とくに，もとのデータのまとまりがよい場合，それほど極端に異なった識別器にはなりません．ここで説明する**ランダムフォレスト** (random forest) は，識別器の学習アルゴリズムに，その結果が大きく異なる仕組みを入れる方法です．

　ランダムフォレストの学習手順は，基本的にバギングアルゴリズムと同様，学習データから復元抽出して，同サイズのデータ集合を複数作るところから始まります．次に，各データ集合に対して，識別器として決定木を作成するのですが，ノードでの分岐特徴を選ぶ際に，全特徴からあらかじめ決められた数◆1 だけ特徴をランダムに選びだし，その中からもっとも分類能力の高い特徴（たとえば，式 (3.2) で定義した Gain の高いもの）を選びます．そして，その操作をリーフが単一クラスの集合になるまで再帰的に行います．

　通常の決定木の学習は，リーフのデータ数が一定値以下になるとそれ以上の成長を止めるか，十分に伸ばしたあとに枝刈りをするかして，過学習をしないように工夫します．しかし，ランダムフォレストでは意図的に過学習をさせ，できるだけ異なった木を作るようにします．

◆1 全特徴数を d とすると，選び出す特徴数は $\sqrt{d}$ や $\log_2 d$ とすることが多いようです．

図 10.4 に，ランダムフォレストによる個々の木の作成の様子を示します．たとえば，学習データの特徴が $\{A, B, C, D, E\}$ と5種類あるとして，ルートノードの分岐特徴を決める際は，ここからあらかじめ決められた数（たとえば3種類）をランダムに選択します．ここで，$\{A, B, E\}$ が選択されたとすると，それぞれの分類能力を計算し，もっとも分類能力の高い特徴を選んで，その値によってデータを分割します．分けられたデータ集合に対しても，同様にランダムに特徴集合を選択して，その中でもっとも分類能力の高い特徴を選んで木を成長させます．

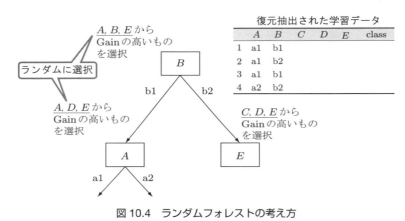

図 10.4 ランダムフォレストの考え方

このような手順で，識別器のほうを強制的に異なったものにするのがランダムフォレストの手法です．

例題 10.2 〔Weka〕

Weka の RandomForest アルゴリズムを用いて，weather.numeric.arff に対する識別器を作成せよ．

解答▶ ここでは，ほかのアンサンブル学習の手法との性能を比べるのではなく，本当に異なった木ができているのかどうかを確認しましょう．木を小さくするために，データは weather.numeric.arff を使い，以下の設定をします．

```
設定 ▶▶▶
  Classifier: RandomForest ([trees] → [RandomForest])
     numFeatures: 0
     numIterations: 3
     printClassifiers: True
  Test options: Use training set
```

numFeatures は，各ノードで選択の対象とする特徴数を指定するもので，この値を 0 にすると，特徴数は $(\log_2 全特徴数) + 1$ になります．numIterations は生成する決定木の数を指定するものです．また，printClassifiers を True に設定しておくと，生成された決定木が表示されます．

この設定で実行すると，以下のようなランダムフォレストが得られます．

```
出力▶▶▶
windy = TRUE
|   outlook = sunny : yes (1/0)
|   outlook = overcast : yes (0/0)
|   outlook = rainy : no (7/0)
windy = FALSE
|   temperature < 70 : yes (3/0)
|   temperature >= 70
|   |   outlook = sunny : no (2/0)
|   |   outlook = overcast : yes (1/0)
|   |   outlook = rainy : yes (0/0)

humidity < 82.5 : yes (5/0)
humidity >= 82.5
|   outlook = sunny : no (3/0)
|   outlook = overcast : yes (2/0)
|   outlook = rainy
|   |   temperature < 70.5 : yes (1/0)
|   |   temperature >= 70.5 : no (3/0)

outlook = sunny
|   humidity < 77.5 : yes (2/0)
|   humidity >= 77.5 : no (4/0)
outlook = overcast : yes (4/0)
outlook = rainy
|   temperature < 70.5 : yes (1/0)
|   temperature >= 70.5
|   |   temperature < 73 : no (2/0)
|   |   temperature >= 73 : yes (1/0)
```

確かに，まったく違う木が得られています．リーフがすべて単一クラスの集合になっていること[1]も確認してください．

◆1 リーフの後ろに表示されている，たとえば (3/0) は，このリーフに分類されたデータのうち，3 例が正解で，0 例が不正解であったことを示しています．

10.4 ブースティング

バギングやランダムフォレストでは，用いるデータ集合を変えたり，識別器を構成する条件を変えたりすることによって，異なる識別器を作ろうとしていました．これに対して，**ブースティング** (boosting) では，誤りを減らすことに特化した識別器を次々に加えてゆくという方法で，異なる振る舞いをする識別器の集合を作ります．

作成する識別器に対して，誤りを減らすことに特化させるために，個々のデータに対して重みを設定します．バギングではすべてのデータの重みは平等でした．一方，ブースティングのアイディアは，各データに重みを付け，そのもとで識別器を作成します．最初は，平等な重みが付いた学習データによって識別器を作成し，その識別器によって誤識別されたデータに対して，その重みを増やします．そのように重みが変更されたデータ集合に対して，次の識別器を学習するというやりかたで，異なる識別器を逐次的に作成してゆきます．あとから作られる識別器は，前段の識別器が誤ったデータを優先的に識別するようになるので，前段の識別器とは異なり，かつその弱いところを補うような相補的はたらきをします（図 10.5）．

ブースティングに用いる識別器の学習アルゴリズムは，基本的にはデータの重みを識別器作成の基準として取り入れている必要があります．ただし，学習アルゴリズム

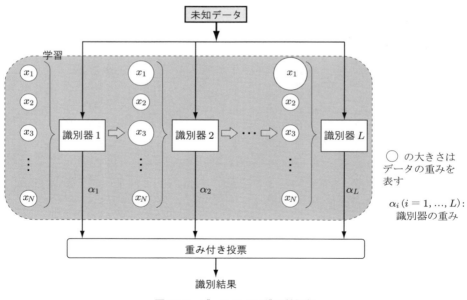

図 10.5 ブースティングの考え方

が重みに対応していない場合は，重みに比例した数を復元抽出してデータ集合を作ることで対応可能です．

このように，前段での誤りに特化して逐次的に作成された識別器は，もとの学習データをゆがめて作成されているので，未知の入力に対しては，もとの学習データに忠実に作られた識別器（たとえば，図 10.5 の識別器 1）とは，信頼性が異なります．したがって，バギングのように単純な多数決で結論を出すわけにはゆきません．各識別器に対してその識別性能を測定し，その値を重みとする重み付き投票で識別結果を出します．

このようなブースティングアルゴリズムの代表的なものに **AdaBoost** があります．AdaBoost では，誤識別されたデータの重みの和と，正しく識別されたデータの重みの和とが等しくなるように，各データの重みの変更が行われます．学習ステップにおける t 段階目の識別器の誤り率を ϵ_t とすると，誤識別されたデータの重みに $1/2\epsilon_t$，正しく識別されたデータの重みに $1/2(1-\epsilon_t)$ を掛ければ，それぞれのデータの割合が $\epsilon_t : 1 - \epsilon_t$ であることから，更新後のそれぞれの重みの総和が $1/2$ になることがわかります．なお，この重みの更新は，誤識別されたデータの重みが大きくなるように更新されなければ意味がないので，更新中に $\epsilon_t \geq 0.5$ になると繰り返しが中断されます．

次に，このような重み付きデータで作成された識別器の重み α_t を，どう設定すればよいか考えてみましょう．識別器の重み α_t は，誤り率 ϵ_t が増えるに従って小さくなってゆき，$\epsilon_t = 0.5$ で 0 になるように考えます．$\alpha_t = 0.5 - \epsilon_t$ のような簡単な式が思いつくかもしれませんが，AdaBoost では以下のように α_t を設定します．

$$\alpha_t = \ln \sqrt{\frac{1 - \epsilon_t}{\epsilon_t}}$$

このように α_t を設定すると，AdaBoost は，統合後の識別器の出力 $\hat{c}(\boldsymbol{x}_i)$ と正解情報 $y_i = \{1, -1\}$ から求めることができる指数損失 $\sum_{i=1}^{N} \exp\{-\hat{c}(\boldsymbol{x}_i)y_i\}$ を最小化していることになり，その手順の理論的な正しさが示されていることになります．

アルゴリズム 10.1 に，AdaBoost アルゴリズムの学習手順を示します[1]．ここで，$I()$ は引数の条件が成立すれば 1，そうでなければ 0 を返す関数です．

---

[1] データの重みの更新係数は，多くの文献では $\exp\{\alpha_t I(y_i \neq h_t(\boldsymbol{x}_i))\}/Z_t$（$Z_t$ は正規化係数）と表記されていますが，アルゴリズム 10.1 中の更新式と同じものになります．更新係数の導出や AdaBoost が指数損失最小化になっていることの説明は，文献 [3] の第 11 章に簡潔に示されています．

176 第 10 章　アンサンブル学習

アルゴリズム 10.1　AdaBoost

入力：正解付き学習データ D

出力：重み付き識別器集合

データの重み $w_1^{(i)}$ をすべて $1/N$ とする．ただし，$i = 1, \ldots, N$，N はデータ数．

$t = 1$

while $0 < \epsilon_t < 1/2$ かつ繰り返し回数 t が制限 T 以下 **do**

　識別器 $h_t(\boldsymbol{x})$ を学習

　/* 誤り率を計算 */

$$\epsilon_t = \sum_{i=1}^{N} w_t^{(i)} I(y_i \neq h_t(\boldsymbol{x}_i))$$

　/* 識別器の重みを計算 */

$$\alpha_t = \ln \sqrt{(1 - \epsilon_t)/\epsilon_t}$$

　/* データの重みを更新 */

$$w_{t+1}^{(i)} \leftarrow w_t^{(i)}/2\epsilon_t, \ \text{誤識別されたデータ } \boldsymbol{x}_i \in D$$

$$w_{t+1}^{(j)} \leftarrow w_t^{(j)}/2(1 - \epsilon_t), \ \text{正しく識別されたデータ } \boldsymbol{x}_j \in D$$

$$t \leftarrow t + 1$$

end while

$$\mathbf{return} \ \hat{c}(\boldsymbol{x}) = \sum_{i=1}^{t} \alpha_i h_i(\boldsymbol{x})$$

例題 10.3 `Weka`

Weka の AdaBoostM1 アルゴリズムを用いて，iris.arff に対する識別器を作成せよ．ただし，組み合わせる識別器は J48 とする．

解答▶ 例題 10.1 と同じ設定で，AdaBoost を実行してみましょう．

設定 ▶▶▶

Classifier: AdaBoostM1 ([meta] → [AdaBoostM1])
　classifier (in AdaBoostM1): J48
　numIterations: 3
Test options: Cross-validation: Folds 10

正解率は 95.3% と出ますが，今回も学習された識別器のほうに注目しましょう．以下の三つの決定木が得られています．

出力 ▶▶▶
```
petalwidth <= 0.6: Iris-setosa (50.0)
petalwidth > 0.6
```

```
|   petalwidth <= 1.7
|   |   petallength <= 4.9: Iris-versicolor (48.0/1.0)
|   |   petallength > 4.9
|   |   |   petalwidth <= 1.5: Iris-virginica (3.0)
|   |   |   petalwidth > 1.5: Iris-versicolor (3.0/1.0)
|   petalwidth > 1.7: Iris-virginica (46.0/1.0)

petalwidth <= 0.6: Iris-setosa (25.51)
petalwidth > 0.6
|   petallength <= 5
|   |   sepallength <= 4.9: Iris-virginica (25.51/0.51)
|   |   sepallength > 4.9
|   |   |   petallength <= 4.8: Iris-versicolor (48.47/1.02)
|   |   |   petallength > 4.8
|   |   |   |   petalwidth <= 1.7: Iris-versicolor (2.04/0.51)
|   |   |   |   petalwidth > 1.7: Iris-virginica (2.55)
|   petallength > 5: Iris-virginica (45.92/0.51)

petallength <= 4.4
|   petalwidth <= 0.6: Iris-setosa (12.98)
|   petalwidth > 0.6: Iris-versicolor (22.27)
petallength > 4.4
|   sepalwidth <= 3.1
|   |   petalwidth <= 1.6
|   |   |   sepalwidth <= 2.3: Iris-virginica (15.26/0.26)
|   |   |   sepalwidth > 2.3
|   |   |   |   petallength <= 5.3: Iris-versicolor (18.63/0.26)
|   |   |   |   petallength > 5.3: Iris-virginica (12.98)
|   |   petalwidth > 1.6: Iris-virginica (50.76/0.26)
|   sepalwidth > 3.1
|   |   petallength <= 4.9: Iris-versicolor (13.75)
|   |   petallength > 4.9: Iris-virginica (3.37)
```

今回は，根ノードが異なる木があり，その後の枝の伸び方も違います．バギングと比較すると，アンサンブル学習が目標とする異なる識別器ができているのがわかります．

例題 10.4 [Python]

scikit-learn の `BaggingClassifier`, `RandomForestClassifier`, `AdaBoostClassifier` を用いて，breast_cancer データに対して，識別を行え．

解答▶ まず，必要なパッケージを読み込みます．

```
1  import numpy as np
2  from sklearn.datasets import load_breast_cancer
3  from sklearn import ensemble
4  from sklearn.model_selection import cross_val_score
```

breast_cancer データは，腫瘍の半径，テクスチャ（濃淡画像の変化の大きさ），周囲の長さなどが特徴で，クラスは腫瘍が悪性か良性かということです．データの情報を表示させたあと，data を X，target を y に格納しておきます．

```
5   ds = load_breast_cancer()
6   print(ds.DESCR)
7   X = ds.data
8   y = ds.target
```

BaggingClassifier のインスタンスを作成し，パラメータを確認します．

```
9   clf1 = ensemble.BaggingClassifier()
10  print(clf1)
```

出力 ▸▸▸

```
BaggingClassifier(base_estimator=None, bootstrap=True,
        bootstrap_features=False, max_features=1.0, max_samples=1.0,
        n_estimators=10, n_jobs=1, oob_score=False, random_state=None,
        verbose=0, warm_start=False)
```

交差確認法で評価します．

```
11  scores = cross_val_score(clf1, X, y, cv=10)
12  print("{0:4.2f} +/- {1:4.2f} %".format(scores.mean() * 100,
    scores.std() * 100))
```

バギングの結果は，94.05 +/- 3.46% となりました．以下，ランダムフォレストやAdaBoost も試してみます．

```
13  clf2 = ensemble.RandomForestClassifier()
14  print(clf2)
15  scores = cross_val_score(clf2, X, y, cv=10)
16  print("{0:4.2f} +/- {1:4.2f} %".format(scores.mean() * 100,
    scores.std() * 100))
```

出力 ▸▸▸

```
RandomForestClassifier(bootstrap=True, class_weight=None,
        criterion='gini', max_depth=None, max_features='auto',
        max_leaf_nodes=None, min_impurity_decrease=0.0,
        min_impurity_split=None, min_samples_leaf=1,
        min_samples_split=2, min_weight_fraction_leaf=0.0,
        n_estimators=10, n_jobs=1, oob_score=False,
        random_state=None, verbose=0, warm_start=False)
94.57 +/- 2.59 %
```

```
17  clf3 = ensemble.AdaBoostClassifier()
18  print(clf3)
19  scores = cross_val_score(clf3, X, y, cv=10)
20  print("{0:4.2f} +/- {1:4.2f} %".format(scores.mean() * 100,
    scores.std() * 100))
```

出力 ▸▸▸
```
AdaBoostClassifier(algorithm='SAMME.R', base_estimator=None,
        learning_rate=1.0, n_estimators=50, random_state=None)
95.96 +/- 1.77 %
```

バギングよりもランダムフォレスト，AdaBoost のほうが若干性能が上がっているようです．

10.5 勾配ブースティング

前節で，AdaBoost は，特定の損失関数の値を最小化していることと同じであることを説明しました．AdaBoost は，比較的素朴な方法で識別器の逐次的組合せを行った結果，それが理論的に損失最小化の枠組みに当てはまるというものでしたが，結局，損失最小化を行っているのであれば，直接その損失がもっとも減るような識別器を加えることを逐次的に行うことで，よりよい性能が実現できそうです．

そのようなアイディアでブースティングを行っているのが，**勾配ブースティング**です．以下，勾配ブースティングの考え方を説明します．

ブースティングでは，全体の識別器の出力 $F(\boldsymbol{x})$ は，以下に示すように，M 個の識別器 $h(\boldsymbol{x}; \gamma_m)$ の重み付き和で得られます．

$$F(\boldsymbol{x}) = \sum_{m=1}^{M} \alpha_m h(\boldsymbol{x}; \gamma_m) \tag{10.2}$$

ただし，γ_m は関数 h のパラメータです．この形式で，ブースティングにおける逐次加法的な学習プロセスを表現すると，以下のようになります．

$$F_m(\boldsymbol{x}) = F_{m-1}(\boldsymbol{x}) + \alpha_m h(\boldsymbol{x}; \gamma_m) \tag{10.3}$$

学習の各ステップで，新たに加える識別器 $h(\boldsymbol{x}; \gamma_m)$ を選択するために，損失関数 L を導入し，その値が最小となるものを選ぶこととします．

$$(\alpha_m, \gamma_m) = \arg\min_{\alpha, \gamma} \sum_{i=1}^{N} L(y_i, F_{m-1}(\boldsymbol{x}_i) + \alpha h(\boldsymbol{x}_i; \gamma)) \tag{10.4}$$

180 第 10 章　アンサンブル学習

式 (10.4) で，損失関数の値が最小になるものを求めている部分を，損失関数の勾配に置き換えた以下の式に従って，新しい識別器を構成する方法が，勾配ブースティングです．

$$F_m(\boldsymbol{x}) = F_{m-1}(\boldsymbol{x}) + \alpha_m \sum_{i=1}^{N} \nabla_F L(y_i, F_{m-1}(\boldsymbol{x}_i)) \tag{10.5}$$

損失関数としては，二乗誤差，誤差の絶対値，フーバー損失（$|x| \leq \epsilon$ の範囲で 2 次関数，その外側の範囲で線形に増加）などが用いられます．

例題 10.5 Python

scikit-learn の GradientBoostingClassifier を用いて，breast_cancer データに対して識別を行え．

解答▶ 例題 10.4 の続きに，以下のコードを加えます．

```
21  clf4 = ensemble.GradientBoostingClassifier()
22  print(clf4)
23  scores = cross_val_score(clf4, X, y, cv=10)
24  print("{0:4.2f} +/- {1:4.2f} %".format(scores.mean() * 100,
    scores.std() * 100))
```

出力 ▶▶▶

```
GradientBoostingClassifier(criterion='friedman_mse', init=None,
            learning_rate=0.1, loss='deviance', max_depth=3,
            max_features=None, max_leaf_nodes=None,
            min_impurity_decrease=0.0, min_impurity_split=None,
            min_samples_leaf=1, min_samples_split=2,
            min_weight_fraction_leaf=0.0, n_estimators=100,
            presort='auto', random_state=None, subsample=1.0, verbose=0,
            warm_start=False)
96.32 +/- 2.51 %
```

AdaBoost よりもさらに性能が上がっているようです．

10.6　まとめ

本章では，識別器を複数組み合わせ，それらの結果を統合することで，個々の識別器よりも性能を向上させる方法であるアンサンブル学習について説明しました．

機械学習においては，モデルのバイアスと学習結果の分散（不安定性）はトレードオフの関係にあることを，これまでもいくつか見てきました．この章で説明したバギ

ング，ランダムフォレストとブースティングもこの観点で見ることができます．バギング，ランダムフォレストは，分散の大きい識別器の平均的をとることで分散を減らすテクニックであると見ることができます．一方，ブースティングはバイアスの強い識別器を組み合わせて，単独の識別器では実現できない機能を実現するもので，バイアスを緩めるテクニックと見ることができます．

アンサンブル学習を回帰問題に適用する際には，それぞれのモデルの出力値の平均値や中央値を用いることで，単一のモデルと比較した場合の性能の向上が見込まれます．

演習問題

10.1 Weka 例題 10.1 を参考に，Weka の Bagging を用いて diabetes.arff で識別を行え．識別器には J48 (minNumObj = 20)，学習する木の数 (numIterations) は 3，木を表示するオプション (printClassifiers) を True に設定して，学習された木がどの程度異なるかを観察せよ．

10.2 Weka 例題 10.2 を参考に，Weka の RandomForest を用いて diabetes.arff で識別を行え．その際，学習する木の数 (numIterations) は 3，木の最大の深さ (maxDepth) は 3，木を表示するオプション (printClassifiers) を True に設定して，学習された木がどの程度異なるかを観察せよ．

10.3 Weka 例題 10.3 を参考に，Weka の AdaBoostM1 を用いて diabetes.arff で識別を行え．設定は，演習問題 10.1 の学習結果と比較をしやすいようにせよ．

10.4 Python scikit-learn の BaggingRegressor, RandomForestRegressor, AdaBoostRegressor, GradientBoostingRegressor を用いて boston データの回帰器を作成し，演習問題 6.3，6.4 の結果と比較せよ．

第11章 モデル推定

Introduction

ここからは，教師なし学習の問題に取り組みます．この章では，特徴ベクトルの要素が数値である場合に，その特徴ベクトルが生じるもとになったクラスを推定するモデル推定の問題を扱います（図11.1）．

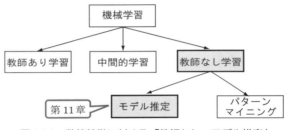

図 11.1 数値特徴に対する「教師なし・モデル推定」

11.1 数値特徴に対する「教師なし・モデル推定」問題の定義

教師なし学習とは，正解情報が付けられていないデータを対象に行う学習です．ここでは，データの集合を，以下のように定義します．

$$\{\boldsymbol{x}_i\}, \quad i = 1, \ldots, N \tag{11.1}$$

この章では，この特徴ベクトルの要素がすべて数値である場合を考えます．要素がすべて数値であるということは，特徴ベクトルを d 次元空間上の点として考えることができます．そうすると，モデル推定は，特徴空間上にあるデータのまとまりを見つける問題ということになります．データがまとまっている，ということは，共通の性質をもつように見える，ということなので，図11.2のように，このような個々のデータを生じさせた共通の性質をもつクラスを見つけることが目標になります．

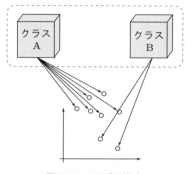

図 11.2　モデル推定

11.2　クラスタリング

　与えられたデータをまとまりに分ける操作を，クラスタリングといいます．「まとまりに分ける」という部分をもう少し正確にいうと，

> 分類対象の集合を，内的結合と外的分離が達成されるような部分集合に分割すること

になります．つまり，一つのまとまりと認められるデータは相互の距離がなるべく近くなるように（内的結合），一方で，異なったまとまり間の距離はなるべく遠くなるように（外的分離），データを分けるということです．

　このようなデータの分割は，個々のデータをボトムアップ的にまとめてゆくことによってクラスタを作る階層的手法と，全体のデータの散らばり（トップダウン的情報）から最適な分割を求めてゆく分割最適化手法とに分類できます．

11.2.1　階層的クラスタリング

　階層的手法の代表的手法である**階層的クラスタリング**は，近くのデータをまとめて小さいクラスタを作り，その小さいクラスタに近くのデータを取り込むか，あるいは小さいクラスタどうしをまとめて，少し大きめの新しいクラスタを作るという手順を繰り返すものです（図 11.3）．

　アルゴリズムとしては，一つのデータからなるクラスタをデータ個数分作成するところから始まります．そして，もっとも近いクラスタを融合して新しいクラスタを作る操作を繰り返し，最終的にデータが一つのクラスタになれば終了です．階層的クラスタリングの手順を，アルゴリズム 11.1 に示します．ここで，sim はクラスタ間の類似度を計算する関数です．

第11章 モデル推定

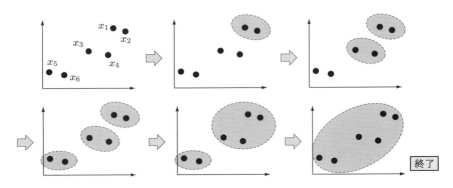

図 11.3 階層的クラスタリング

アルゴリズム 11.1　階層的クラスタリング

入力：正解なしデータ D
出力：クラスタリング結果の木構造
　　/* 学習データそれぞれをクラスタの要素としたクラスタ集合 C を作成 */
　　$C \leftarrow \{c_1, c_2, \ldots, c_N\}$
　　while $|C| > 1$ **do**
　　　　/* もっとも似ているクラスタ対 $\{c_m, c_n\}$ を見つける */
　　　　$(c_m, c_n) \leftarrow \underset{c_i, c_j \in C}{\arg\max} \, \text{sim}(c_i, c_j)$
　　　　$\{c_m, c_n\}$ を融合
　　end while

図 11.4 のように，クラスタを融合する操作を木構造で記録しておけば，全データ数 N から始まって，1 回の操作でクラスタが一つずつ減ってゆき，最後は一つになります．この処理を途中で止めることで，任意のクラスタ数からなるクラスタリング結果を得ることができます．

ここで，クラスタ間の類似度計算に関して，いくつか異なる計算方法があり，そのいずれを採用するかによって，出来上がるクラスタの性質に違いが生じます．

- 単連結法 (SINGLE)
　　もっとも近いデータ対の距離を類似度とする．クラスタが一方向に伸びやすくなる傾向がある．
- 完全連結法 (COMPLETE)
　　もっとも遠いデータ対の距離を類似度とする．クラスタが一方向に伸びるのを避ける傾向がある．

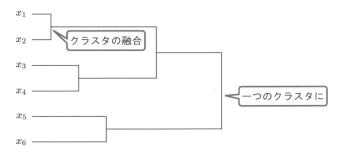

図 11.4　階層的クラスタリング過程の木構造による表現

- 重心法 (CENTROID)

  クラスタの重心間の距離を類似度とする．クラスタの伸び方は単連結と完全連結の間をとったようになる．

- Ward 法 (WARD)

  二つのクラスタを融合したときのクラスタ内のデータと，クラスタ中心との距離の二乗和を求め，そこから融合前のそれぞれのクラスタについて同様に求めた値を引いたものを類似度とする．比較的よい結果が得られることが多いので，階層的クラスタリングでよく用いられる類似度基準である．

例題 11.1 [Weka]

Weka の HierarchicalClusterer アルゴリズムを用いて，iris.2D.arff の階層的クラスタリングを行え．

解答▶ iris.2D データは iris.arff から特徴 petallength, petalwidth, class だけを抜き出したデータです．クラスタリングの結果を 2 次元座標上に表示して検証するために，このデータを使いましょう．

今回は，教師なし学習がテーマなので，このデータから class 特徴を削除します．[Preprocess] タブで iris.2D.arff を読み込み，Attributes 領域で class 特徴にチェックを入れ，[Remove] ボタンを押すと，class 特徴が削除されます．

次に，[Cluster] タブから [HierarchicalClusterer] アルゴリズムを選択し，融合をストップするクラスタ数 (numClusters) と，類似度計算手法 (linkType) を指定します．類似度計算手法は，重心法 (CENTROID) としておきましょう．

```
設定 ▶▶▶
Clusterer: HierarchicalClusterer
    linkType: CENTROID
    numClusters: 3
Cluster mode: Use training set
```

教師なし学習なので，Cluster mode は [Use training set] を選びます．[Start] ボタンを押して学習させると，以下のようなクラスタリング結果が得られます．

```
出力 ▶▶▶
=== Model and evaluation on training set ===

Clustered Instances

0      50 ( 33%)
1      53 ( 35%)
2      47 ( 31%)
```

どのようにクラスタリングされたかは，Result list の右クリックメニューから [Visualize cluster assignments] で 2 次元空間に表示することができます．x 軸を petalwidth，y 軸を petallength に設定すると，図 11.5 に示すクラスタリング結果が得られます．

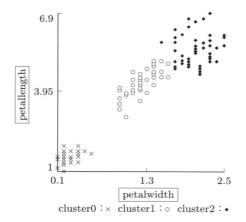

図 11.5　iris.2D データの階層的クラスタリング結果

この例題では，類似度計算手法を重心法 (CENTROID) にすると比較的うまくゆきますが，単連結法 (SINGLE) にすると，50 : 99 : 1 という非常にアンバランスなクラスタを形成します．完全連結法 (COMPLETE) で 50 : 73 : 27，Ward 法 (WARD) で 50 : 68 : 32 と，重心法 (CENTROID) とはかなり異なる結果になります．このように，階層的クラスタリングは，クラスタリング結果が類似度計算手法に大きく影響される手法であるといえます．

11.2.2 分割最適化クラスタリング

　階層的クラスタリングはボトムアップ的にデータをまとめるので，全体的な視点からみると，いびつなクラスタを形成してしまうことがあります．一方，全体的な視点でまとまりのよいクラスタを求める手順が，分割最適化クラスタリングです．

　分割最適化クラスタリングでは，データ分割の良さを評価する関数を定め，その評価関数の値を最適化することを目的とします．ところが，データ数を N とすると，データを分割する場合の数は，N に対して指数的（たとえば二つのクラスタに分ける場合なら 2^N）になるので，N がちょっと大きな数になると，すべての可能な分割の評価値を求めるのは実質的に不可能になります．

　このような場合の常套手段として，探索によって準最適解を求めるということを考えます．

k-means クラスタリング

　分割最適化クラスタリングの代表的手法である **k-means クラスタリング**（k-平均法）では，クラスタ数 k をあらかじめ与え，各クラスタの平均ベクトルを乱数で生成（あるいはランダムに k 個データを選んで平均ベクトルとする）ところから始めます．そして，各データをもっとも近い平均ベクトルをもつクラスタに所属させたあと，それぞれのクラスタの平均ベクトルを，その所属するデータから再計算します．この手順を，全クラスタの平均ベクトルが動かなくなるまで繰り返します（図 11.6）．以後，クラスタの平均ベクトルをクラスタ中心とよびます．

　ここで，データ分割の良さを評価する関数を，各データと所属するクラスタ中心との距離の総和と定義すると，クラスタ中心の位置更新によって評価関数の値が増えることはありません◆1．したがって，この手順によって局所的最適解にたどり着くこと

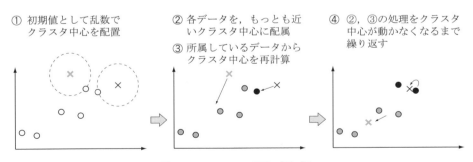

図 11.6　k-means アルゴリズム

◆1 再計算で中心ベクトルが動くということは，あるデータが，より近くのクラスタに所属替えしたということで，距離の総和が減る操作になります．

188 第 11 章 モデル推定

ができます．わざわざ「局所的」といっているということは，全体としての最適解で
あるかどうかは，この手順ではわからないということです．したがって，k-means 法
でクラスタリングを行う際は，異なった初期値で複数回学習を行い，評価値（たとえ
ば，上記の距離の総和）のもっともよいものを結果として採用することになります．
k-means アルゴリズムを，アルゴリズム 11.2 に示します．

アルゴリズム 11.2　k-means アルゴリズム

入力：正解なしデータ D

出力：クラスタ中心 $\boldsymbol{\mu}_j$ $(j = 1, \ldots, k)$

　入力空間上に k 個の点をランダムに設定し，それらをクラスタ中心 $\boldsymbol{\mu}_j$ とする

　repeat

　　for all $\boldsymbol{x}_i \in D$ **do**

　　　各クラスタ中心 $\boldsymbol{\mu}_j$ との距離を計算し，もっとも近いクラスタに割り当てる

　　end for

　　/* 各クラスタについて，以下の式で中心の位置を更新（N_j はクラスタ j の
　　データ数）*/

$$\boldsymbol{\mu}_j \leftarrow \frac{1}{N_j} \sum_{\boldsymbol{x}_i \in クラスタ j} \boldsymbol{x}_i$$

　until クラスタ中心 $\boldsymbol{\mu}_j$ が変化しない

　return $\boldsymbol{\mu}_j$ $(j = 1, \ldots, k)$

例題 11.2 Weka

Weka の SimpleKMeans アルゴリズムを用いて，iris.2D.arff のクラスタリングを
行え．

解答▶ 今回も，例題 11.1 と同じ手順で，class 特徴を削除した iris.2D の正解なしデー
タを用意します．

そして，[Cluster] タブから [SimpleKMeans] アルゴリズムを選択し，k にあたるクラ
スタ数 numClusters を 3 としておきます．

設定 ▸▸▸

Clusterer: SimpleKMeans
　numClusters: 3
Cluster mode: Use training set

Cluster mode は [Use training set] を選び，[Start] ボタンを押して学習させると，以
下のように三つのクラスタ中心の座標が得られます．

出力 ▶▶▶

```
kMeans
======
Number of iterations: 6
Within cluster sum of squared errors: 1.7050986081225123
Missing values globally replaced with mean/mode

Cluster centroids:
                         Cluster#
Attribute      Full Data        0         1         2
               (150.0)     (52.0)    (50.0)    (48.0)
=====================================================
petallength    3.7587      4.2962    1.464     5.5667
petalwidth     1.1987      1.325     0.244     2.0563


Time taken to build model (full training data) : 0.02 seconds

=== Model and evaluation on training set ===

Clustered Instances
0        52 ( 35%)
1        50 ( 33%)
2        48 ( 32%)
```

クラスタリング結果を，Result list の右クリックメニューから [Visualize cluster assignments] で2次元空間に表示して確認しましょう（図 11.7）．x 軸を petalwidth，y 軸を petallength に設定することを忘れないようにしてください．

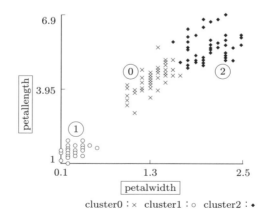

図 11.7　iris.2D データの k-means クラスタリング結果

例題 11.3 〔Python〕

iris データから sepallength と sepalwidth を抜き出したデータを作成し，scikit-learn の `AgglomerativeClustering`, `KMeans` を用いて，クラスタリングを行え．

解答▶ 今回は，これまでの例題とは異なる特徴で，クラスタリングを行ってみましょう．

まず，必要なパッケージを読み込みます．今回は，クラスタリング結果を matplotlib パッケージを使って表示します．

```
1  %matplotlib inline
2  import numpy as np
3  import matplotlib.pyplot as plt
4  from sklearn.datasets import load_iris
5  from sklearn.cluster import AgglomerativeClustering, KMeans
```

iris データから，0 次元目 (sepallength) と 1 次元目 (sepalwidth) を抜き出します．

```
6  iris = load_iris()
7  X = iris.data[:,0:2]
```

正解情報を付けて，データをプロットします（図 11.8）．点の散らばりを見ると，iris.2D で用いたデータよりは，まとまりがわかりにくいデータです．

```
8   y = iris.target
9   co = ['bo', 'g.', 'rx']
10  for t, c in zip(set(iris.target), co):
11      plt.plot(X[y==t,0], X[y==t,1], c)
12  plt.xlabel(iris.feature_names[0])
13  plt.ylabel(iris.feature_names[1])
14  plt.legend(iris.target_names)
```

出力▶▶▶

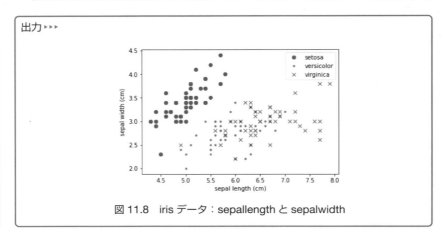

図 11.8　iris データ：sepallength と sepalwidth

クラスタ数を与えて，階層的クラスタリングアルゴリズムである `AgglomerativeClustering` のインスタンスを作成し，パラメータを確認します．求めるクラスタ数は，`n_clusters` パラメータで与え，類似度は，`linkage` パラメータの値で設定します．

```
15  ac = AgglomerativeClustering(n_clusters = 3)
16  print(ac)
```

出力 ▶▶▶

```
AgglomerativeClustering(affinity='euclidean', compute_full_tree='auto',
        connectivity=None, linkage='ward', memory=None, n_clusters=3,
        pooling_func=<function mean at 0x00000215788D9AE8>)
```

クラスタリング結果をプロットします（図 11.9）．

```
17  ac.fit(X)
18  y2 = ac.labels_
19  for t, c in zip(set(ac.labels_), co):
20      plt.plot(X[y2==t,0], X[y2==t,1], c)
21  plt.xlabel(iris.feature_names[0])
22  plt.ylabel(iris.feature_names[1])
23  plt.legend(set(ac.labels_))
```

出力 ▶▶▶

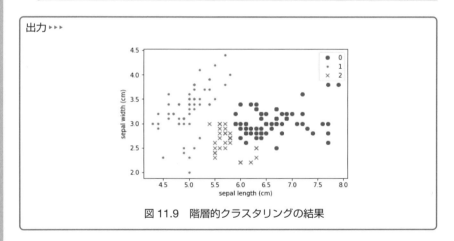

図 11.9 階層的クラスタリングの結果

k-means クラスタリングについても，同様の処理を行い，結果をプロットします（図 11.10）．

```
24  km = KMeans(n_clusters = 3)
25  print(km)
26  km.fit(X)
27  y3 = km.labels_
```

```
28  for t, c in zip(set(km.labels_), co):
29      plt.plot(X[y3==t,0], X[y3==t,1], c)
30  plt.xlabel(iris.feature_names[0])
31  plt.ylabel(iris.feature_names[1])
32  plt.legend(set(km.labels_))
```

出力 ▶▶▶

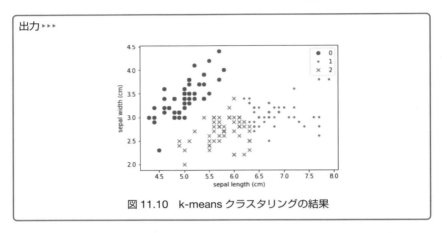

図 11.10 k-means クラスタリングの結果

　階層的クラスタリングは，類似度の設定によって，直観的にまとまりに見えるデータがクラスタとならなかったり，ほかの塊にはみ出るような結果になってしまうことがあります．k-means は，比較的直感と近い塊が取れているようにみえます．

　上記の例題は 2 次元データなので比較的うまくゆきましたが，一般的に k-means アルゴリズムは，初期値によって求まるクラスタが異なるという問題点と，クラスタ数 k の値を決めるのが難しいという問題点があります．

　初期値によって結果が不安定になる問題点は，複数の初期値で試すことである程度回避できますが，最適解が含まれているという保証はありません．そこで，初期クラスタ中心の選び方の改善法として，データ中のもっとも離れたデータ組を最初の二つのクラスタ中心とし，これ以降は，設定されたクラスタ中心からもっとも遠いデータを新たなクラスタ中心として，一つずつ初期クラスタを追加してゆく方法（KKZ 法）や，これまでに設定されたクラスタ中心からの距離に基づく確率分布を用いて新たなクラスタ中心とする方法（k-means++ 法）も提案されています．

　また，クラスタ数 k の値に関しては，k が少なすぎると共通する性質をもたないクラスタができてしまい，逆に k が多すぎると個々のデータにマッチしてクラスタリングの目的に合わない結果になってしまいます．そこで次に，この k を自動的に決める方法を紹介します．

自動で分割数を決定するクラスタリング

k-means アルゴリズムにおける，事前にクラスタ数 k を固定しなければいけないという問題点を回避する手法として，クラスタ数を適応的に決定する方法が考えられます．最初は 2 分割から始まって，得られたクラスタに対して分割が適当でないと判断されるまで，k-means 法によるクラスタリングを繰り返すというものです．この方法を **X-means アルゴリズム**とよびます．

このアルゴリズムの勘所は，さらなる分割が適当であるかどうかの判断基準として，分割前後でモデルの良さを定量的に表した BIC (Bayesian Information Criterion) 値を比べるという点です．

BIC は以下の式で得られる値です．

$$\mathrm{BIC} = -2 \log L + q \log N \tag{11.2}$$

ここで，$\log L$ はモデルの対数尤度（各クラスタの正規分布を所属するデータから最尤推定し，その分布から各データが出現する確率の対数値を得て，それを全データについて足し合わせたもの），q はモデルのパラメータ数（クラスタ数に比例），N はデータ数です．BIC が小さいほど，得られたクラスタリング結果がデータをよく説明しており，かつ詳細になりすぎていない，ということを表します．

モデルを詳細にすればするほど（クラスタリングの場合はクラスタ数を増やせば増やすほど），対数尤度を大きくすることができます．極端な場合，1 クラスタに 1 データとすると，そのクラスタの正規分布の平均値がそのデータになるので，その分布のもっとも大きい値をとる（BIC を小さくする方向に寄与する）ことになります．しかし，その場合 q の値が大きくなるので，BIC 全体としては大きな値となってしまいます．逆にモデルを大ざっぱにすれば q の値は小さくなりますが，対数尤度が大きくなります．BIC を用いると，対数尤度とクラスタ数のバランスがとれたものが選ばれるという仕組みになっています．

クラスを表すモデルの良さを定量的に表現する基準は一つではありませんが，ここで示した BIC や，同様の目的で使われる AIC (Akaike Information Criterion) は，モデルの対数尤度とパラメータの複雑さのバランスをとった式で，その評価値を表していることから，さまざまなモデル選択の状況で用いられています．

例題 11.4 Weka

Weka の XMeans アルゴリズムを用いて，iris.2D.arff のクラスタリングを行え．

解答▶ 今回利用する XMeans アルゴリズムは Weka の Package manager を使ってインストールする必要があります．インストール法の詳細は付録 B.4.1 を参照してく

194 第 11 章　モデル推定

ださい.

　データ設定は例題 11.1 と同様とします. アルゴリズムは, [Cluster] タブから [XMeans] アルゴリズムを選択します. k にあたるクラスタ数 maxNumClusters を 3 としておきます. これはクラスタ数の最大値の指定です.

設定 ▶▶▶

Clusterer: XMeans
　maxNumClusters: 3
Cluster mode: Use training set

Cluster mode は [Use training set] を選び, [Start] ボタンを押して学習させると, 以下のようなクラスタリング結果が得られます.

出力 ▶▶▶

```
Cluster centers : 2 centers

Cluster 0
            4.906000000000001   1.6760000000000006
Cluster 1
            1.464   0.2439999999999999

Distortion: 22.12941
BIC-Value : -10.21845

=== Model and evaluation on training set ===

Clustered Instances

0       100 ( 67%)
1        50 ( 33%)
```

　クラスタリング結果を, Result list の右クリックメニューから [Visualize cluster assignments] で 2 次元空間に表示して確認しましょう（図 11.11）. クラスは二つになりましたが, もとが 3 クラスのデータであったという先入観を取り除いてデータを眺めてみると, それなりに妥当な結果が得られているといえます.

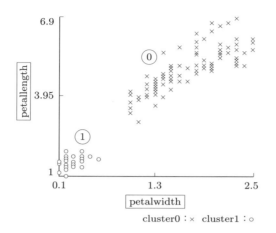

図 11.11 iris.2D データの X-means クラスタリング結果

また，scikit-learn には，ラベル伝搬法（14.5 節参照）に基づいて，自動的にクラスタ数を決める `AffinityPropagation` が実装されています．`AffinityPropagation` は，それぞれのデータが，近くにあるデータとメッセージを交換することで，各データがクラスタ中心らしさを更新してゆくものです．メッセージは，各データからクラスタ中心候補のデータに向かって送られる responsibility（他のクラスタ中心候補と比較した近さを，類似度に基づいて算出したもの）と，クラスタ中心候補から各データに向かって送られる availability（各データから送られた値を累積して算出したクラスタ中心候補らしさ）があります．

例題 11.5 [Python]

iris データから sepallength と sepalwidth を抜き出したデータを作成し，scikit-learn の `AffinityPropagation` を用いて，クラスタリングを行え．

解答▶ 例題 11.3 の続きに，コードを加えてゆきます．

```
33  from sklearn.cluster import AffinityPropagation
34  ap = AffinityPropagation()
35  ap.fit(X)
```

クラスタ中心となるデータの番号を表示させてみます．

```
36  ap.cluster_centers_indices_
```

出力▶▶▶
```
array([  2,  17,  33,  52,  57,  87,  94,  97, 115, 117, 130], dtype=int64)
```

デフォルトのパラメータでは，クラスタ数が 11 個になってしまいました．パラメータ preference に負の値を与えると，クラスタ中心らしさが低い値からスタートするので，クラスタ数が減ります．

```
37  ap = AffinityPropagation(preference = -10)
38  ap.fit(X)
39  ap.cluster_centers_indices_
```

出力▶▶▶
```
array([ 26,  89, 103, 105], dtype=int64)
```

これで，クラスタ数が 4 になったので，結果を表示させてみましょう（図 11.12）．

```
40  y4 = ap.labels_
41  co = ['bo', 'g.', 'rx', 'kv']
42  for t, c in zip(set(ap.labels_), co):
43      plt.plot(X[y4==t,0], X[y4==t,1], c)
44  plt.xlabel(iris.feature_names[0])
45  plt.ylabel(iris.feature_names[1])
46  plt.legend(set(ap.labels_))
```

出力▶▶▶

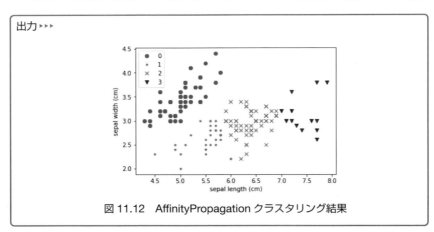

図 11.12　AffinityPropagation クラスタリング結果

11.3 異常検出

教師なし学習の実用的な応用例として，異常検出があります．異常検出の問題設定は，入力 $\{\boldsymbol{x}_i\}$ に含まれる異常値を，教師信号なしで見つけることです．ここでは，最も基礎的な異常検出として，外れ値の検出について説明します．

外れ値は，学習データに含まれるデータの中で，ほかと大きく異なるデータを指します．たとえば，全体的なデータのまとまりから極端に離れたデータや，正解付きデータの中で，一つだけほかのクラスのデータに紛れ込んでしまっているようなデータです．これらは，計測誤りや，教師信号付与作業上でのミスが原因で生じたと考えられ，学習を行う前に除去しておくのが望ましいデータです．

ここで紹介する**局所異常因子** (Local Outlier Factor; LOF) の考え方は，単純にいうと，近くにデータがないか，あるいは極端に少ないものを外れ値とみなす，というものです．ただし，この「近く」という概念は，データの散らばり具合によって異なるので，一定の閾値をあらかじめ定めておくことはできません．そこで，それぞれのデータにとっての「周辺」を，k 番目までに近いデータがある範囲と定義し，周辺にあるデータまでの距離の平均を，「周辺密度」として定義します（図 11.13）.

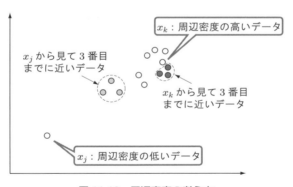

図 11.13 周辺密度の考え方

そして，あるデータの周辺密度が，近くの k 個のデータの周辺密度の平均と比べて極端に低いときに，そのデータを外れ値とみなします．

まず，データの個数に応じて k を適当な値に定めます．その k を用いて，あるデータ $\boldsymbol{x}$ から，別のデータ $\boldsymbol{x}'$ への到達可能距離 RD (Reachability Distance) を式以下のように定義します．

$$RD_k(\boldsymbol{x}, \boldsymbol{x}') = \max(\|\boldsymbol{x} - \boldsymbol{x}^{(k)}\|, \|\boldsymbol{x} - \boldsymbol{x}'\|) \tag{11.3}$$

ここで，$\boldsymbol{x}^{(k)}$ は，$\boldsymbol{x}$ に k 番目に近いデータです．式 (11.3) で求まる値は，$\boldsymbol{x}$ と $\boldsymbol{x}'$ が十分に遠ければ，通常の距離です．一方，$\boldsymbol{x}'$ が $\boldsymbol{x}^{(k)}$ よりも $\boldsymbol{x}$ に近ければ，$\|\boldsymbol{x} - \boldsymbol{x}^{(k)}\|$ に補正されます．

次に，この到達可能距離を用いて，$\boldsymbol{x}$ の周辺密度を定義します．以下の式で定義される量を，**局所到達可能密度 LRD** (Local Reachability Density) とよびます．

$$LRD_k(\boldsymbol{x}) = \left\{ \frac{1}{k} \sum_{i=1}^{k} RD_k(\boldsymbol{x}^{(i)}, \boldsymbol{x}) \right\}^{-1} \tag{11.4}$$

$LRD_k(\boldsymbol{x})$ は，$\boldsymbol{x}$ から k 番目までに近いデータとの到達可能距離の平均を求め，その逆数をとったものです．k 番目までのデータが近くにあるとき，到達可能距離の平均は小さい値になるので，その逆数である局所到達可能密度は大きい値になります．

ここで，到達可能距離ではなく，なぜ単純に距離を用いないのか，という疑問が出るかもしれません．これは，単純な距離を用いると，$\boldsymbol{x}$ のごく近い距離にデータがあるときに[◆1]，その逆数はとても大きな値になってしまって，安定的な計算ができなくなる可能性があるからです．

そして，この局所到達可能密度を用いて，以下のように $\boldsymbol{x}$ の**局所異常因子 LOF** を定義します．

$$LOF_k(\boldsymbol{x}) = \frac{(1/k) \sum_{i=1}^{k} LRD_k(\boldsymbol{x}^{(i)})}{LRD_k(\boldsymbol{x})} \tag{11.5}$$

$LOF_k(\boldsymbol{x})$ は，$\boldsymbol{x}$ に対して k 番目までに近いデータの局所到達可能密度の平均と，$\boldsymbol{x}$ の局所到達可能密度の比です．k 番目までに近いデータの局所到達可能密度の平均値に比べて，$\boldsymbol{x}$ の局所到達可能密度の値が極端に低い場合，$LOF_k(\boldsymbol{x})$ は大きな値をとって，$\boldsymbol{x}$ が外れ値であることを示唆します．一方，これらの値に大きな違いがないとき，$LOF_k(\boldsymbol{x})$ は 1 に近い値となって，$\boldsymbol{x}$ が正常なデータであることを示します．

例題 11.6 [Weka]

　Weka の LOF フィルタを用いて，外れ値の検出実験を行え．ただし，データは iris.arff を用い，必要に応じてデータを書き換えること．

解答▶ Weka の LOF フィルタは Official package に含まれているので，付録 B.4.1 の手順に従ってインストールしてください．Package 名は localOutlierFactor です．

◆1 値が一致するデータが存在する場合は，距離が 0 となって，そもそも逆数が計算できません．

まず，Explorer インタフェースを用いて，iris.arff を読み込みます．今回は教師なし学習のデータとして用いるので，Attributes 領域で class 特徴の横にあるチェックボックスにチェックを入れ，下の [Remove] ボタンで削除します．

次に，[Preprocess] タブの [Edit . . .] ボタンを押し，iris データを表示します．そして，1 番のデータの sepallength 特徴と，sepalwidth 特徴をそれぞれ 0.1, 0.5 に書き換えて外れ値とします．

[Visualize] タブで sepallength 特徴を横軸，sepalwidth を縦軸にとったデータプロットを表示すると，図 11.14 のように，1 番のデータが外れ値になっています．

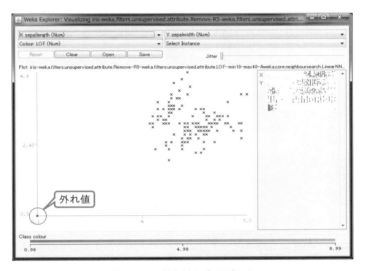

図 11.14　外れ値を含むデータ

このデータに対し，[Preprocess] タブの Filter 領域で，[filters] → [unsupervised] → [attribute] → [LOF] を選び，[Apply] ボタンを押します．

うまくフィルタがかかると，LOF 特徴が追加されます（図 11.15）．外れ値にしてしまった 1 番のデータの LOF は 8.99 となり，その他のデータの多くは，1 前後の値になっていることを確認してください．

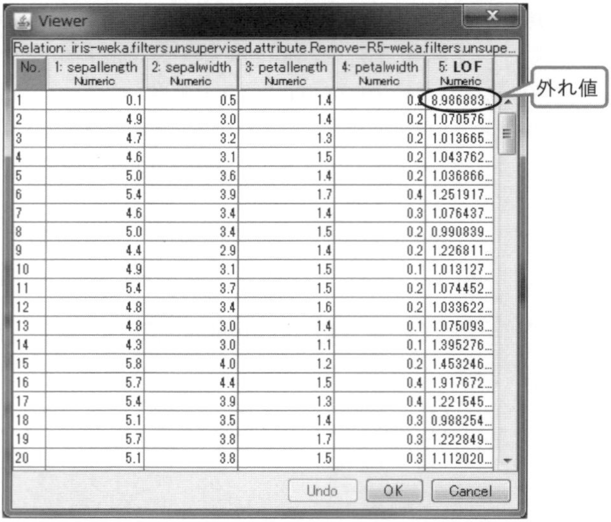

第11章　モデル推定

Viewer

Relation: iris-weka.filters.unsupervised.attribute.Remove-R5-weka.filters.unsupe...

No.	1: sepallength Numeric	2: sepalwidth Numeric	3: petallength Numeric	4: petalwidth Numeric	5: LOF Numeric
1	0.1	0.5	1.4	0.1	8.986883
2	4.9	3.0	1.4	0.2	1.070576
3	4.7	3.2	1.3	0.2	1.013665
4	4.6	3.1	1.5	0.2	1.043762
5	5.0	3.6	1.4	0.2	1.036866
6	5.4	3.9	1.7	0.4	1.251917
7	4.6	3.4	1.4	0.3	1.076437
8	5.0	3.4	1.5	0.2	0.990839
9	4.4	2.9	1.4	0.2	1.226811
10	4.9	3.1	1.5	0.1	1.013127
11	5.4	3.7	1.5	0.2	1.074452
12	4.8	3.4	1.6	0.2	1.033622
13	4.8	3.0	1.4	0.1	1.075093
14	4.3	3.0	1.1	0.1	1.395276
15	5.8	4.0	1.2	0.2	1.453246
16	5.7	4.4	1.5	0.4	1.917672
17	5.4	3.9	1.3	0.4	1.221545
18	5.1	3.5	1.4	0.3	0.988254
19	5.7	3.8	1.7	0.3	1.222849
20	5.1	3.8	1.5	0.3	1.112020

外れ値

Undo　OK　Cancel

図 11.15　外れ値を加えた iris データの LOF

　異常検出は，外れ値の検出を応用してセンサ入力から機械の故障を予知したり，イベント系列特徴を入力して，クレジットカードの不正使用を検出したりする応用が考えられています．

11.4　確率密度推定

　ここでは，ここまでに説明してきたクラスタリングの結果を用いて，新たなデータが観測されたときにそのデータが属するクラスタを決める，という問題を考えます．つまり，教師なし学習で識別器を作りたい，ということと同じです．

　k-means アルゴリズムの結果は，各クラスタの平均ベクトルなので，新しく観測したデータと，各クラスタの平均ベクトルとの距離を求めて，もっとも近いクラスタに分類するという手法は，簡単に思いつきます．しかしこの距離計算は，全クラスタの分散が等しいことを前提にしており，クラスタごとにデータの広がり方が異なる場合は，適切な結果になりません．また，クラスタの事前確率も考慮されていません．

　第4章で説明したように，事後確率最大となる識別結果は，事前確率と尤度（各クラス毎の確率密度関数が観測されたデータを生成する確率）の積を最大とするクラスとなるので，よい識別器を作るためにはこれらの確率が必要です．

　事前確率はクラスタリング結果のデータ数の分布から求まります．そこで，尤度を計算するための確率モデルを，与えられた教師なし学習データから求めるという問題

設定で，その解決法を考えてゆきましょう．

　k-means 法を代表とする分割最適化クラスタリングは，平均値のみを推定していたので，この考え方を一般化します．各クラスタの確率分布の形を仮定して，そのパラメータを学習データから推定するという問題を設定します．確率分布として以下の式のような正規分布（ガウス分布）を仮定すると，教師なし学習データから，クラスタ c_m の平均 $\bm{\mu}_m$ と共分散行列 $\bm{\Sigma}_m$ を推定する問題になります．

$$p(\bm{x}\,|\,c_m) = \frac{1}{(2\pi)^{\frac{d}{2}}|\bm{\Sigma}_m|^{\frac{1}{2}}} \exp\left\{-\frac{1}{2}(\bm{x}-\bm{\mu}_m)^T \bm{\Sigma}_m^{-1}(\bm{x}-\bm{\mu}_m)\right\}$$
$$= \phi(\bm{x}; \bm{\mu}_m, \bm{\Sigma}_m) \tag{11.6}$$

　k-means 法では，各データはいずれかのクラスタに属していました．一方，この方法の場合は，どの $\bm{x}$ に対しても，すべてのクラスタが式 (11.6) に基づいて，そのデータがそのクラスタから生成された確率を出力します．すなわち，個々のデータはどのクラスタに属するかを一意に決めることができず，クラスタ 1 に属する確率が 0.2，クラスタ 2 に属する確率が 0.8，といった表し方になります（図 11.16）．このような表現を **混合分布** による表現といいます．

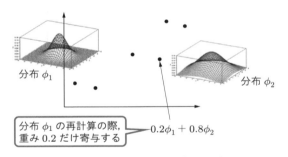

図 11.16　混合分布によるデータの表現

　このような設定で，k-means アルゴリズムを一般化すると，以下のように考えることができます．

- k 個の平均ベクトルを乱数で決める
  - $\Longrightarrow$ k 個の正規分布を乱数で決める
- 平均ベクトルとの距離を基準に，各データをいずれかのクラスタに所属させる
  - $\Longrightarrow$ 各分布が各データを生成する確率を計算し，それを帰属度として，各クラスタにゆるやかに所属させる

202 第11章 モデル推定

- 所属するデータをもとに平均ベクトルを再計算する

⟹ 各データの帰属度をデータの重みとみなして，各分布のパラメータを再計算する

たとえば，クラスタ1に属する確率が0.2であるデータは，クラスタ1の平均ベクトルの再計算の時には0.2個分として計算することになります．分散の計算に関しても同様です．

このように，ある時点での分布を使って各データがそのクラスタに属する確率を求め（Eステップ），その確率をデータの重みとみなして分布のパラメータの再計算を行う（Mステップ）アルゴリズムを **EMアルゴリズム** (Expectation-Maximization) とよびます（アルゴリズム11.3）．

アルゴリズム11.3　EMアルゴリズム

入力：正解なしデータ D
出力：各クラスを表す確率密度関数のパラメータ
　入力空間上に k 個のクラスタ c_j 分布 ϕ_j をランダムに設定
　repeat
　　/* Eステップ */
　　for all $\boldsymbol{x}_i \in D$ **do**
　　　ϕ_j を用いて確率 $p(c_j \mid \boldsymbol{x}_i)$ $(j = 1, \ldots, k)$ を計算
　　end for
　　/* Mステップ */
　　　Eステップで求めた $p(c_j \mid \boldsymbol{x}_i)$ を使って分布 ϕ_j のパラメータを再計算
　until 分布のパラメータの変化量が閾値以下
　return ϕ_j $(j = 1, \ldots, k)$

Eステップのガウス混合モデルによる確率計算は，以下のように行います．

$$p(c_m \mid \boldsymbol{x}_i) = \frac{p(c_m)p(\boldsymbol{x}_i \mid c_m)}{p(\boldsymbol{x}_i)} \tag{11.7}$$

$$= \frac{p(c_m)p(\boldsymbol{x}_i \mid c_m)}{\displaystyle\sum_{j=1}^{k} p(c_j)p(\boldsymbol{x}_i \mid c_j)} \tag{11.8}$$

$$= \frac{p(c_m)\phi(\boldsymbol{x}_i; \boldsymbol{\mu}_m, \boldsymbol{\Sigma}_m)}{\displaystyle\sum_{j=1}^{k} p(c_j)\phi(\boldsymbol{x}_i; \boldsymbol{\mu}_j, \boldsymbol{\Sigma}_j)} \tag{11.9}$$

この各データの確率を用いた分布パラメータ再計算は，以下のようになります．

$$\boldsymbol{\mu}_m = \frac{1}{|D|} \sum_{\boldsymbol{x}_i \in D} p(c_m \mid \boldsymbol{x}_i)\boldsymbol{x}_i \tag{11.10}$$

$$\boldsymbol{\Sigma}_m = \frac{1}{|D|} \sum_{\boldsymbol{x}_i \in D} p(c_m \mid \boldsymbol{x}_i)(\boldsymbol{x}_i - \boldsymbol{\mu}_m)(\boldsymbol{x}_i - \boldsymbol{\mu}_m)^T \tag{11.11}$$

例題 11.7 Weka

Weka の EM アルゴリズムを用いて，iris.2D.arff のクラスタリングを行え．

解答▶ 今回も，例題 11.1 と同じ手順で iris.2D の正解なしデータを用意します．そして，[Cluster] タブから [EM] を選択し，クラスタ数 numClusters を 3 としておきます．

設定 ▸▸▸

Clusterer: EM
  numClusters: 3
Cluster mode: Use training set

Cluster mode は [Use training set] を選び，[Start] ボタンを押して学習させると，以下のようなクラスタリング結果が得られます．

出力 ▸▸▸

```
Number of clusters: 3
Number of iterations performed: 12

                  Cluster
Attribute          0       1       2
                 (0.33)  (0.33)  (0.34)
===================================
petallength
  mean           4.2576   1.464   5.5414
  std. dev.       0.473  0.1718   0.5487

petalwidth
  mean           1.3184   0.244   2.0264
  std. dev.      0.1874  0.1061   0.2666

=== Model and evaluation on training set ===
```

```
Clustered Instances
0        50 ( 33%)
1        50 ( 33%)
2        50 ( 33%)
```

クラスタリング結果を，Result list の右クリックメニューから [Visualize cluster assignments] で 2 次元空間に表示して確認しましょう（図 11.17）．やはり確率分布を考慮していることから，これまでの手法の中では一番よい結果になっているようです．

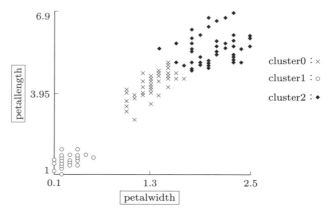

図 11.17　iris.2D データの EM アルゴリズムによるクラスタリング結果

例題 11.8 [Python]

iris データから sepallength と sepalwidth を抜き出したデータを作成し，scikit-learn の GaussianMixture を用いて，クラスタリングを行え．

解答▶ 例題 11.5 の続きに，コードを加えてゆきます．

```
47  from sklearn.mixture import GaussianMixture
48  gmm = GaussianMixture(n_components=3, covariance_type='full')
49  print(gmm)
50  gmm.fit(X)
```

ここでは，クラスのパラメータが求まっていることを確認します．

```
51  print('means')
52  print(gmm.means_)
53  print('covariances:')
54  print(gmm.covariances_)
```

11.4 確率密度推定 **205**

```
出力 ▶▶▶
 means
 [[ 5.01493896  3.4404862 ]
  [ 6.6814044   3.0285628 ]
  [ 5.90114537  2.74385294]]
 covariances:
 [[[ 0.1194876   0.08969867]
   [ 0.08969867  0.12147459]]

  [[ 0.36087007  0.05158991]
   [ 0.05158991  0.08923683]]

  [[ 0.27544608  0.08866062]
   [ 0.08866062  0.09382524]]]
```

求めた正規分布をプロットするコードは以下のようになります（図 11.18）.

```
55  import scipy as sp
56  fig = plt.figure(figsize=(7, 7)) #Figureのインスタンス作成
57  ax = fig.add_subplot(1, 1, 1)      #Axesのインスタンス作成
58  ax.plot(X[:, 0], X[:, 1], 'w', markerfacecolor='k', marker='.')
59  x1, x2 = np.mgrid[4:8:.01, 2:5:.01]
60  plt.xlim([4,8])
61  plt.ylim([2,5])
62  pos = np.empty(x1.shape + (2,))
63  pos[:, :, 0] = x1; pos[:, :, 1] = x2
64  n0 = sp.stats.multivariate_normal(gmm.means_[0], gmm.covariances_[0])
65  n1 = sp.stats.multivariate_normal(gmm.means_[1], gmm.covariances_[1])
66  n2 = sp.stats.multivariate_normal(gmm.means_[2], gmm.covariances_[2])
67  ax.contour(x1, x2, n0.pdf(pos))
68  ax.contour(x1, x2, n1.pdf(pos))
69  ax.contour(x1, x2, n2.pdf(pos))
70  ax.set_title('GMM')
```

出力▶▶▶

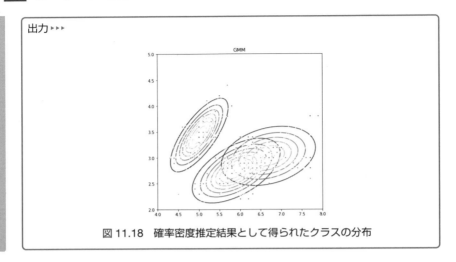

図 11.18 確率密度推定結果として得られたクラスの分布

11.5 まとめ

本章では，数値特徴に対する「教師なし・モデル推定」に対して，クラスタリングと確率密度推定による学習手法を説明しました．教師なし学習の評価は難しいのですが，モデル推定問題に関しては，学習されたモデルがどれだけ正しくデータを説明できているか，という観点での評価が可能です．

その際，モデルの複雑度が固定されていれば（たとえば k-means アルゴリズムで k が固定されていれば），単純にモデルがどれだけうまくデータに当てはまっているかを調べればよいのですが，モデルの複雑度を変えられるアルゴリズムの場合，「できるだけ単純なモデルで，よく当てはまるもの」という矛盾する条件をうまく満たすものを探すという，難しい問題になります．

教師なし学習全般については，[17] をお勧めします．確率・統計の基礎からベイズ推定までを体系的に学ぶことができます．

演習問題

11.1 [Weka] 例題 11.2 で示した方法で，iris.arff について k-means アルゴリズム (numClusters = 3) でのクラスタリングを試みよ．その際，異なる初期値 (seed) で実験を行い，二乗誤差の和の値で結果を評価せよ．

11.2 [Weka] iris.arff に対して EM アルゴリズム (numClusters = 3) でクラスタリングを行え．

11.3 (Python) 例題 11.3，11.5，11.8 のコードに `sklearn.metrics.adjusted_rand_score` を用いて評価するコードを加えて，それぞれの結果を比較せよ．

第12章 パターンマイニング

Introduction

パターンマイニングはデータマイニングともよばれ，ビッグデータ活用の一つとして注目を集めているものです．パターンマイニングの応用例としては，ネットショッピングサイトなどでの「お勧め商品」の提示[1]や，データからの連想規則（あるいは相関規則）の抽出による新たな知見の獲得[2]などが試みられています．

この章では，まず，パターンマイニングの基本的な手法である **Apriori**（アプリオリ）アルゴリズムとその高速化版である **FP-Growth** について説明します．次に，問題設定を推薦システムに絞り，協調フィルタリングと **Matrix Factorization** について概説します．

12.1　カテゴリ特徴に対する「教師なし・パターンマイニング」問題の定義

この章で扱う問題は，カテゴリからなる特徴ベクトルに対して，正解が付与されていない状況（すなわち「教師なし」の状況）で，そのデータに潜んでいる有用なパターンを見つけてくる，というものです（図 12.1）．この問題設定をパターンマイニングとよびます．

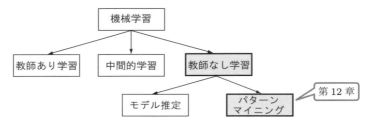

図 12.1　カテゴリ特徴に対する「教師なし・パターンマイニング」

---

[1] たとえば，商品 A と商品 B を購入している客が多くいるとき，商品 A のみを購入した客に対して商品 B を勧めるというものです．

[2] たとえば，血液の生化学検査項目の値から腫瘍マーカの値の高低が推定できれば，高価な腫瘍マーカ検査の回数を減らすことができます．

パターンマイニングの基本技術は**頻出項目抽出**です。これは，データ集合中に一定頻度以上で現れるパターンを抽出する手法です。この頻出項目から，**連想規則抽出**を行うことができます。

また，この章で扱うカテゴリ特徴は，あるユーザがある商品を「購入した」／「購入しなかった」のような2値に縮約させて扱うことが可能な場合が多くあります。これらを数値1, 0と置き換えると，学習データ全体を，値が疎らに入っている巨大な行列とみなすことができます。この行列に対して，次元削減手法を適用して，役に立つ情報を抽出する手法も，パターンマイニングの一部として扱います。

12.2 頻出項目抽出

12.2.1 頻出の基準と問題の難しさ

パターンマイニングで扱うデータは，一般的には疎らなデータです。典型的な例はスーパーマーケットの売上記録で，そのスーパーで扱っている商品点数が特徴ベクトルの次元数となり，各次元の値はその商品が買われたかどうかを記録したものとします。そうすると，各データは1人の人の1回の買い物で同時に買われたものの集合になります。この1回分の記録をトランザクションとよびます。スーパーで揃えている商品の種類数（こちらは数千から数万）に比べて，1回の買い物で1人の客が買う商品の種類数（こちらはせいぜい数十）は桁違いに少ないので，各トランザクションでは特徴ベクトルのほとんどの次元の値が空白で，ごく少数の次元のデータが埋まっている状況になります。このようなデータを疎なデータとよびます。

イメージしやすいようにごく小さな例を示しましょう。商品点数が {ミルク, パン, バター, 雑誌} の4点，トランザクションが6件のデータを表12.1に示します。ここで，t は各トランザクションにおいて，その商品が買われたことを意味します。以下，商品を項目とよびます。

表 12.1 スーパーの売り上げ記録

No.	ミルク	パン	バター	雑誌
1	t	t		
2		t		
3				t
4		t	t	
5	t	t	t	
6	t	t		

210 第12章 パターンマイニング

ざっと見たところ，パンを買った人が多いようです．また，ミルクとパンが一緒に売れることも多いようです．「多いようだ」「少ないようだ」という定性的な判断ではなく，定量的な基準を決めて，その基準を超えるパターンを見つけましょう．

データ中によく現れるということは，「全データに対して，ある項目集合が出現する割合が一定以上である」と解釈します．これを**支持度** (support) とよび，以下の式で計算します．ただし，T は全トランザクション件数，T_{items} は項目集合 items が出現するトランザクション件数です．

$$\text{support}(\text{items}) = \frac{T_{\text{items}}}{T} \tag{12.1}$$

表 12.1 の項目集合 {ミルク, パン} の支持度は，$\text{support}(\{ミルク, パン\}) = 3/6 = 0.5$ となります．

ここでやっていることは，項目集合を作って数えれば終わりなので，あまり難しいことをしているようには見えません．ところが，この「項目集合を作って」というところが厄介なのです．実際のスーパーマーケットの売上記録を対象として特徴ベクトルを構成すると，数千次元を超えるものになります．低く見積もって 1000 種類の商品点数だとしても，可能な項目集合の数は $2^{1000} - 1$ となります[◆1]．これは，まともにすべての可能な組合せについて計算することは難しい状況です．

したがって，重要なことは，支持度を計算する項目集合をいかにして絞り込むか，ということになります．

12.2.2　Apriori アルゴリズムによる頻出項目抽出

ここでもう一度，表 12.1 の小規模データに戻って，項目集合を絞り込む方法を考えましょう．今度は図示しやすいように，項目に通し番号を付けて，$\{0, 1, 2, 3\}$ と表します．すべての可能な項目の組合せは $2^4 - 1 = 15$ で，図 12.2 に丸で示すもの（ただし，最上段の空集合 $\emptyset$ は除く）になります．

ここで，a priori な原理[◆2] として，

　　　　ある項目集合が頻出ならば，その部分集合も頻出である

を考えます．

[◆1] 1000 点の商品に対して {買われた, 買われなかった} の値を割り振るので，2^{1000} 通りとなり，この中から何も買われなかった場合の 1 通りを除いたものということになります．

[◆2] "a priori"（アプリオリ）はラテン語で，「経験的認識に先立つ先天的，自明的な認識や概念」を指すもので，ここでは学習データ（経験的認識）に関係なく，あたりまえに成り立つこと，という意味で使います．

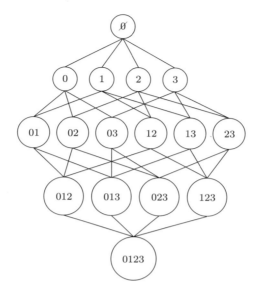

図 12.2　項目 {0, 1, 2, 3} のすべての組合せ

これは，命題論理でいうところの「A ならば B」という形をしています．命題論理では，「A ならば B」が成り立つならば（真ならば），その対偶である「B でないならば A でない」も必ず成り立ちます[1]．

そうすると，上で述べた a priori な原理から，

> ある項目集合が頻出でないならば，その項目集合を含む集合も頻出でない

が成り立ちます[2]．

図で表すと，図 12.3 のようになります．

この a priori な原理の対偶を用いて，小さな項目集合から支持度の計算を始め，項目集合を大きくしてゆく際に，頻出でない項目集合をそれ以上拡張しないことで，調べるべき項目集合を減らす方法が，**Apriori アルゴリズム**です．

---

[1] 命題論理では，「A ならば B」に対して，「B ならば A」を逆，「A でないならば B でない」を裏といいます．「A ならば B」が成り立つとき，逆や裏は必ずしも成り立ちません．しかし，逆の裏である対偶「B でないならば A でない」が成り立つことは，「A ならば B」が「not A or B」と定義されることから，論理的に導くことができます．

[2] 二つの命題で項目集合が指すものが違うので混乱するかもしれませんが，具体例で書くと，もとの命題は「{1, 2, 3} が頻出ならば，{2, 3} も頻出である」となり，その対偶は，「{2, 3} が頻出でないならば，{1, 2, 3} も頻出でない」となります．

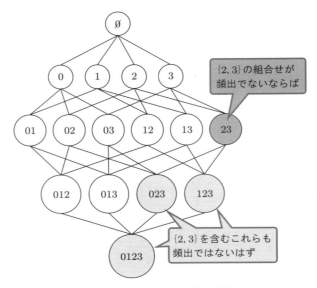

図 12.3 頻出でない項目の削除

アルゴリズム 12.1 に，Apriori アルゴリズムの手順を示します．ここで，F_k は要素数 k の頻出項目集合，C_k は F_{k-1} の要素を組み合わせて作られる頻出項目集合の候補です．また，あらかじめ抽出する項目集合の支持度の閾値を決めておき，それを超えるものを頻出項目集合とします．

例題 12.1 [Weka]

Weka の Apriori アルゴリズムを用いて，図 12.4 の売上データから 3 回以上出現する項目集合を列挙せよ．

解答 ▶ 図 12.4 に示すデータを，chap12-1.arff として作成し，[Preprocess] タブから読み込みます．ここで，トランザクション中の ? は，値の欠如を表します．

次に，[Associate] タブから Apriori アルゴリズムを選択し，支持度の閾値を設定します．問題の設定より，3 事例以上のものを抽出したいので，支持度 (lowerBoundMinSupport) は $3/8 = 0.375$ 以上とします．また，抽出された項目の詳細を表示させるために，outputItemSets を True にしておきます．

```
設定 ▶▶▶
    Associator: Apriori
        lowerBoundMinSupport: 0.375
        outputItemSets: True
```

12.2 頻出項目抽出 **213**

アルゴリズム 12.1　Apriori アルゴリズム（頻出項目抽出）

入力：正解なしデータ D

出力：頻出項目集合

$F_1 \leftarrow$ 要素数 1 の頻出項目集合

$k = 2$

while $F_{k-1} \neq \emptyset$ **do**

　$C_k \leftarrow F_{k-1}$ の各要素の組合せ

　for all $x_i \in D$ **do**

　　for all $c \in C_k$ **do**

　　　if $c \subset x_i$ **then**

　　　　$c.count \leftarrow c.count + 1$

　　　end if

　　end for

　end for

　$F_k \leftarrow \{c \in C_k \mid c.count > \text{閾値}\}$

　$k \leftarrow k + 1$

end while

return $\bigcup_k F_k$

```
chap12-1.arff

@relation chap12-1

@attribute milk {t}
@attribute bread {t}
@attribute butter {t}
@attribute jam {t}
@attribute margarine {t}

@data
t,t,t,?,?
t,t,?,t,?
t,?,?,?,t
?,t,t,?,?
t,t,t,t,?
?,?,?,?,t
t,t,?,t,t
?,?,?,t,?
```

図 12.4　売上データの例

214 第 12 章　パターンマイニング

学習させると，以下のような項目集合が得られます．

```
出力 ▶▶▶
Apriori
=======
Minimum support: 0.38 (3 instances)
Minimum metric <confidence>: 0.9
Number of cycles performed: 13
Generated sets of large itemsets:

Size of set of large itemsets L(1): 5
Large Itemsets L(1):
milk=t 5
bread=t 5
butter=t 3
jam=t 4
margarine=t 3

Size of set of large itemsets L(2): 4
Large Itemsets L(2):
milk=t bread=t 4
milk=t jam=t 3
bread=t butter=t 3
bread=t jam=t 3

Size of set of large itemsets L(3): 1
Large Itemsets L(3):
milk=t bread=t jam=t 3
```

　まず，要素数 1 の項目集合 L(1) は，すべて 3 回以上出ているので，すべてが頻出項目集合に挙がっています．要素数 2 の項目集合 L(2) は，ミルクとパンの組合せなど 4 種類に絞られて，この 4 種類を組み合わせて得られる要素数 3 の項目集合 L(3) では，ミルク・パン・ジャムの組合せだけが残りました．ここからは要素数 4 の項目集合を作ることができないので，アルゴリズムはこれで終了します．

　このあとに連想規則も出力されていますが，それらは次の連想規則抽出アルゴリズムを学んでから見ることにしましょう．

12.3　連想規則抽出

　この節では，まず正解付きのデータから規則を学習する方法を考えてみます．次に，それと比較する形で，正解なしのデータから規則を抽出する際の問題設定や学習アルゴリズムを説明します．

12.3.1 正解付きデータからの規則の学習

ここでの正解付きデータの典型例は，表 3.3 の weather.nominal データのようなもので，目標は，正例 (yes) を判定する規則を「IF 条件部 THEN yes」のような形式で得ることです．ある正例が，この条件部に当てはまるとき，この事例はこの規則にカバーされると表現します．

正解付きデータに対するもっとも単純な規則学習では，まず，なるべく多くの正例をカバーする規則を導き，その規則によって正例と判断された事例を学習データから取り除きます．そして，残りのデータに対して，さらにその中のなるべく多くの正例をカバーする規則を導くという操作を，正例がなくなるまで繰り返します．この手順を**カバーリングアルゴリズム** (covering algorithm) とよびます．

規則学習の代表的アルゴリズムである Ripper では，「IF 条件部 **THEN** yes」という規則を，条件部にリテラル[1] を AND 条件で加えてゆくことで作成してゆきます．加えるリテラルを選ぶ基準は，加える前の規則を R，加えたあとの規則を R' として，以下の式で定義する $\mathrm{Gain}(R', R)$ が最大となるものとします．

$$\mathrm{Gain}(R', R) \equiv s \cdot \left(\log_2 \frac{N'_+}{N'} - \log_2 \frac{N_+}{N} \right) \tag{12.2}$$

ここで，N は規則 R によってカバーされる事例数，N_+ はその中の正例数で，N'，N'_+ は規則 R' に対する同様の数，s は規則 R によってカバーされる正例の中で，規則 R' によってもカバーされる正例の数です．

12.3.2 正解なしデータからの規則学習の問題設定

正解付きデータからの規則の学習では，結論部は class 特徴と決まっていました．いまから考える正解なしデータの場合，どの特徴（あるいはその組合せ）が結論部になるのかはわかりません．むしろ，結果として得られた規則のそれぞれが，異なった条件部・結論部をもつことが多くなります．たとえば，「商品 A を購入したならば，商品 B を購入することが多い」，「商品 C を購入したならば，商品 D と商品 E を購入することが多い」といった規則になります．

このような規則を作るために，まず Apriori アルゴリズムで頻出項目を抽出します[2]．次に，その頻出項目の要素を，条件部と結論部に分けて可能な規則集合を生

---

[1] 「特徴名＝値」で表わされる条件式をリテラルとよびます．
[2] 頻出しないパターンから規則を作る意味はありません．

216 第 12 章　パターンマイニング

成します．そして，その規則の有用性を評価し，役に立ちそうなものだけに絞り込みます．

12.3.3　規則の有用性

ここでは，規則の有用性を評価する基準として，確信度 (confidence) とリフト値 (lift) を紹介します．

確信度は，規則の条件部が起こったときに結論部が起こる割合を表し，以下の式で計算します．この割合が高いほど，この規則に当てはまる事例が多いとみなすことができます．

$$\text{confidence}(A \Rightarrow B) = \frac{\text{support}(A \cup B)}{\text{support}(A)} \tag{12.3}$$

リフト値は，規則の結論部だけが単独で起こる割合と，条件部が起こったときに結論部が起こる割合との比を表し，以下の式で計算します．この値が高いほど，得られる情報の多い規則であることを表しています．

$$\text{lift}(A \Rightarrow B) = \frac{\text{confidence}(A \Rightarrow B)}{\text{support}(B)} \tag{12.4}$$

たとえば，A を「ハム」，B を「卵」と置き換えて，「ハム → 卵」という規則の有用性を考えてみます．このとき，項目集合 {ハム, 卵} の支持度が 0.1，「ハム → 卵」という規則の確信度が 0.7，リフト値が 5 だとします．この値の解釈として，支持度は，客の中の 10% がハムと卵を同時に購入していることを示しています．確信度からは，ハムを購入した客の 70% が卵も購入していることがわかります．一方，リフト値からは，ハムをすでに買った客が卵を買う確率は，任意の客が卵を買う確率よりも 5 倍高いことがわかります．

12.3.4　Apriori アルゴリズムによる連想規則抽出

次に，評価する規則集合の数をいかにして抑えるか，という問題を考えます．要素数が N 個の頻出項目集合に対して，そのうちの k 個の項目を条件部に，残りの $N - k$ 個の項目を結論部において規則を作るとします．条件部の k 個を決めると，結論部は自動的に決まるので，結局 N 個から可能な組合せをすべて作り (2^N)，規則として意味のないもの（条件部・結論部のいずれかに要素を一つも含まないもの）を除くと，$2^N - 2$ 個の規則に対して評価を行うことになります．頻出項目集合が $\{0, 1, 2, 3\}$ $(N = 4)$ の場合の可能な規則集合を図 12.5 に示します．

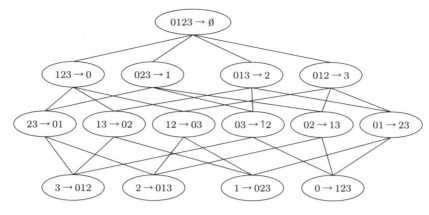

図 12.5　可能な連想規則集合

　ここでの項目数 N は，前節の頻出項目抽出ほどには大きくならないことが期待されます．ですが，それでも学習アルゴリズム中に，規則ごとに全トランザクション集合を対象として評価値を計算する処理が入ってくる以上，少しでも調べる数を減らす必要があります．

　ここでも，a priori 原理に基づき，評価値の高い規則を絞り込むことを試みます．以下，評価値を確信度とした場合について説明します．

　ここでの原理は，

> ある項目集合を結論とする規則の確信度が高ければ，その部分集合を結論とする規則の確信度も高い

を考えます．

　これは，「商品 A を購入したならば，商品 B と商品 C を購入する」という規則の確信度が高ければ，「商品 A を購入したならば，商品 B を購入する」という規則の確信度も高い，という当たり前のことです．

　その対偶は

> ある項目集合を結論とする規則の確信度が低ければ，その項目集合を含む項目集合を結論とする規則の確信度も低い

となります．少しややこしいですが，図で表すと，図 12.6 のようになります．

　そして，連想規則を学習するアルゴリズムはアルゴリズム 12.2 のようになります．ここで，F_k は要素数 k の頻出項目集合，H_m は要素数 m の結論部の集合です．また，あらかじめ抽出する連想規則の確信度の閾値を決めておきます．

第 12 章 パターンマイニング

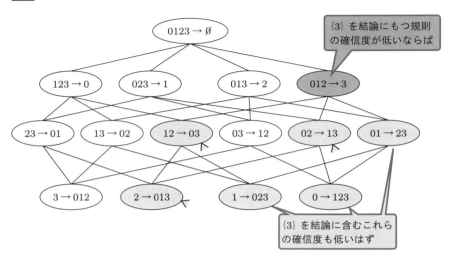

図 12.6　確信度の低い規則の削除

アルゴリズム 12.2　Apriori アルゴリズム（連想規則抽出）

入力：頻出項目集合 F_k $(k \geq 2)$
出力：連想規則集合
 for all $f_k \in F_k$ **do**
  $H_1 \leftarrow \emptyset$
  $A \leftarrow \{a_{k-1} \mid a_{k-1} \subset f_k\}$
  if confidence$(a_{k-1} \Rightarrow f_k - a_{k-1}) >$ 閾値 **then**
   規則 $a_{k-1} \Rightarrow f_k - a_{k-1}$ を出力
   H_1 に $\{f_k - a_{k-1}\}$ を加える
  end if
  ap-genrules(f_k, H_1) /* アルゴリズム 12.3 を参照 */
 end for

アルゴリズム 12.3 　ap-genrules(f_k, H_m)

if $k > m + 1$ **then**

　　H_m の要素を組み合わせて H_{m+1} を作成

　　for all $h_{m+1} \in H_{m+1}$ **do**

　　　　if confidence($f_k - h_{m+1} \Rightarrow h_{m+1}$) > 閾値 **then**

　　　　　　規則 $f_k - h_{m+1} \Rightarrow h_{m+1}$ を出力

　　　　else

　　　　　　H_{m+1} から h_{m+1} を削除

　　　　end if

　　end for

　　ap-genrules(f_k, H_{m+1})

end if

例題 12.2 [Weka]

Weka の Apriori アルゴリズムを用いて，図 12.4 の売上データから連想規則を学習せよ．

解答▶ 例題 12.1 ですでに結果が出ています．頻出項目を列挙したあと，以下のような規則が抽出されています．また，確信度 (conf) やリフト値 (lift) が計算されています．

```
出力▶▶▶
 Best rules found:

 1. butter=t 3 ==> bread=t 3
    <conf:(1)> lift:(1.6) lev:(0.14) [1] conv:(1.13)
 2. bread=t jam=t 3 ==> milk=t 3
    <conf:(1)> lift:(1.6) lev:(0.14) [1] conv:(1.13)
 3. milk=t jam=t 3 ==> bread=t 3
    <conf:(1)> lift:(1.6) lev:(0.14) [1] conv:(1.13)
```

12.4 FP-Growth アルゴリズム

前節で説明した Apriori アルゴリズムの問題点として，やはり計算量が膨大であることが挙げられます．一般に，パターンマイニングの対象であるトランザクションデータは膨大で，アルゴリズム中に（候補数）×（トランザクション数[◆1]）のループがあるので，この部分をなんとか減らさなければ高速化はできません．

◆1 確信度の計算で全トランザクションに対して項目が含まれている数を求める必要があります．

220 第 12 章　パターンマイニング

そこで，高速化のアイディアとして，トランザクションデータをコンパクトな情報に変換し，そのコンパクトな情報に対してパターンマイニングを行うという手法が考えられました．この手法を **FP-Growth アルゴリズム**とよびます．

トランザクションデータをコンパクトにする手段として，まず特徴を出現頻度順に並べ替えます．そして，頻度の高い特徴から順にその情報をまとめると，「商品 A の購入が 100 件，そのうち商品 B も同時に購入が 40 件，商品 C も同時に購入が 30 件，…」のように多数のトランザクションの情報を手短に表現できます．ただし，このような自然言語による表現はプログラムによる処理に向かないので，この情報を木構造で保持します．

ここまでの手順を，例を用いて説明します[1]．まず，以下のようなトランザクション集合を学習データとします．ここで出現する文字は特徴名で，出現しているときはその値が t となっているものとします．

```
1 {r,z,h,j,p}
2 {z,y,x,w,v,u,t,s}
3 {z}
4 {r,x,n,o,s}
5 {y,r,x,z,q,t,p}
6 {y,z,x,e,q,s,t,m}
```

次に，特徴をその出現頻度順にソートし，出現頻度が低い特徴（ここでは 2 回以下しか現れないもの）をフィルタにかけて消去します．出現頻度が低い特徴は，Apriori アルゴリズムでの頻出項目抽出や連想規則抽出でも，余計な候補を生成しないために最初に除かれていました．

ソート，フィルタリング後の結果は以下のようになります．

```
1 {z,r}
2 {z,x,y,s,t}
3 {z}
4 {x,s,r}
5 {z,x,y,r,t}
6 {z,x,y,s,t}
```

そして，このデータから **FP-木** (Frequent Pattern Tree) を作成します．

FP-木は，最初に null というカテゴリを付けた根ノード（ルート）を用意し，トランザクションを順にその木に挿入してゆきます．挿入アルゴリズムはアルゴリズ

---

[1] FP-Growth の説明に用いる例は，文献 [18] 第 12 章を参考にしました．

> **アルゴリズム 12.4　FP-木挿入（T: トランザクション，FP: FP-木）**
>
> トランザクション T の先頭要素 t を取り出す
> **if** $t \subset FP$ **then**
> 　t に対応するノード N のカウントを 1 増やす
> **else**
> 　ノード N を作成し，カウントを 1 として FP につなぐ
> **end if**
> **if** T に残りの要素がある **then**
> 　FP-木挿入（T の残りの要素，N をルートとする FP-木）
> **end if**

ム 12.4 のようになります．

具体的な FP-木の作成手順は図 12.7 のようになります．まず，$\{z, r\}$ が null ($\emptyset$) を根とする FP-木に挿入されます．次に，$\{z, x, y, s, t\}$ の挿入です．まず z は FP-木にあるのでカウントを 1 増やして 2 として，この $z:2$ をルートとする FP-木に対して，残りの $\{x, y, s, t\}$ を挿入します．次の x は FP-木にないので，新たにノードを作って $z:2$ につなぎます．このように，それまでにできた木の構造にデータを当てはめ，当てはまらないところは新たに枝を伸ばすという手順で，すべてのデータを木に追加してゆきます．

できあがった FP-木に対して，特徴を見出しとするヘッダテーブルを作成し，その頻度を記録しておくとともに FP-木に出現する同じ要素をリンクで結んでおきます．

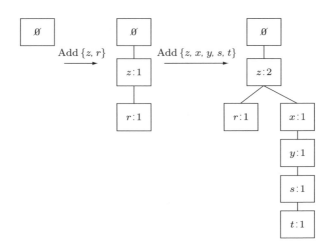

図 12.7　FP-木の作成手順

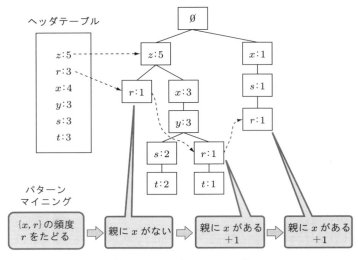

図 12.8 FP-木のマイニング

（図 12.8 上）．特定の特徴は，自分より頻度の高い特徴の出現の有無に応じて，複数の枝に分かれて出現します．このリンクをたどって集めた出現数は，全体のトランザクション集合での出現数に一致します．

パターンマイニングは作成した FP-木を対象に行います（図 12.8 下）．たとえば，頻出項目抽出で $\{x, r\}$ の頻度を求めたいときは，まずヘッダテーブルを引いて頻度の少ないほうを選びます．ここでは r が 3 回，x が 4 回なので，r のリンクをたどりながら頻度計算を行います．ヘッダテーブルからスタートして，最初の r から親をたどり，x が見つからないので，このパスでは $\{x, r\}$ が共起していない，ということになります．次の r のリンクをたどり，その親をたどると，今度は x が見つかりました．その場合は，r の頻度をカウントに加えます．同様に最後まで r のリンクをたどってゆき，親に x が出現するパスにある r の頻度を足してゆくと，最後は $\{x, r\}$ の頻度になります．

例題 12.3 〔Weka〕

Weka の FPGrowth アルゴリズムを用いて，supermarket.arff から連想規則を学習せよ．

解答▶ supermarket データ（図 12.9）は，スーパーマーケットの売上記録です．商品数は 216 点で，購入されたものは t，購入されなかったものには ? が付けられています．

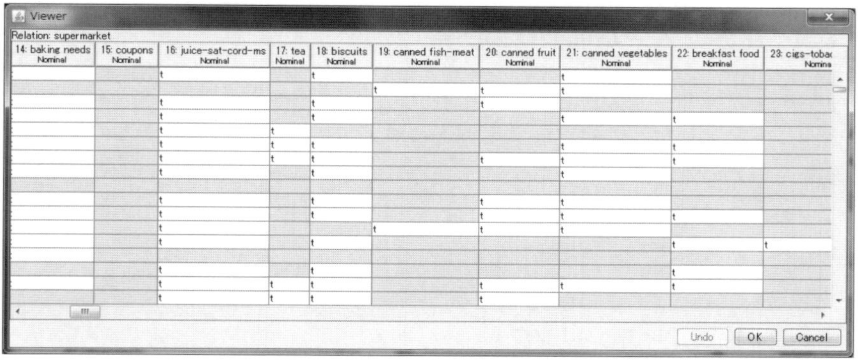

図 12.9 supermarket.arff データ

最後の total 特徴はカテゴリで，low, high の値をとります◆1.

　データを読み込み，[Associate] タブで FPGrowth アルゴリズムを選択します．設定は以下のもので試してみましょう．

設定 ▶▶▶

Associator: FPGrowth
　metricType: Confidence
　minMetric: 0.9

　結果は以下のようになります．10 個の連想規則が抽出され，確信度順に表示されています．

出力 ▶▶▶

```
FPGrowth found 16 rules (displaying top 10)

1. [fruit=t, frozen foods=t, biscuits=t, total=high]: 788 ==>
      [bread and cake=t]: 723
    <conf:(0.92)> lift:(1.27) lev:(0.03) conv:(3.35)
2. [fruit=t, baking needs=t, biscuits=t, total=high]: 760 ==>
      [bread and cake=t]: 696
    <conf:(0.92)> lift:(1.27) lev:(0.03) conv:(3.28)
...
```

◆1 データのコメントには，low < 100 とだけ書いてあるので，おそらく購入金額を表していると思われます．特徴名 total とは合いませんが，もしこの特徴が来店頻度ならば，「常連客がよく購入する商品群」をマイニングすることができます．このような分析結果から，常連客がよく購入する商品群の品揃えを充実させることで，売上を伸ばした小売店の実例が報告されています．

12.5 推薦システムにおける学習

前節までで扱ったトランザクションデータは，それぞれのデータが 1 件分の売り上げを表していました．このデータを個人に対応付けてまとめると，どの個人がどの商品を購入しているのかがわかるデータになります．本節では，このようなデータを対象に，個人に対して推薦を行うシステムの構築をテーマに，そのための機械学習手法を説明してゆきます．

12.5.1 協調フィルタリング

協調フィルタリングの前提は，どの個人がどの商品を購入したかが記録されているデータがあることです．そして，新規ユーザがある商品を購入したときに，記録済みのデータと購入パターンが似ているデータを探して，検索結果のユーザが購入していて，かつ新規ユーザが購入していない商品を推薦するというのが，基本的な考え方です．

しかし，この個人別の購入データは，前節までのトランザクションデータと同様に，疎らに値が入っているデータです．購入パターンが似ているユーザを探す際に，データをベクトルとみなして，コサイン類似度による計算を行っても，ほとんど一致する項目数を数えているに過ぎないような状況になってしまいます．

そこで，図 12.10 に示すように，購入データを低次元の行列に分解し，ユーザ・商品の特徴を低次元のベクトルで抽出する方法が考えられました．

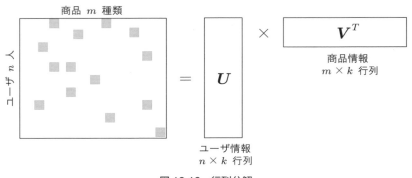

図 12.10　行列分解

12.5.2　Matrix Factorization

Matrix Factorization は，疎らなデータを低次元行列の積に分解する方法の一つです．一般に，行列分解には特異値分解 (Singular Value Decomposition; SVD)とよばれる方法がありますが，推薦システムにこの方法を適用しても，うまくゆかないことが多いといわれています．その理由は，購入データに値が入っていないところのうち，「購入しない」と判断したものはごく少数で，大半は，「検討しなかった」ということに対応するからです．購入したものを 1，しなかったものを 0 として行列で表現した購入データをそのまま推薦に利用すると，1 が「好き」，0 が「嫌い」に対応するものとして扱ってしまいます．

このような問題に対応するために，いくつかの行列分解手法が提案されています．SVD に対して，値のある要素のみを使って行列分解を行う Alternating LeastSquares 手法や，分解してできる行列の要素をすべて非負に限定することで，無理な割り当てが生じないようにする非負値行列因子分解 (Non-negative Matrix Factorization; NMF) などがあります．

また，Factorization Machine は，推定したい値を，特徴ベクトルの各次元の重み付き和と，任意の次元の組合せ特徴の重み付き和から計算するモデルです．一般に，疎なデータに対して次元の組合せ特徴の重みを学習するのは難しいのですが，そこに行列分解のアイディアを用いています．Factorization Machine は，その定式化から，入力に任意の補助情報を加えることができるという利点もあります．たとえば，ユーザを表すベクトルに，性別や年齢などの補助情報を加えて性能を調整することができます．

12.6　まとめ

本章では，カテゴリデータに対する教師なし学習の典型的な手法であるパターンマイニングについて説明しました．パターンマイニングは他の教師あり学習と比べて桁違いに大きなデータを対象とすることが多く，その高速化のために近年開発されているテクニックは非常に高度で難解です．しかし，その手法をすべて理解していなくては何もできない，というわけではなく，基本原理さえ理解できていれば，あとはツールをうまく使ってデータと戦うことはできます．

また，値をとる次元が少ないカテゴリ特徴を疎な行列とみなして，行列分解によって推薦を実現する手法を紹介しました．文献 [19] には，Factorization Machine の

226　第 12 章　パターンマイニング

パッケージである fastFM◆1 を用いた推薦手法の実装例が紹介されています.

演習問題

12.1 [Weka] Apriori アルゴリズムを用いて supermarket.arff から fruit（83 次元目の特徴）を結論部とする規則を学習し，得られた規則の妥当性を検討せよ.

12.2 [Weka] Weka 付属のデータの中からパターンマイニングの対象となるものを探し，規則の学習を行って，その結果を解釈せよ.

12.3 [Python] Python で推薦システムを構築するためのパッケージ scikit-surprise をインストールし，MovieLens データセットに対して NMF を適用して性能評価を行え.

◆1 https://github.com/ibayer/fastFM

第13章 系列データの識別

Introduction

この章では，もう一度教師あり学習の設定に戻って，系列データを識別する手法について説明します．系列データとは，個々の要素の間に i.i.d. の関係が成立しないものです．系列データの識別を行うモデルを学習するためには，一部教師なし学習の要素が入ってくる場合があるので，この順序で説明することとしました．

13.1 ラベル系列に対する識別

入力の系列長と出力の系列長との関係を整理すると，系列データの識別問題は，以下の三つのパターンに分類されます．

1. 入力の系列長と出力の系列長が等しい問題
2. 入力の系列長にかかわらず，出力の系列長が 1 である問題
3. 入力の系列長と出力の系列長の間に，明確な対応関係がない問題

1. は，単語列を入力して，名詞や動詞などの品詞の列を出力する，いわゆる形態素解析処理が典型的な問題です．一つの入力（単語）に一つの出力（品詞）が対応します．この問題のもっとも単純な解決法としては，これまでに学んだ識別器を入力に対して逐次適用してゆくというものが考えられます．しかし，ある時点の出力がその前後の出力や，近辺の入力に依存している場合があるので，そのような情報をうまく使うことができれば，識別率を上げることができるかもしれません．この問題が本章の主題の一つである系列ラベリング問題です．

2. は，ひとまとまりの系列データを特定のクラスに識別する問題です．たとえば動画像の分類や，音声で入力された単語の識別などの問題が考えられます．もっとも単純には，入力をすべて並べて一つの大きなベクトルにしてしまうという方法が考えられますが，入力系列は一般に時系列信号でその長さは不定なので，そう簡単にはゆきません．また，典型的には，入力系列は共通の性質をもついくつかのセグメントに分割して扱われますが，入力系列のどこにそのセグメントの切れ目があるかという情報は，一般には得られません．そこで，このセグメントの区切りを隠れ変数の値として，

その分布を教師なしで学習するという手法と，通常の教師あり学習を組み合わせることになります．これが系列識別問題です．

3. は連続音声認識が典型的な例で，早口か，ゆっくりかによって単位時間あたりの出力単語数が異なります．この問題は学習にも認識にも相当込み入った工夫が必要になるので，本章ではその概要のみ説明します．音声認識の詳細に関しては，拙著 [20] をご覧ください．

13.2 系列ラベリング問題 —CRF—

最初の問題設定として，ラベル特徴の系列を入力として，それと同じ長さのラベル系列を出力する識別問題を扱います．

前節で典型的な例として挙げた形態素解析は，単語の系列を入力として，それぞれの単語に品詞を付けるという問題です（図 13.1）．形態素の列はある言語の文を構成するので，その言語の文法に従った並び方が要求されます．たとえば，日本語の形態素列は，形容詞のあとには名詞がくることが多い，助詞の前には名詞がくることが多いなどの傾向が，明らかに存在します．

入力	系列	で	入力	さ	れる	各	要素
出力	名詞	助詞	名詞	動詞	接尾辞	接頭辞	名詞

図 13.1　形態素解析

また，地名・人名・組織名・日時などの特定の表現を文中から抜き出す**固有表現抽出**（チャンキングともよびます）も，系列ラベリングの典型的な問題です．1 単語が 1 表現になっていれば形態素解析と同じ問題ですが，複数の単語で一つの表現になっている場合があるので，その並びにラベルを付けます．ラベルの付け方は，その表現の開始を表す B (Beginning)，2 単語目以降の表現の構成要素を指す I (Inside)，表現外の単語を表す O (Outside) の 3 種類になります．これは，I の前は必ず B か I であることや，B や I の連続出現数にそれぞれおおよその上限数があることなど，出力の並びに一定の制約があります．このラベル方式には IOB2 タグという名前がついています．

たとえば，文中から「人を指す表現」を抽出した結果は，図 13.2 のようになります．

入力	Suddenly, the tall German guy talked to me
出力	O　　B　I　　I　　I　　O　O　B

図 13.2　固有表現抽出

では，このような系列ラベリング問題を，機械学習によって解決する識別器の構成を考えてゆきましょう．

単純に一つの入力に対して一つのラベルを出力する識別器を順次適用するという方法では，系列としての性質を捨ててしまっているという問題点があります．学習データは，入力系列と出力ラベルのペアとして与えられますが，形態素解析や固有表現抽出の例で見たように，出力系列には並びによる依存関係があるので，個々の識別問題として扱うのは不適当だということです（問題点1）．

それでは出力もまとめてしまって，出力系列を一つのクラスとするということも考えられますが，通常，そのクラス数は膨大な数になってしまいます．たとえば，品詞が10種類で，20単語からなる文にラベル付けする問題では10^{20}種類の出力が可能になり，これらを個別のクラスとして扱うのはほとんど不可能です（問題点2）．

そこで，前後の入力や一つ前の出力など，役に立ちそうな特徴を利用し，かつ系列としての確からしさを評価しながら探索的に出力を求める手法として，識別モデルの一つである対数線型モデルを用いる方法を考えます．

対数線型モデルに基づくと，入力 $\boldsymbol{x}$ が与えられたときの出力 $\boldsymbol{y}$ の条件付き確率 $P(\boldsymbol{y}\,|\,\boldsymbol{x})$ は，以下のように表現できます．

$$P(\boldsymbol{y}\,|\,\boldsymbol{x}) = \frac{1}{Z_{\boldsymbol{x},\boldsymbol{w}}} \exp\{\boldsymbol{w} \cdot \boldsymbol{\phi}(\boldsymbol{x},\boldsymbol{y})\} \tag{13.1}$$

ここで $\boldsymbol{\phi}(\boldsymbol{x},\boldsymbol{y})$ は素性ベクトルで，各次元は $\boldsymbol{x}$, $\boldsymbol{y}$ から定められるさまざまな素性関数，$\boldsymbol{w}$ はそれらの素性関数の重みからなる重みベクトル，$Z_{\boldsymbol{x},\boldsymbol{w}}$ は $Z_{\boldsymbol{x},\boldsymbol{w}} = \sum_{\boldsymbol{y}} \exp\{\boldsymbol{w} \cdot \boldsymbol{\phi}(\boldsymbol{x},\boldsymbol{y})\}$ で定義される定数で，$\sum_{\boldsymbol{y}} P(\boldsymbol{y}\,|\,\boldsymbol{x}) = 1$ を保証するためのものです．

そして，式 (13.1) の条件付き確率を用いると，出力 $\boldsymbol{y}^*$ は以下の最大化問題を解くことによって求まります．

$$\begin{aligned}
\boldsymbol{y}^* &= \arg\max_{\boldsymbol{y}} P(\boldsymbol{y}\,|\,\boldsymbol{x}) \\
&= \arg\max_{\boldsymbol{y}} \left(\frac{1}{Z_{\boldsymbol{x},\boldsymbol{w}}} \exp\{\boldsymbol{w} \cdot \boldsymbol{\phi}(\boldsymbol{x},\boldsymbol{y})\} \right) \\
&= \arg\max_{\boldsymbol{y}} (\boldsymbol{w} \cdot \boldsymbol{\phi}(\boldsymbol{x},\boldsymbol{y}))
\end{aligned} \tag{13.2}$$

この方法で，素性ベクトルの要素としては前後の入力や出力を自由に組み合わせることができるので，系列としての情報を反映したものを設定することができ，上記の

問題点 1 は解決したように見えます．しかし，式 (13.2) ではすべての可能な y についての値を計算する必要があるので，まだ問題点 2 が解決していません．

そこで，利用する素性を図 13.3 に示す組合せに限定します．つまり，出力系列で参照できる情報は一つ前のみ，入力系列は自由な範囲で参照できるとします．出力系列を参照する素性を**遷移素性**，入力と対応させる素性を**観測素性**とよびます．

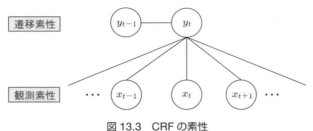

図 13.3　CRF の素性

そうすると，式 (13.2) は以下のように書き換えることができます．

$$y^* = \arg\max_{y} \left(\sum_t \boldsymbol{w} \cdot \boldsymbol{\phi}(\boldsymbol{x}, y_t, y_{t-1}) \right) \quad (13.3)$$

式 (13.3) 右辺の和の部分の最大値を求めるには，先頭 $t=1$ からスタートして，その時点での最大値を求めて足し込んでゆくという操作を t を増やしながら繰り返すことになります．このような手順を**ビタビアルゴリズム**とよびます．

このような制限を設け，対数線型モデルを系列識別問題に適用したものを**条件付き確率場** (Conditional Random Field; CRF) とよびます．

CRF の学習は，対数線型モデルほど簡単ではありませんが，識別の際の手順と同様に，素性関数の値が一つ前の出力にしか影響されないという条件のもとで，重複する計算をまとめることができるという性質を利用します．

例題 13.1

CRF++ に付属する固有表現抽出問題のデータから CRF のモデルを作成し，性能を評価せよ．

解答 ▶ CRF++[1] は工藤拓氏が公開しているオープンソースの CRF ツールです．

ここでは，CRF++ に付属しているサンプルプロジェクトを利用して，CRF のモデルを作成してみます．

CRF++ をダウンロードして展開すると，example というフォルダがあります．こ

---

[1] https://taku910.github.io/crfpp　ver. 0.58

13.2 系列ラベリング問題 —CRF— **231**

表 13.1　chunking フォルダ内のファイル

ファイル名	内容
exec.sh	学習実行のためのバッチファイル
template	素性関数の定義
test.data	評価用のデータ
train.data	学習用のデータ

ここには，典型的な自然言語処理の系列ラベリング問題の例題が納められています．この例題では，図 13.2 で説明した固有表現抽出（チャンキング）を動かしてみましょう．

はじめに，chunking フォルダにある表 13.1 の四つのファイルを確認します．

まず，学習用データ (train.data) の中身を見ておきましょう．

```
train.data

Confidence  NN   B-NP
in          IN   B-PP
the         DT   B-NP
pound       NN   I-NP
is          VBZ  B-VP
widely      RB   I-VP
expected    VBN  I-VP
...
```

学習用データの各行は三つのフィールドで構成されていて，左から順に入力単語，品詞，IOB2 タグです．

次に素性関数の定義 (template) の中身を見ます．

```
template

# Unigram
U00:%x[-2,0]
U01:%x[-1,0]
U02:%x[0,0]
U03:%x[1,0]
...
U10:%x[-2,1]
U11:%x[-1,1]
U12:%x[0,1]
...
U20:%x[-2,1]/%x[-1,1]/%x[0,1]
U21:%x[-1,1]/%x[0,1]/%x[1,1]
U22:%x[0,1]/%x[1,1]/%x[2,1]

# Bigram
B
```

232 第13章　系列データの識別

　アルファベット U で始まる行は個々の素性を生成するためのもので，学習データ中の現在位置から見た任意の場所[1] を参照できます．たとえば最初の U00 は素性名，%x が規則の書き出し記号，[-2,0] で現在の位置から 2 系列前のデータの第 0 列（すなわち単語そのもの）を示します．%x[-1,1]/%x[0,1] のように書くと，一つ前の品詞，現在の品詞がたとえば "IN/DT" と表現されます．この学習データ中の任意のデータを組み合わせた表現と出力ラベルの直積が素性として生成されます．

　また，テンプレートの最後にアルファベット B と記述しておくと，上記の表現 × 現在の出力ラベル × 一つ前の出力ラベルの直積が素性に加えられます．

　それぞれのファイルの内容が確認できたら，コマンドプロンプトなどで以下のコマンドを入力し，学習と評価を実行してください．

```
% crf_learn template train.data model
% crf_test -m model test.data > result.txt
```

結果の result.txt の第 3 列が正解ラベルで，第 4 列が学習後のモデルの適用結果です．

```
result.txt
    Rockwell        NNP     B-NP    B-NP
    International    NNP     I-NP    I-NP
    Corp.           NNP     I-NP    I-NP
    's              POS     B-NP    B-NP
    Tulsa           NNP     I-NP    I-NP
    unit            NN      I-NP    I-NP
    said            VBD     B-VP    B-VP
    ...
```

13.3　系列識別問題 —HMM—

　次に，「入力の系列長にかかわらず出力の系列長が 1 である問題」を扱います．

　出力が一つになったので，ラベルの膨大な組合せを扱う前節の設定よりもやさしく感じるかもしれません．しかし，この問題の難しさは，学習の際に観測されない隠れ変数の値を用いなければならない，という点にあります．

　まず，簡単な例題を考えてみましょう．

　PC で文書作成を行っているユーザのキー入力・マウス操作をシンボルで表して，その系列で初心者と熟練者を識別する問題を考えます．入力はキー入力・マウス操作を抽象化したもので，10 以上の連続通常キー入力 k，エラーキー（Delete キーや Back space キー）入力 e，ファイル保存や文字修飾などの GUI 操作を g とします．

◆1　最後のラベル情報は除きます．

ここで知見として，初心者はキー入力 k と GUI 入力 g を頻繁に繰り返し，かつ時間が経過するにつれてエラー e が増える傾向にあるとします．また，熟練者は最初にキー入力を重点的に，あとから GUI 入力をまとめて行う，という傾向があるとします[1]．

初心者 B さんの操作記録は以下のようなものでした．

> k e k g k e k g g k g k k e g e e k e e e g e

一方，熟練者 S さんの操作記録は以下のようなものでした．

> k k e k g k k k e k g k g g g e g k g

そして，問題として以下のような系列が観測されたとき，この人は初心者か，熟練者かを識別するという状況を考えます．

> k g e k g k k g e k g e k e e k e g e k

この与えられた系列を $\boldsymbol{x}$ として，クラス y（ただし，$y =$ B（初心者）or S（熟練者））の事後確率 $P(y \mid \boldsymbol{x})$ を何らかのモデルを使って計算することを考えます．ここで，以下のような $\boldsymbol{x}$，y の同時確率を考える生成モデルアプローチをとるのが **HMM**（Hidden Markov Model; 隠れマルコフモデル）の考え方です．

$$\arg \max_y P(y \mid \boldsymbol{x}) = \arg \max_y \frac{P(\boldsymbol{x}, y)}{P(\boldsymbol{x})} = \arg \max_y \frac{P(\boldsymbol{x} \mid y) P(y)}{P(\boldsymbol{x})}$$
$$= \arg \max_y P(\boldsymbol{x} \mid y) P(y) \tag{13.4}$$

HMM は，式 (13.4) の $P(\boldsymbol{x} \mid y)$ の値を与える確率的非決定性オートマトンの一種です．各状態であるシンボルをある確率で出力し，ある確率でほかの状態（あるいは自分自身）に遷移します．

形式的に定義すると，HMM は以下の要素と確率で定義されます．

- 状態の集合：$\{S_i\}$ $(1 \leq i \leq n)$
- 初期状態，最終状態の集合
- 遷移確率：状態 i から状態 j への遷移確率 a_{ij}
- 出力確率：状態 i で記号 o を出力する確率 $b_i(o)$

ここで，図 13.4 に示す HMM の構造を仮定すると，状態 S_1 から状態 S_2 に移る系列内の位置を隠れ変数と見て，EM アルゴリズムで各状態の確率を推定することがで

---

[1] もちろん，これらは例題のためのまったくでたらめな知見です．

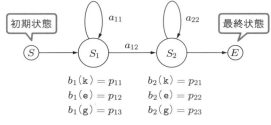

図 13.4 HMM の構成

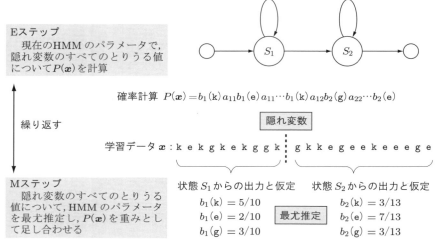

図 13.5 EM アルゴリズムによる HMM の学習

きます（図 13.5）．

HMM は式 (13.4) の $P(\boldsymbol{x}|y)$ を計算するものです．別途推定した $P(y)$ との積を求めることで，事後確率 $P(y|\boldsymbol{x})$ を最大とする y を求めることができます．

HMM は，13.1 節の冒頭に挙げた 3 番目の問題，すなわち，入力の系列長と出力の系列長に，明確な対応関係がない問題にも適用できます．

もっとも単純なモデル化では，クラスごとに作成したすべての HMM の初期状態と最終状態をそれぞれ一つにまとめ，最終状態から初期状態へ戻る遷移を加えれば，任意の長さの出力系列を表すことができます．

この連結された HMM を用いて，入力系列に対してもっとも確率が高くなる遷移系列をビタビアルゴリズムによって求めます．もっとも確率が高くなる遷移系列が定まるということは，すべての隠れ変数の値が定まるということに等しくなるので，入力の各部分系列に対して，出力が定まるということになります．

演習問題 **235**

この問題設定の典型例である音声認識では，音素を HMM で表現し，単語辞書で音素系列を，言語モデルで隣接可能な単語（あるいは隣接単語の確率）を表現して，最適な状態遷移系列を求めるために，探索幅を制限したビームサーチや，最適解に至る可能性をヒューリスティックで見積もった探索を行うなどの複雑な工夫をしています．

13.4 まとめ

本章では，系列ラベリング問題について説明しました．識別問題は，入力が何らかの構造をもつと非常に難しくなります．系列はその中でも単純なものですが，入力が木構造・グラフ構造になると，それらの構造がもっているもとの情報をなるべく失わずに，機械学習アルゴリズムで扱える特徴に移してくるところがポイントです．

系列ラベリングについては文献 [11] の第 5 章が参考になります．文献 [21] は，HMM と CRF が本書とは別の観点から比較されています．グラフ構造をもつデータの識別に関しては，文献 [22] を参照してください．連続系列識別問題の典型例である音声認識に興味がある方は，文献 [23] をご覧ください．

演習問題

13.1 例題 13.1 の問題においてテンプレートを変更して学習を行い，その結果を評価せよ．

13.2 [Python] Python で CRFsuite◆1 を使用できる環境を構築し，サンプルデータでの学習を実行せよ．

◆1 http://www.chokkan.org/software/crfsuite/

第 14 章　半教師あり学習

Introduction

　第 14 章と第 15 章は，教師あり学習と教師なし学習のどちらでもない学習手法について説明します（図 14.1）．

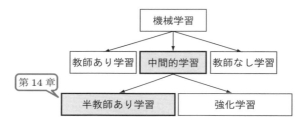

図 14.1　半教師あり学習の位置付け

　いままで扱ってきた問題を単純化すると，二つの場合に分けられます．一つは，手元のすべての入力例に対して望ましい出力が付けられている教師ありの状況で，入力から出力へ写像する関数を獲得するという設定です．もう一つは，とにかく大量のデータがある状況で，それらに内在する性質を発見するという教師なしの状況です．しかし，これら二つには当てはまらないけれどデータを活用したい，という状況は，現実にはさまざまな設定でありそうです．

　まず，典型的な「どちらでもない」状況は，教師信号が一部の学習データにのみ与えられている状況です．たとえば，特定の製品について書かれたブログエントリやツイートなどの web 文書に対して，肯定的／否定的の分類を行いたいという問題設定を考えます．クローラプログラムを使えば，その製品名を含む web 文書を多数入手することができます．しかし，それらに正解クラスの情報（肯定的／否定的）を付けるのは手間の掛かる作業です．現実的には，集めた文書の一部にしか正解情報を与えることができません．すなわち，少量の正解情報付きデータと，大量の正解情報なしデータがある状況で識別器を構成するという設定になります．このような状況を半教師あり学習とよび，本章でその手法を検討してゆきます．

14.1 半教師あり学習とは

上で定義したように，本章で扱う半教師あり学習は正解付き／なしの混在型データに対する識別学習です．基本的には正解付きデータで識別器を作成して，正解なしデータをできるだけ識別器の性能向上に役立てるという方針で学習手順を考えます．このような目的で正解なしデータを用いる際には，正解なしデータの性質にある程度の制約があります．

14.1.1 数値特徴の場合

まず，入力が数値のベクトルである場合を考えましょう．図 14.2 (a) のように，データがクラスタを形成しているとみなすことができ，同一クラスタ内に異なるクラスのデータが混在していないような状況では，正解付きデータの分布から正解なしデータの正解情報を比較的高い精度で推測でき，それらが識別器の性能向上に役立ちそうです．

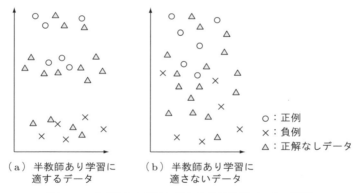

図 14.2 半教師あり学習に適した数値特徴データの性質

一方，図 (b) のように，明確なクラスタが確認されず，識別境界は存在しそうだけど，どのデータに教師信号が付いているかで推定される識別境界の位置が大きく異なりそうなデータは，半教師あり学習には適しません．間違ったほうに分類された正解なしデータが，かえって識別器の性能を下げる振る舞いをする可能性が高いからです．確率的モデルの生成的手法のことばで表現すると，正解なしデータから得られる $p(\boldsymbol{x})$ に関する情報が，$P(y \mid \boldsymbol{x})$ の推定に役立つことが，半教師あり学習が成立する条件です．

このようなことを考慮すると、入力が数値のベクトルである場合、半教師あり学習が可能なデータは、以下の仮定を満たしていることが必要になります。

- 半教師あり平滑性仮定
  もし二つの入力 x_1 と x_2 が高密度領域[◆1]で近ければ、出力 y_1 と y_2 も関連している。
- クラスタ仮定
  もし入力が同じクラスタに属するなら、それらは同じクラスになりやすい。
- 低密度分離
  識別境界は低密度領域にある。
- 多様体仮定
  高次元のデータは、低次元の多様体上に写像できる。

最後の仮定は、高次元でも「次元の呪い」にかかっていない、ということです。第7章で行った、高次元空間への写像の逆が成り立っているということになります。

14.1.2　カテゴリ特徴の場合

カテゴリ特徴の場合は、数値特徴の場合のような一般化は難しいのですが、カテゴリ特徴で大量に学習データが入手可能な識別問題は、ほぼ言語データを入力とするものに絞られます。

もっとも簡単なケースは、図 14.3 のように、正解付きデータで抽出された特徴語の多くが正解なしデータに含まれる場合です。このように識別に役立つ語のオーバー

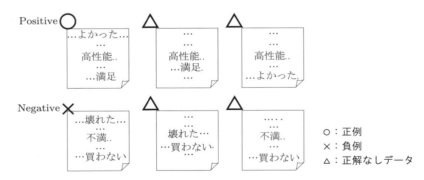

図 14.3　半教師あり学習に適したカテゴリ特徴データ（オーバーラップ）

[◆1] 所属するクラスや正解情報の有無にかかわらず、一定の超立方体中のデータが多い領域が高密度領域で、少ない領域が低密度領域です。

ラップが多いデータは，正解なしデータに対しても比較的高い精度で正解情報を付けることができ，後述する自己学習などを使えば，よい識別器ができそうです．

しかし，通常はそう簡単にはゆきません．図 14.3 の例で示したような商品の評価を行う文書にしても，褒める言葉やけなす言葉はさまざまなバリエーションがあります．顔文字を使ったり，略語を使ったりもするでしょう．そのような場合，正解付きデータに含まれる特徴語とオーバーラップが多い正解なしデータを新たに正解付きデータとみなし，新たに加わったデータに含まれる新たな特徴語をもとの特徴語の集合に加えます．このように拡張した特徴語集合を用いることで，別の新たなデータがオーバーラップが多いと判定され，そこに含まれる特徴語がさらに手掛かりとして加わります（図 14.4）．

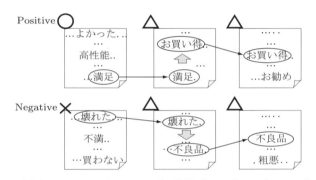

図 14.4 半教師あり学習に適したカテゴリ特徴データ（オーバーラップの伝播）

つまり，カテゴリ特徴の場合，正解付きデータと正解なしデータにカテゴリ値のオーバーラップがまったく見られないデータでは，半教師あり学習は役に立ちませんが，正解なしデータの一部とでも適当なオーバーラップがあれば，その一部の正解なしデータがほかの正解なしデータを徐々に巻き込んでゆく可能性があります．通常，自然言語で書かれたデータはこの後者の仮定を満たすことが多いので，半教師あり学習は文書分類問題によく適用されます．

14.1.3 半教師あり学習のアルゴリズム

ここまで見てきたように，特徴ベクトルが数値であってもカテゴリであっても，正解付きデータで作成した識別器のパラメータを，正解なしデータを用いて調整してゆく，というのが半教師あり学習の基本的な進め方です（14.4 節で紹介する YATSI アルゴリズムは例外です）．

識別器を作成するアルゴリズムはこれまで紹介してきたものを問題に応じて用いればよいのですが，正解なしデータの識別結果を次回の識別器作成に取り込むためには，ナイーブベイズ識別器のような，識別結果に確信度を伴うものが適しています．

一方，繰り返しアルゴリズムに関して，単純に終了のための閾値チェックをするだけなのか，識別器のパラメータを繰り返しの度に変化させるか，識別器で使う特徴に制限をかけるか，など様々な設定が可能です．以下では，繰り返しアルゴリズムの違いによって生じる，さまざまな半教師あり学習手法について説明してゆきます．

14.2 自己学習

自己学習 (self-training) は，もっとも単純な半教師あり学習アルゴリズムです．正解付きデータで作成した識別器の出力のうち，確信度の高い結果を信じて，そのデータを正解付きデータに取り込み，自分を再度学習させるということを繰り返すものです（図 14.5）．

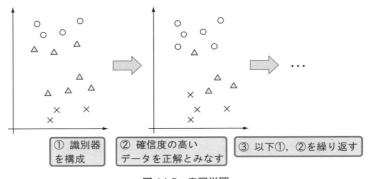

図 14.5 自己学習

自分が出した結果を信じて，再度自分を学習させるというところが自己学習とよばれる理由です．繰り返しによって学習データが増加し，より信頼性の高い識別器ができることをねらっています．

自己学習は図 14.2 (a) のような，半教師あり学習に適したデータの場合はよいのですが，低密度分離が満たされていないデータに対しては，正解付きデータによって作成した初期識別器の誤りが，ずっと影響を及ぼし続ける性質があります．

14.2 自己学習　241

例題 14.1 Weka

　Weka の SimpleCollective を用いて，自己学習を行え．データは diabetes.arff を用い，正解付きデータの割合や，内部の識別器を変えて，性能の変化を確認せよ．

解答▶ Weka の半教師あり学習のパッケージである collective-classification をインストールすると，Explorer インタフェースに [Collective] というタブが増えます（B.4.2 項参照）．[Preprocess] タブでデータを読み込んだあと，[Collective] タブの Evaluation options 領域で学習の設定を行い，Classifier 領域で学習アルゴリズムの選択・パラメータの調整を行います．なお，collective-classification パッケージで実装されている多くの学習アルゴリズムは，2 クラスの識別問題に限定されているので，注意してください．

　Evaluation options 領域では，半教師あり学習の設定を以下から選択します．

- Cross-validation: 交差確認法と同じ考え方で，Folds で指定した数にデータを分割し，一つを正解なしデータ，残りを正解付きデータとみなす．評価は正解なしデータで行う．swap folds にチェックを入れると，正解なし／正解付きが逆となる．
- Random split: Percent で指定した分量のランダムなデータを正解付きデータ，残りを正解なしデータとみなす．評価は正解なしデータで行う．Seed は，乱数発生器に与える初期値．
- Unlabeled/Test set: 読み込み済みのデータを正解付きデータとみなし，別途正解なしデータと評価用データ（こちらは評価のため正解情報が必要）を指定して，学習と評価を行う．

　Cross-validation や Random split を選択すると，擬似的に正解付き／なしの混在データを作ることができます．Unlabeled/Test set は，実際に半教師あり学習を行うときに選択するものです．

　ここでは，正解付きデータである diabetes.arff を用いて疑似的に半教師あり学習を行います．[Preprocess] タブで diabetes.arff を読み込んだあと，[Collective] タブで [SimpleCollective] を選択します．そして，Evaluation options 領域で Random split を選び，Percent を 10 に設定します（図 14.6）．そうすると，10% のデータを正解付き

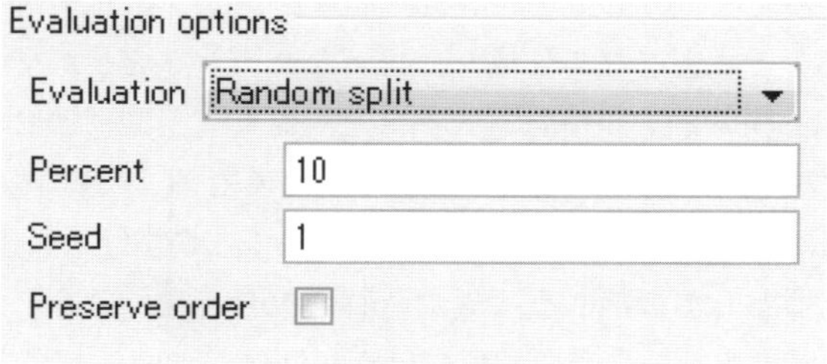

図 14.6　Evaluation options の設定

242 第 14 章　半教師あり学習

データ，残りを正解なしデータとして扱います．

　SimpleCollective の初期値では，決定木 (J48) を識別器とし，繰り返し回数 10 回を上限として，正解なしデータから新しく正解付きとみなされるデータがなくなるまで自己学習を行います．

　まず，正解付きデータが 10% という状況で，Seed の値を変えて実行してみてください．正解率 (`Correctly Classified Instances`) が表 14.1 のようになります．

表 14.1　異なるデータによる性能評価

Seed	正解率 [%]
1	63.097
2	64.11
3	57.8871
4	72.9378
5	53.4009

　正解付きデータの違いによって，性能が大きく異なっています．決定木は不安定な学習アルゴリズムなので，このように正解付きデータが少ないときには，あまり信頼できない結果となりました．

　正解付きデータの割合を変化させたり，SimpleCollective のパラメータ設定ウィンドウで classifier を [NaiveBayes], [SMO] などに入れ替えて性能の違いを確認してください．

14.3　共訓練

　自己学習の問題点は，その名のとおり，自分が出した誤りを指摘してくれる他人がいない，というたとえができます．そこで，判断基準が異なる識別器を二つ用意して，お互いが教え合うというたとえで半教師あり学習を実現する方法が，**共訓練** (co-training) です．

　共訓練は，異なった特徴を用いて識別器を二つ作成し，相手の識別結果を利用して，それぞれの識別器を学習させるアルゴリズムです．まず，正解付きデータの分割した特徴から識別器 1 と識別器 2 を作成し，正解なしデータをそれぞれで識別します．識別器 1 の確信度上位 k 個を正解付きデータとみなして，識別器 2 を学習します，その後，1 と 2 の役割を入れ替え，精度の変化が少なくなるまで繰り返します（図 14.7）．

　共訓練の特徴は，学習初期の誤りに強いということが挙げられます．欠点としては，それぞれが識別器として機能しうる異なる特徴集合を見つけるのが難しいことと，場合によっては全特徴を用いた自己学習のほうが性能がよいことがあること，などです．

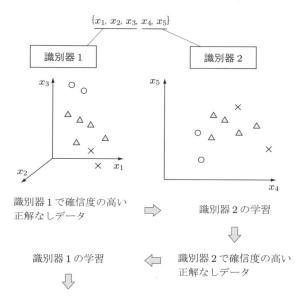

図 14.7　共訓練

14.4　YATSI アルゴリズム

　カテゴリ特徴の正解付き／正解なしの混合データに対する半教師あり学習のように，特徴的なカテゴリが同じクラスのデータで伝播するような性質がある場合は，自己学習や共訓練のような繰り返しアルゴリズムが効果を発揮します．しかし，数値特徴では繰り返しアルゴリズムがうまくはたらく場合と，初期の誤りがその後の結果に影響を及ぼし続けてあまりよい結果とならない場合があります．

　そこで，繰り返しによる誤りの増幅を避けるために，正解付きデータで一度だけ識別器を学習し，その識別器ですべての正解なしデータを識別してしまい，その結果を重み付きで利用して k-NN 法による識別器を作る，という単純なアルゴリズムが **YATSI** (Yet Another Two-Stage Idea) です（図 14.8）．

　正解付きデータを D_l，正解なしデータを D_u として，アルゴリズム 14.1 のアルゴリズムで重み付き k-NN 識別器を作成します．

　ここで，F は正解なしデータの寄与分で，どれだけ正解なしデータの識別結果を信用するか，というパラメータです．このようにして作成した重み付き k-NN 識別器でテストデータを識別します．

　自己学習や共訓練が，基本的に二クラス分類問題にしか適用できないのに対して，YATSI アルゴリズムは多クラス分類問題にもそのまま適用できるという利点があり

第 14 章 半教師あり学習

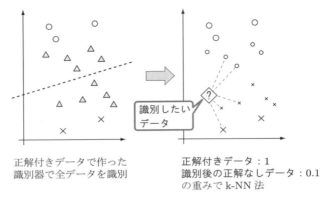

図 14.8 YATSI アルゴリズム

アルゴリズム 14.1　YATSI アルゴリズム（重み付き k-NN 識別器の作成）

識別器 C を D_l で学習

C で D_u を識別

D_l に重み 1, D_u に重み $F \times \dfrac{|D_l|}{|D_u|}$ を付ける

ます.

例題 14.2 [Weka]

Weka の YATSI アルゴリズムを用いて, iris.arff に対して半教師あり学習を行え.

解答▶ 表 14.2 の手順で YATSI アルゴリズムを用いた半教師あり学習を実行します. 例題 14.1 で用いた collective-classification をインストールしている必要があります.

表 14.2 Weka における YATSI アルゴリズムの手順

タブ	領域	操作	内容
Preprocess	上部ボタン	[Open file ...] → iris.arff	学習データの読み込み
Collective	Evaluation options	[Random split] を選択	正解付き／なしの設定
		Percent = 10	
		Seed = 1	
	Classifier	[Choose] → [meta] → [YATSI] を選択	半教師ありアルゴリズムの選択
	左側ボタン	[Start]	学習の実行
	Classifier output		学習結果の確認

まず，[Preprocess] タブで iris.arff を読み込みます．次に [Collective] タブで半教師あり学習の設定をします．ここでも，Evaluation options 領域では [Random split] を選び，Percent を 10 に設定しておきます．そして，Classifier 領域で YATSI アルゴリズムを指定します．YATSI は [collective] の [meta] の中にあります．YATSI アルゴリズム自体はメタアルゴリズムなので，その中で正解付きデータから識別器を作成するアルゴリズムを指定します．ここでは，初期値である J48 としておきましょう．

[Start] ボタンを押して学習させると，以下のような結果が得られます．

```
出力 ▸▸▸
識別器
petallength <= 1.7: Iris-setosa (5.0)
petallength > 1.7
|   petallength <= 5: Iris-versicolor (5.0/1.0)
|   petallength > 5: Iris-virginica (5.0)

Correctly Classified Instances      127      94.0741 %
Incorrectly Classified Instances      8       5.9259 %
Total Number of Instances           135
```

最初の木が正解付きデータから J48 アルゴリズムで学習された決定木です．その後が正解なしデータの k-NN 法による分類結果です．正解付きデータの割合を変えて，評価がどのように変わるか実験してみましょう．

14.5　ラベル伝搬法

ラベル伝搬法の考え方は，特徴空間上のデータをノードとみなし，類似度に基づいたグラフ構造を構築するというものです．近くのノードは同じクラスになりやすいという仮定で，正解なしデータの予測を行います．

評価関数は以下に示すもので，この評価関数 $J(\boldsymbol{f})$ の最小化を行います．

$$J(\boldsymbol{f}) = \sum_{i=1}^{l} (y_i - f_i)^2 + \lambda \sum_{i<j} w_{ij}(f_i - f_j)^2 \tag{14.1}$$

ここで，y_i は i 番目のノードの正解情報で，1（正例），-1（負例），0（正解なし）のいずれかです．f_i は i 番目のノードの予測値で，値として 1 または -1 のいずれかをとります．w_{ij} は i 番目のノードと j 番目のノードの結合度を表します．

学習の手順は，以下のとおりです．

1. データ間の類似度に基づいたグラフ構築

   類似度の基準は，ガウシアンカーネル ($K(\boldsymbol{x}, \boldsymbol{x}') = \exp(-\gamma \|\boldsymbol{x} - \boldsymbol{x}'\|^2)$) や，k-NN 法が使われます．前者は，全ノードが結合し，連続値の結合度が与えられます．後者は，近傍の k 個のノードのみが結合する省メモリの手法で，結合度は 0 または 1 で表現されます．

2. 評価関数の最小化

   ラベル付きノードからラベルなしノードにラベルを伝播させる操作を繰り返し，式 (14.1) の評価関数 $J(\boldsymbol{f})$ の最小化を通じて隣接するノードがなるべく同じラベルをもつように最適化します．

例題 14.3 [Python]

scikit-learn の `LabelPropagation` アルゴリズムで，iris データの半教師あり学習を行え．

解答▶ 図 14.9 の手順でコーディングします．

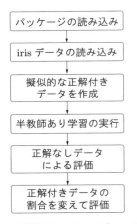

図 14.9　例題 14.3 のコーディング手順

まず，必要なパッケージを読み込みます．

```
1  import numpy as np
2  from sklearn.datasets import load_iris
3  from sklearn.semi_supervised import LabelPropagation
```

そして，iris データを読み込みます．

```
4   iris = load_iris()
5   X = iris.data
6   y = iris.target
```

ここでは，iris データの 30% を正解付きデータ，残りの 70% を正解なしデータとします．numpy の random.choice メソッドで，0 から 149 までの数のうち 70% を選び，選ばれたインデックスに対応する教師ベクトルの値を，−1 に書き換えます．式 (14.1) の設定とは異なり，scikit-learn の LabelPropagation では，正解なしデータを −1 で表します．

```
7    unlabeled_points = np.random.choice(np.arange(y.size), int((y.size)*.7),
     replace=False)
8    labels = np.copy(y)
9    labels[unlabeled_points] = -1
10   print(labels)
```

出力 ▸▸▸
```
[ 0  0 -1 -1 -1 -1 -1  0  0 -1  0 -1 -1 -1 -1  0 -1 -1 -1 -1 -1 -1 -1  0 -1
 -1 -1 -1 -1  0 -1 -1 -1 -1 -1 -1 -1 -1 -1 -1 -1  0 -1 -1  0 -1  0  0  0  0
 -1 -1 -1  1  1 -1  1 -1  1  1 -1 -1  1 -1 -1 -1  1  1 -1 -1 -1  1 -1 -1 -1
  1 -1 -1 -1 -1  1 -1  1 -1 -1 -1  1 -1 -1 -1 -1 -1 -1 -1 -1 -1 -1  1 -1
 -1 -1  2  2 -1  2 -1 -1  2 -1  2 -1 -1 -1 -1  2 -1 -1 -1 -1  2 -1  2  2
 -1  2 -1 -1 -1  2 -1 -1 -1  2  2 -1  2 -1  2 -1 -1 -1 -1  2 -1 -1 -1  2 -1]
```

これを教師ベクトルとして，LabelPropagation で半教師あり学習を行います．

```
11   lp = LabelPropagation()
12   lp.fit(X, labels)
```

出力 ▸▸▸
```
LabelPropagation(alpha=None, gamma=20, kernel='rbf', max_iter=1000,
        n_jobs=1, n_neighbors=7, tol=0.001)
```

このようにして作成したモデルを，正解なしデータで評価してみます．

```
13   lp.score(X[unlabeled_points], y[unlabeled_points])
```

正解率は，94.3% となりました．やはり，iris データはまとまりがよいので，30% ほどでも正解付きデータがあれば，十分性能のよい識別器ができています．

次に，正解付きデータデータの割合を 5%，10%，20%，30% と変え，性能を確認します．どのデータに正解情報が付くかによってスコアが変わるので，それぞれの割合で，試行を 100 回ずつ行います．

```
14  labeled_percent = [0.05, 0.1, 0.2, 0.3]
15  num = y.size
16  for labeled in labeled_percent :
17      score = 0
18      for i in range(100):
19          unlabeled_points = np.random.choice(np.arange(num),
    int(num-num*labeled), replace=False)
20          labels = np.copy(y)
21          labels[unlabeled_points] = -1
22          lp.fit(X, labels)
23          score += lp.score(X[unlabeled_points], y[unlabeled_points])
24      print("{0}{1:4.1f}{2}{3:6.3f}".format("labeled:", labeled*100, "%,
    score=", score/100))
```

```
出力▶▶▶
 labeled: 5.0%, score= 0.847
 labeled:10.0%, score= 0.918
 labeled:20.0%, score= 0.950
 labeled:30.0%, score= 0.956
```

iris データでは，全体の 20% ほどの正解付きデータで，十分高い正解率が出ていることがわかります．

14.6　まとめ

　本章では，正解付き／なしの混在型データに対する半教師あり学習手法について説明しました．半教師あり学習はデータの性質をあらかじめ検討できる場合や，先行事例でうまくゆくことが報告されている問題に対しては有効な手法です．しかし，推定した結果を使って新たなデータを識別するので，その推定が誤っていると，結果はよいものにはなりません．

　ビッグデータの時代には，少しの正解付きデータと大量の正解なしデータの組合せで学習ができる，と聞くと非常に魅力的ですが，ここまで説明してきたように，半教師あり学習は扱うデータの性質にその結果が大きく影響されるということを忘れないようにしましょう．

　半教師あり学習の参考文献として，[24] の第 1，2，3，6 章（それ以外はやや専門的），本章の内容よりも進んだ内容を学べる日本語の文献として [5] の第 16 章をお勧めします．

演習問題

14.1 Weka CollectiveEM は 14.2 節で説明している自己学習の実装である．内部の識別器をいくつか入れ替え，diabetes.arff でその動作を確認せよ．

14.2 Weka 例題 14.1 に従い，YATSI アルゴリズムを用いて iris.arff, glass.arff それぞれの半教師あり学習をパラメータを変えて行い，結果を比較せよ．

14.3 Python scikit-learn の LabelPropagation アルゴリズムにおいて，データの類似度計算法を変更し，性能の変化を確認せよ．

第 15 章 強化学習

Introduction

この章では，強化学習について説明します．強化学習は，教師信号に準ずる情報が，一部の学習データにのみ与えられます．この状況は，教師ありでも教師なしでもないので，中間的学習として位置付けています（図 15.1）．

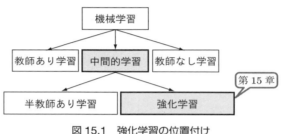

図 15.1 強化学習の位置付け

15.1 強化学習とは

強化学習とは，「報酬を得るために，環境に対して何らかの行為を行う意思決定エージェントの学習」と定義することができます．

実世界で行為を行う意思決定エージェントというと，ロボットが思いつきます．バーチャルな世界で思いつきやすいのは，将棋や囲碁などを行うプログラムでしょうか．強化学習は，このような意思決定を行うエージェントを賢くする学習法です．

エージェントには，環境についての情報が与えられます．たとえば，ロボットでは，センサ・カメラ・マイクなどからの入力が環境となります．多種多様な環境を連続的に考えるのは難しいので，環境は離散的な状態の集合 $S = \{s \mid s \in S\}$ でモデル化できると仮定します．時刻 t で，ある状態 s_t において，エージェントが行為 a_t を行うと，報酬 r_{t+1} が得られ，状態 s_{t+1} に遷移します．一般に，状態遷移は確率的で，その確率は遷移前の状態にのみ依存すると考えます．このような問題の定式化を**マルコフ決定過程** (Markov Decision Process; MDP) とよびます（図 15.2）．

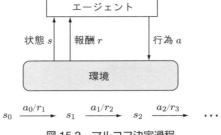

図 15.2 マルコフ決定過程

また，強化学習で考えている問題では，報酬 r はたまにしか与えられません．将棋やチェスなどのゲームを考えると，個々の手がよいか，悪いかはその手だけでは判断できず，最終的に勝ったときに報酬が与えられます．ロボットが迷路を移動する問題でも，個々の道の選択には報酬は与えられず，ゴールにたどりついた段階で報酬が与えられます．この場合，回り道をすることを避けるために，選択ごとにマイナスの報酬を与える場合もあります．

このように定式化すると，強化学習は，なるべく多くの報酬を得ることを目的として，状態（カテゴリ）または状態の確率分布（連続値）を入力として，行為（カテゴリ）を出力する関数を学習することと定義できます．

ただし強化学習は，その設定上，これまでの教師あり／教師なし学習とは違う問題になります．ほかの機械学習手法との違いは以下のようになります．

- 教師信号が間接的：「何が正解か」ではなく，報酬（連続値）がときどき与えられる
- 報酬が遅れて与えられる：例）将棋の勝利，迷路のゴール
- 探求が可能：エージェントが自分で学習の対象を選べる
- 状態が確定的でない場合がある：確率分布でそれぞれの状態にいる確率を表すこともできる

15.2　1 状態問題の定式化 —K-armed bandit 問題—

このような設定で，もっとも単純な例から始めましょう．対象とするものは K-armed bandit とよばれる，K 本のアームをもつスロットマシンです（図 15.3）[1]．

---

[1] K-armed bandit は，スロットマシンを指す俗語の one-armed bandit から派生してできた言葉です．K 本のアームをもつ奇妙なスロットマシンを考えるよりも，K 台のスロットマシンが並んでいる問題としたほうが自然なのですが，ここでは，1 状態ということを明確にするためにこちらの設定にしました．

第 15 章 強化学習

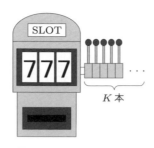

図 15.3 K-armed bandit

K 本のアームは，それぞれ賞金の期待値が異なるものとします．これは，1 状態，K 種の行為，即時報酬の問題となります．学習結果は，このスロットマシン（すなわちこの問題設定における唯一の状態）で，最大の報酬を得る行為（K 本のうちどのアームを引くか）になります．

もし，報酬が決定的であれば，学習は非常に簡単です．すべての行為を順に試みて，もっとも報酬の高い行為を学習結果とすればよいのです．あまりにも単純ですが，今後のことを考えて学習過程を定式化しておきましょう．

行為 a によって得られる報酬の推定値を $Q(a)$ と定義し，学習過程によって正しい $Q(a)$ の値（以後 Q 値といいます）が得られれば，Q 値を最大とする行為が学習の結果になります．最初は，行為 a を行ってどれだけの報酬が得られるのかわからないので，すべての a について $Q(a)$ の値を 0 に初期化します．次に，可能な a を順番に行って（K 本のアームを順に引いて），そのときの報酬 r_a を得ます．そして，各 a について $Q(a) = r_a$ として，Q 値が一番高い a が求める行為になります．

一方，報酬が非決定的な場合は，こんなに簡単にはゆきません．各行為 a に対応する報酬 r は，非決定的ですがまったくでたらめではなく，確率分布 $p(r\,|\,a)$ に従うと仮定します◆1．つまり，決定的ではないが，確率的であると仮定します．ただし，この確率分布は未知だとします．

そのような状況では，各アームを 1 回だけ引くのではなく，何度も引いて，平均的に多くの報酬が得られるアームを選ぶことになります．何回も試行することで，確率分布 $p(r\,|\,a)$ を推定するわけです．

何度も試行して学習を行うので，定式化に時刻 t を持ち込みます．扱いやすいように，t は離散的であるとして，時刻 t で 1 回試行，時刻 $t+1$ で次の試行と続けてゆくと考えます．この場合，行為 a の価値の時刻 t における見積りを $Q_t(a)$ とします．この Q 値を，時刻 t 以前での，行為 a による報酬の平均値に一致させることを目指しま

◆1 まったくでたらめではどのアームを引いても違いはないので，学習する意味がありません．

す．そうすると，その行為が平均的にどれぐらいうまくゆくか，ということがわかります．

ただし，単純に平均値を求めるためには，それまでの行為 a の試行回数を記憶しておかなければなりませんし，Q 値はずっと変動し続けます．そこで，以下の式のように，時刻 t の行為 a による試行の報酬 $r_{t+1}(a)$ と，現在の Q 値との差を変動幅とし，学習係数 η をかけて Q 値の更新を行います．学習率 η は最初は 1 以下の適当な値に設定し，時刻 t の増加に従って減少するようにしておけば，試行を重ねてゆくことで Q 値が収束します．

$$Q_{t+1}(a) = Q_t(a) + \eta\{r_{t+1}(a) - Q_t(a)\} \tag{15.1}$$

15.3　マルコフ決定過程による定式化

次に，複数の状態をもつ問題に拡張しましょう．図 15.4 のような迷路をロボット R が移動するという状況です．ゴール G に着けば，報酬が得られます．

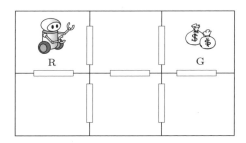

図 15.4　状態遷移を伴う問題

単純なケースでは報酬は決定的（ゴールに着けば必ずもらえる）で，部屋の移動にあたる状態遷移も決定的（必ず意図した部屋に移動できる）です．問題を一般化して，報酬や遷移が確率的である場合も想定できます．これらが確率的になる原因として，たとえばロボットのゴールを探知するセンサがノイズで誤動作をしたり，路面状況でスリップが生じるなどの不確定な要因で行為が成功しない状況が考えられます．これらは，非決定的であるとはいえ，学習中に状況が変化してしまうとどうしようもないので，この非決定性が確率的であるとし，確率分布は学習期間中を通じて一定であるとします．

このような問題は，以下のようなマルコフ決定過程として定式化することができます．

254 第 15 章 強化学習

- 時刻 t における状態 $s_t \in S$
- 時刻 t における行為 $a_t \in A(s_t)$
- 報酬 $r_{t+1} \in \mathbb{R}$（実数），確率分布 $p(r_{t+1} \,|\, s_t, a_t)$
- 次状態 $s_{t+1} \in S$，確率分布 $P(s_{t+1} \,|\, s_t, a_t)$

マルコフ決定過程は，「マルコフ性」をもつ確率過程における意思決定問題です．「マルコフ性」とは，次状態での事象の起こる確率は現在の状態だけから決まり，過去の状態には依存しないという性質です．ここでは，報酬と次状態への遷移の確率が現在の状態と行為のみに依存しているという定式化になっています．

マルコフ決定過程における学習は，各状態でどの行為をとればよいのかという意思決定規則を獲得してゆくプロセスです．意思決定規則のことを**政策** π とよび，状態から行為への関数の形で表現します．

政策の良さは，その政策に従って行動したときの累積報酬の期待値で評価します．状態 s_t から政策 π に従って行動したときに得られる累積報酬の期待値 $V^\pi(s_t)$ は，以下のように計算できます．ただし，γ $(0 \le \gamma < 1)$ は割引率で，あとに得られる報酬ほど割り引いて計算するための係数です．この係数を累積計算に組み込むことで，同じ報酬にたどり着けるのであればより短い手順を優先することになり，ずっと先の報酬を小さくすることで累積計算を収束させることにもなります．

$$V^\pi(s_t) = E(r_{t+1} + \gamma r_{t+2} + \gamma^2 r_{t+3} + \cdots)$$
$$= E\left(\sum_{i=1}^{\infty} \gamma^{i-1} r_{t+i} \right) \tag{15.2}$$

累積報酬の期待値がすべての状態に対して最大となる政策を**最適政策** π^* といいます．マルコフ決定過程における学習の目標は，この最適政策 π^* を獲得することです．

$$\pi^* \equiv \arg\max_\pi V^\pi(s_t), \quad \forall s_t \tag{15.3}$$

最適政策 π^* に従ったときの累積報酬の期待値 $V^{\pi^*}(s_t)$ は，見やすさのため，以後 $V^*(s_t)$ と表記します．

この最適政策を求めるための考え方は，K-armed bandit 問題と同じです．各状態において $Q(s_t, a_t)$（状態 s_t で行為 a_t を行うときの価値）の値を，問題の状況設定に従って求めてゆく，というものです．

$Q^*(s_t, a_t)$ を状態 s_t で行為 a_t を行い，その後，最適政策に従ったときの期待累積報酬の見積もりとすると，V^* と Q^* の関係から，以下の式が導けます．

$$V^*(s_t) = \max_{a_t} Q^*(s_t, a_t)$$

$$= \max_{a_t} E\left(\sum_{i=1}^{\infty} \gamma^{i-1} r_{t+i}\right)$$

$$= \max_{a_t} E\left(r_{t+1} + \gamma \sum_{i=1}^{\infty} \gamma^{i-1} r_{t+i+1}\right)$$

$$= \max_{a_t} E(r_{t+1} + \gamma V^*(s_{t+1})) \tag{15.4}$$

式 (15.4) は，無限時刻の和で表現される状態価値関数を，隣接時刻間の再帰方程式で表したものです．この再帰方程式を**ベルマン方程式** (Bellman equation) といいます．状態遷移確率を明示的にすると，ベルマン方程式は以下のように書き換えられます．

$$V^*(s_t) = \max_{a_t}\left\{ E(r_{t+1}) + \gamma \sum_{s_{t+1}} P(s_{t+1} \mid s_t, a_t) V^*(s_{t+1}) \right\} \tag{15.5}$$

さらに，式 (15.5) を Q 値を用いて書き換えると，以下のようになります．

$$Q^*(s_t, a_t) = E(r_{t+1}) + \gamma \sum_{s_{t+1}} P(s_{t+1} \mid s_t, a_t) \max_{a_{t+1}} Q^*(s_{t+1}, a_{t+1}) \tag{15.6}$$

求めるべき最適政策は，Q 値を用いて，以下のように表現できます．

$$\pi^*(s_t)\colon \text{Choose } a_t^* \quad \text{if} \quad Q^*(s_t, a_t^*) = \max_{a_t} Q^*(s_t, a_t) \tag{15.7}$$

あとは，どのようにして Q 値を推定するか，という問題になります．

15.4　モデルベースの学習

Q 値を推定する方法は，モデルに関する知識の前提によって大きく二つに分類されます．環境をモデル化する知識，すなわち，状態遷移確率と報酬の確率分布が与えられている場合，Q 値は，動的計画法の考え方を用いて求めることができます．この方法を**モデルベースの手法**とよびます．一方，環境のモデルをもっていない場合，すなわち，状態遷移確率と報酬の確率分布が未知の場合，試行錯誤を通じて環境と相互作用をした結果を使って学習を行います．この方法を**モデルフリーの手法**とよびます．

本節ではモデルベースの手法を，次節ではモデルフリーの手法を説明します．

256 第 15 章 強化学習

　モデルベースの手法では，状態遷移確率 $P(s_{t+1} \mid s_t, a_t)$ と，報酬の確率分布 $p(r_{t+1} \mid s_t, a_t)$ が与えられているものとします．その前提で，アルゴリズム 15.1 に示す Value iteration アルゴリズムを実行すると，状態価値関数 $V(s)$ の最適値を求めることができ，それぞれの状態で Q 値を最大とする行為が求まるので，これが最適政策ということになります．

アルゴリズム 15.1　Value iteration アルゴリズム

$V(s)$ を任意の値で初期化
repeat
　for all $s \in S$ **do**
　　for all $a \in A$ **do**
　　　$Q(s, a) \leftarrow E(r \mid s, a) + \gamma \sum_{s' \in S} P(s' \mid s, a) V(s')$
　　end for
　　$V(s) \leftarrow \max_a Q(s, a)$
　end for
until $V(s)$ が収束

　アルゴリズム 15.1 中の報酬の期待値 $E(r \mid s, a)$ は，報酬の確率分布 $p(r_{t+1} \mid s_t, a_t)$ から求めます．このアルゴリズムは，迷路中で報酬がもらえる状態（ゴール）が一つだけある場合，まずそのゴール状態の一つ手前での最適行為が得られ，次にその一つ手前，さらにその一つ手前と，繰り返しを重ねるごとに，正しい最適値が得られている状態がゴールを中心に広がってゆくイメージをしていただけるとわかりやすいと思います．

　また，モデルベースの手法には，Value iteration アルゴリズムのほかにも，適当な政策を初期値として，そのもとでの状態価値関数 $V(s)$ を計算し，各状態で現在の知識から得られる最適行為を選び直すことを繰り返す Policy iteration アルゴリズムもあります．

15.5　TD 学習

　環境モデルが未知の場合，TD (Temporal Difference) 学習とよばれる方法を使います．

　モデルが未知であることから，環境の探索が必要になります．ここでは，探索戦略として ϵ-greedy 法を使います．ϵ-greedy 法は確率 $1 - \epsilon$ $(0 < \epsilon < 1)$ で最適な行為，

確率 ϵ でそれ以外の行為を実行する探索手法の総称で，実際には Q 値を確率に変換したものを基準に行為を選択します．

ただし，探索の初期はいろいろな行為を試し，落ち着いてくると最適な行為を多く選ぶようにするように，温度の概念を導入します．温度を T として，以下の式で表される確率に従って行為を選びます．

$$P(a\,|\,s) = \frac{\exp\{Q(s,a)/T\}}{\sum_{b \in A} \exp\{Q(s,b)/T\}} \tag{15.8}$$

T をアニーリング（焼き鈍し）における温度とよび，高ければすべての行為を等確率に近い確率で選択し，低ければ最適なものに偏ります．学習が進むにつれて，T の値を小さくすることで，学習結果が安定します．

15.5.1 報酬と遷移が決定的な TD 学習

まず，報酬と遷移は，未知ではあるが決定的に定まる，という状況での TD 学習を考えます．このような状況の例としては図 15.5 のような迷路での最適行為の獲得を考えます．

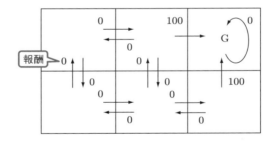

図 15.5　迷路の例

この場合のベルマン方程式は，式 (15.6) から確率的な要素を取り除き，以下のように表すことができます．

$$Q(s_t, a_t) = r_{t+1} + \gamma \max_{a_{t+1}} Q(s_{t+1}, a_{t+1}) \tag{15.9}$$

このベルマン方程式を用いて，アルゴリズム 15.2 のアルゴリズムで Q 値が求まります．ここでエピソードとは，1 回の試行（スタートから始めて，ゴールに着くか一定数以上の移動回数に達するまでの行為系列）を指し，学習データはエピソードの集合であるとします．

> **アルゴリズム 15.2　TD 学習（報酬と遷移が決定的な場合）**
>
> $Q(s, a)$ を 0 に初期化
> **for all** エピソード **do**
> 　**repeat**
> 　　探索基準に基づき行為 a を選択
> 　　行為 a を実行し，報酬 r と次状態 s' を観測
> 　　/* 以下の式で Q 値を更新 */
> 　　$Q(s, a) \leftarrow r + \gamma \max_{a'} Q(s', a')$
> 　　$s \leftarrow s'$
> 　**until** s が終了状態
> **end for**

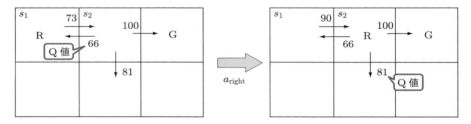

図 15.6　Q 値の更新

たとえば，図 15.6 左のように状態 s_1 にロボットがいて，この時点の Q 値が図 15.6 左に示すとおりであったとします．

次に，上記のアルゴリズムに基づき，右に移動するという行為 a_{right} をとると，報酬は 0 で，状態が s_2 になります（図 15.6 右）．このときの Q 値は以下のように更新されます．

$$\begin{aligned}
Q(s_1, a_{\text{right}}) &\leftarrow r + \gamma \max_{a'} Q(s_2, a') \\
&\leftarrow 0 + 0.9 \max\{66, 81, 100\} \\
&\leftarrow 90
\end{aligned}$$

これを可能なすべての遷移系列について繰り返せば，ゴールの報酬が末端にまで伝播して，すべての状態での最適行動が求まります．

15.5.2 報酬と遷移が確率的な TD 学習

次に，報酬と遷移が非決定的な場合の TD 学習を考えます．

この場合，報酬 r が確率的なので，決定性のアルゴリズムでは値が変化し続けることになります．そこで，1 状態・非決定性の問題で検討したように，Q 値の更新を現在の Q 値に一定割合の更新分を加え，その一定割合を時間とともに減らしてゆく，という更新式を用います．式は以下のようになります．

$$Q(s,a) \leftarrow Q(s,a) + \eta \left\{ r + \gamma \max_{a'} Q(s',a') - Q(s,a) \right\} \quad (15.10)$$

式 (15.10) の学習係数 η を適切に設定すると，各状態ですべての行為を十分な回数行えるという前提で，Q 値が収束することが証明されています．しかし，これはあくまで理論上の話で，実際にロボットを動かして強化学習を行わせるようなケースは少なく，パラメータを変えてシミュレーション結果を評価する事例が多く見られます．

15.6 部分観測マルコフ決定過程による定式化

MDP 設定下での強化学習では，エージェントは行為後の次状態を環境から受け取るという仮定を置いています．つまり，エージェントはいま，どの状態にいるのか，確定した情報をもっているということです．

しかし，現実世界でロボットを動かした場合，ロボットの入力はカメラやセンサから得る値なので，これらの情報から確実に状態を特定できるとは限りません．エージェントは観測された情報（部分的な状態の情報）を受け取る，という設定の方が現実的です．つまり，エージェントは現在の状態が確定できない状況で，意思決定を行うということになります（図 15.7）．

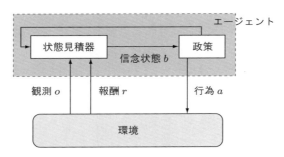

図 15.7 部分観測マルコフ決定過程

260 第15章 強化学習

このような状況は，部分観測マルコフ決定過程 (POMDP; Partially Observable MDP) による定式化が適しています．

部分観測マルコフ決定過程の要素は以下のものです．

- 状態 s_t で行為 a_t を行うと，観測 o_{t+1} が確率的に得られる．
- エージェントは状態の確率分布を信念状態 b_t としてもつ．
- エージェントは，信念状態 b_t，行為 a_t，観測 o_{t+1} から次の信念状態 b_{t+1} を推定する状態見積器 (state estimator) を内部にもつ．

このように定式化すると，POMDP における Q 値の計算は以下のようになります．

$$Q(b_t, a_t) = E(r_{t+1}) + \gamma \sum_{b_{t+1}} P(b_{t+1} \mid b_t, a_t) V(b_{t+1}) \tag{15.11}$$

このように定式化ができたあと，Q 値を求める方法は，基本的には MDP と同じです．正確なモデルが与えられた場合でも，十分に計算量が多くなるので，近似解を求めるアルゴリズムが存在します．一方，モデルが与えられない場合，すなわち，エージェントが事前に環境に関する知識をもっていない場合は，強化学習を用いても厳密解を求めるのはほとんど不可能です．この場合には，状態を分割するなど，問題設定に制限を加えた近似解法がいくつか提案されています．

POMDP は，音声対話システムにおける対話管理（音声の誤認識の可能性を考慮すると，現在の対話の状態が確信できない問題）などに適用され，いくつかの成功事例が報告されています．

15.7 深層強化学習

強化学習と深層学習を組み合わせるアイディアは DQN (Deep Q-Network) によるゲームの学習や，プロ棋士の能力を上回る碁をプレイする AlphaGo で有名になりました．基本的な考え方は，強化学習における関数近似の場面でディープニューラルネットワークを用いて性能を上げるというものです．関数近似の対象としては，状態価値関数 $V(s)$，Q 値 $Q(s, a)$，政策 $\pi(a \mid \boldsymbol{x})$ などがあります．

深層強化学習については，文献 [25] の付録 C に近年までの成果がまとめられています．

15.8 まとめ

本章では強化学習について説明しました．基本的な強化学習の設定はマルコフ決定過程に基づいて行いますが，部分観測マルコフ決定過程の方が，より現実に近い設定になります．しかし，状態数が増えるとどちらも単純な方法では学習が難しく，状態数をまとめるなど，問題設定そのものの工夫が必要になることがあります．

MDP のツールとしては，MDPtoolbox[1] が MATLAB, GNU Octave, Scilab, R のライブラリとして実装されています．

強化学習の入門的解説は，文献 [2] の第 13 章，文献 [8] の第 18 章がよいでしょう．

演習問題

15.1 MDPtoolbox を使って，迷路問題の強化学習をコーディングせよ．

---

[1] http://www7.inra.fr/mia/T/MDPtoolbox/MDPtoolbox.html

付録 A 演習問題解答

第1章

1.1 典型的なものは文献 [2], [3], [6] などの導入にあたる章に多数の事例が挙げられています．最近のものは，電子商取引・SNS・ゲームなどの有名なサービス名と，識別・回帰・モデル推定・パターンマイニングで使われる学習手法名（ニューラルネットワーク，深層学習，SVM，クラスタリングなど）の組合せで検索すれば，事例や論文が見つかるでしょう．

第2章

2.1 付録 B.2 の手順に従ってレイアウトを作成してください．

2.2 `sklearn.metrics` にさまざまな評価値を計算するメソッドがあります．多クラス識別の評価値を計算する場合は，全体の混同行列から計算する `micro`，クラスごとに値を求めて平均する `macro`，クラスごとの値に対してクラスごとの事例数で重みを付けて足し合わせた `weighted` などの基準を指定して，全体の評価値を計算します．下記に精度・再現率・F 値・サポート（各クラスの事例数）を `micro` で求めるメソッドを用いた例を示します．

```
27  from sklearn.metrics import precision_recall_fscore_support
28  print(precision_recall_fscore_support(y, y_pred, average='micro'))
```

第3章

3.1 breast-cancer データは，患者の年齢・腫瘍の大きさ・悪性度などの情報と，癌再発の有無が記録されたものです．ここでは，このデータを用いて癌の再発を予測する決定木を作成します．問題文の指示に従って，枝刈りの有無を示すパラメータと評価方法を変化させて学習します．学習結果の正解率 (%) と木のサイズ（ノード数とリーフ数の和）を以下の表に示します．

	Use training set	10-fold CV	size
枝刈りあり (unpruned = FALSE)	75.9	75.5	6
枝刈りなし (unpruned = TRUE)	88.1	69.6	179

枝刈りを行わない場合，過学習が起きていて，交差確認法を用いた評価値が大幅に下がっています．一方，枝刈りを行った場合は，交差確認法によるスコアが枝刈りを行わない場合を上回っており，以下の図に示すように得られた木の解釈も容易です．

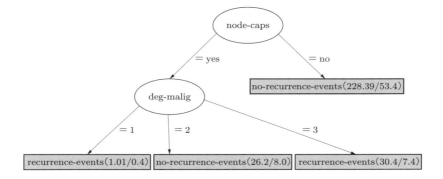

　最初にリンパ節への転移の有無 (node-caps) で分岐し，yes の場合はさらに悪性度 (deg-malig) で分岐しています．悪性度（大きい値ほど転移・再発の危険性が高い）が 1 のときに再発 (recurrence-events) と判定するという，やや不自然な結果が出ていますが，リーフの数字を確認するとごく小さな値に基づいていることから，これは欠損値の影響によるものと思われます．

3.2 credit-g データは，金融機関が個人顧客に融資をするかどうか (good or bad) を判定したデータです．特徴は 20 種類で，カテゴリ特徴として checking status（当座預金残高），saving status（普通預金残高），purpose（目的）など，数値特徴として age（年齢），duration（貸出月数）などがあります．カテゴリ特徴の中に数値データで表したほうが適切なように思える特徴もありますが，データの匿名化を行うために，適当な範囲の値をひとまとめにしてカテゴリ値に変換することはよくあります．

　デフォルトパラメータで J48 を実行すると，木のサイズが 140，正解率 70.5% となります．木のサイズを小さくするために，パラメータ minNumObj の値をデフォルトの 2 から 21 に変更することで，木のサイズ 37，正解率 73% が実現できます．このときの木は，一見複雑そうに見えますが，リーフに近い purpose 特徴で広がっているだけなので，全体としては比較的単純です．minNumObj = 25 にすると正解率は 72.1% に落ちますが，木のサイズは 27 となり，さらに単純になります．

3.3 以下にコード例を示します．木のサイズの調整は，識別器のインスタンスを作成する際に，`max_depth` の値を指定することで行います．たとえば `max_depth=2` とすると，正解率は若干落ちますが，非常に簡潔な木ができます．

```
1  import numpy as np
2  import sklearn.datasets as ds
3  from sklearn import tree
4  from sklearn.model_selection import cross_val_score
5  from IPython.display import Image
6  from sklearn.tree import export_graphviz
7  import pydotplus
8
9  iris = ds.load_iris()
10 clf = tree.DecisionTreeClassifier()
```

```
11  clf.fit(iris.data, iris.target)
12
13  scores = cross_val_score(clf, iris.data, iris.target, cv=10)
14  print("mean: {:.3f} (std: {:.3f})".format(scores.mean(),
15          scores.std()), end="\n\n" )
16
17  dot_data = export_graphviz(clf, out_file=None,
18          feature_names=iris.feature_names,
19          class_names=iris.target_names,
20          filled=True, rounded=True,
21          special_characters=True)
22  graph = pydotplus.graph_from_dot_data(dot_data)
23  Image(graph.create_png())
```

第 4 章

4.1 Weka のナイーブベイズ識別器は，カテゴリ特徴に対しては調整可能なパラメータはとくにありません．例題 4.2 の手順に従って学習させると，10-fold CV で正解率 71.7% が得られます．

4.2 例題 4.4 と同様の手順で作成してください．親ノードの最大値が 1 のときは，ナイーブベイズ識別器と同じものが得られます．正解率は 72.0% となり，演習問題 4.1 の結果と異なるのは，ラプラス推定の p の値（Weka ではパラメータ estimator で選択している SimpleEstimator の alpha の値）が異なるからです．親ノードの最大値を 2 にすると，複雑なベイジアンネットワークが得られ，学習データに対する正解率は上がりますが，10-fold CV では 70.6% と下がってしまいます．

第 5 章

5.1 10-fold CV において，ナイーブベイズで 96%，ロジスティック識別で 94% という結果が出ます．これより，iris.arff のような識別しやすいデータでは，生成モデルと識別モデルはあまり性能の違いがないことがわかります．

5.2 glass データの内容については，例題 7.1 の中で説明しています．このデータでは，10-fold CV において，ナイーブベイズで 48.6%，ロジスティック識別で 64.0% という結果が出ます．これより，glass.arff のような識別しにくいデータでは，識別モデルが有効な場合があることがわかります．

5.3 データセットの説明（データインスタンスの DESCR 属性）によると，scikit-learn の breast_cancer データは，Weka の同名のデータとは異なり，腫瘍の画像から悪性か良性かを判定するものです．特徴は，30 次元の数値データで，直径や周囲の値の平均・標準誤差・最大値などからなります．
　以下にコード例を示します．

```
1  import numpy as np
2  import sklearn.datasets as ds
```

付録 A　演習問題解答　**265**

```
3   from sklearn.naive_bayes import GaussianNB
4   from sklearn.linear_model import LogisticRegression
5   from sklearn.model_selection import cross_val_score
6
7   bc = ds.load_breast_cancer()
8
9   clf1 = GaussianNB()
10  clf1.fit(bc.data, bc.target)
11  scores = cross_val_score(clf1, bc.data, bc.target, cv=10)
12  print("mean: {:.3f} (std: {:.3f})".format(scores.mean(),
13          scores.std()), end="\n\n" )
14
15  clf2 = LogisticRegression()
16  clf2.fit(bc.data, bc.target)
17  scores = cross_val_score(clf2, bc.data, bc.target, cv=10)
18  print("mean: {:.3f} (std: {:.3f})".format(scores.mean(),
19          scores.std()), end="\n\n" )
```

正解率は若干ロジスティック識別が上回るようです．

第 6 章

6.1　以下では，ARFF 形式のデータを作成して，Weka の LinearRegression を用いる方法を示します．

　まず，データのページ下部にある Variables という表題の付いた表からデータを取得します．データの範囲を選択後コピーし，エディタや表計算ソフトに貼り付けます．TeraPad などのエディタを用いる場合は，矩形削除や置換機能（空白四つを ',' に置換）をうまく使って ARFF 形式に変換します．Excel を用いる場合は，シートにコピーしたあと，データツール → 区切り位置を用いてデータ一つが一つのセルに収まるようにして，csv ファイル形式で保存してから，エディタで arff ファイルとして編集します．なお，欠損値が二つあるので，これらを '?' としておきます．

　Weka では，Use training set で以下のような回帰式が得られ，元ページの Parameter Estimates の値と一致していることが確認できます．

```
出力▸▸▸
LPRICE2 =
      0.0012 * WRAIN +
      0.6164 * DEGREES +
     -0.0039 * HRAIN +
      0.0238 * TIME_SV +
    -12.1453
```

6.2　カテゴリ特徴と数値特徴が混在した入力に対する回帰問題です．カテゴリ特徴の値は，回帰式に対する切片の調整（回帰式中の vendor ＝「ベンダー名」のうち，一つだけが 1 となり，ほかのものはすべて 0 になります）として用いられています．

266 付録 A 演習問題解答

6.3 以下の要領でコードを作成します.

  (a) boston データの読み込み（パターン行列 X，ターゲット y）

  (b) `LinearRegression` の学習

  (c) 学習結果オブジェクトの `coef_` の値を表示して係数を確認

  (d) `sklearn.model_selection.cross_val_score` を使って交差確認を行い，決定係数を表示

  (e) L2 正則化の `Ridge` で同様の手順

  (f) L1 正則化の `Lasso` で同様の手順

6.4 scikit-learn の `DecisionTreeRegressor` を使います．パラメータ `max_depth` の値を変化させて木のサイズを変え，性能との関係を調べます．回帰木では，ある程度大きな木のほうが性能が高いようです．

第 **7** 章

7.1 手順は例題 7.3 のとおりで，データが ReutersCorn から ReutersGrain に変わるだけです．結果は，PolyKernel 1 次で，F 値 0.771 となります．Kernel の次数を 2 次にすると，識別率が落ちてしまいます．おそらくデータ数不足が原因です．RBF カーネルに変更してもあまり改善しないので，この程度のデータ量であれば PolyKernel 1 次が適切であることがわかります．

7.2 stopwordsHandler の値を Rainbow にして単語ベクトルを構成すると，F 値 0.824 となります．一方，IDFTransform, TFTransform を TRUE にすると性能は下がる傾向にあります．

7.3 `CountVectorizer` に対して，初期値を `min_df=8` や，`stop_words='english'` とする方法や，`TfidfVectorizer`（パラメータは `min_df=6`）を適用する方法を試してみます．性能は多少変化しますが，このデータではそれほど効果はないようです．

第 **8** 章

8.1 Weka の MultilayerPerceptron で，GUI パラメータを True にして実行すると，入力層のノードがどのような値に対応しているのかを見ることができます．2 値特徴は windy = FALSE のように，どちらかの値を表すノード一つに変換されています．3 値（以上）の特徴は，それぞれの値についてノード一つが対応しています．

8.2 パラメータ hiddenLayers を調整した結果 (10-fold CV) は以下のようになります．7 個までは性能が向上していますが，そこからあとは性能が安定しないようになります．

hiddenLayers	正解率 [%]
5	63.1
6	65.0
7	68.2
8 (auto)	67.8
9	69.2
10	66.4
11	69.6
12	69.6

8.3 以下の要領でコードを作成します．活性化関数がシグモイドでは学習が進まず，あまりよい性能が出ませんが，活性化関数を ReLU に変更すると，多層にしても適切に学習ができます．

(a) パッケージの読み込み (from sklearn.neural_network import MLPClassifier)
(b) データの読み込み (load_digits())
(c) デフォルトパラメータで 10-fold CV
(d) 多層化（hidden_layer_sizes=(30,30,30) など），活性化関数をシグモイド (activation='logistic') として学習
(e) 活性化関数を ReLU に変更

第9章

9.1 以下のコードで Fasion-MNINST を読み込みます．あとは，DNN, CNN それぞれで階層数・ノード数などを変化させて性能がどのように変わるか観察してください．

```
1  from tensorflow.examples.tutorials.mnist import input_data
2  data = input_data.read_data_sets('data/fashion')
```

9.2 IMDB データは，映画のレビューに対して，P/N（肯定／否定）のラベルが付いた学習データです．学習用に 25000 事例，評価用に 25000 事例用意されていて，PN の割合はそれぞれ 50% です．各レビューは単語列ではなく，単語インデックスの系列として表現されています．

ここでは，頻度上位 10000 語を対象とし，データの大きさは先頭の 20 単語に限定します．

```
1  from keras.datasets import imdb
2  from keras import preprocessing
3  from keras.models import Sequential
4  from keras.layers import Embedding, SimpleRNN, Dense
5  max_features = 10000
6  maxlen = 20
7  (X_train, y_train), (X_test, y_test) = imdb.load_data(num_words=max_features)
8  X_train = preprocessing.sequence.pad_sequences(X_train, maxlen=maxlen)
9  X_test = preprocessing.sequence.pad_sequences(X_test, maxlen=maxlen)
```

単語インデックスを単語に戻して，もとのデータを確認します．インデックスは "padding"，"start of sequence"，"unknown" にそれぞれ 0，1，2 が割り当てられているので，三つずらして対応させます．

```
10  word_index = imdb.get_word_index()
11  reverse_word_index = dict([(value, key) for (key, value) in
    word_index.items()])
12  decoded_review = ' '.join([reverse_word_index.get(i - 3, '?') for i in
    X_train[0]])
13  decoded_review
```

単純な RNN を構成して学習させます．

```
14  model = Sequential()
15  model.add(Embedding(max_features, 32))
16  model.add(SimpleRNN(32))
17  model.add(Dense(1, activation='sigmoid'))
18  model.compile(optimizer='rmsprop', loss='binary_crossentropy',
    metrics=['acc'])
19  model.fit(X_train, y_train, epochs=10, batch_size=128,validation_split=0.2)
```

```
20  score = model.evaluate(X_test, y_test, verbose=0)
21  print('Test loss:', score[0])
22  print('Test accuracy:', score[1])
```

出力 ▶▶▶
```
Test loss: 1.321589437561035
Test accuracy: 0.69788
```

RNN ユニットを LSTM に変更して性能の変化を確認します．

```
23  from keras.layers import LSTM
24  model = Sequential()
25  model.add(Embedding(max_features, 32))
26  model.add(LSTM(32))
27  model.add(Dense(1, activation='sigmoid'))
28  model.compile(optimizer='rmsprop', loss='binary_crossentropy',
    metrics=['acc'])
29  model.fit(X_train, y_train, epochs=10, batch_size=128,validation_split=0.2)
```

```
30  score = model.evaluate(X_test, y_test, verbose=0)
31  print('Test loss:', score[0])
32  print('Test accuracy:', score[1])
```

出力 ▶▶▶
```
Test loss: 0.5906619605827331
Test accuracy: 0.74824
```

付録 A　演習問題解答　**269**

中間層のユニットを記憶をもつ LSTM に変更するだけで，性能の向上が見られました．

第 **10** 章

10.1　Weka の Bagging では，学習する木の数はパラメータ numIterations で調整します．この値を 3 にして J48 (minNumObj = 20) で決定木を学習すると，以下のようなよく似通った決定木が得られます．

```
出力 ▶▶▶
 Tree 1
 plas <= 111
 |   preg <= 7: tested_negative (313.0/25.0)
 ...
 plas > 111
 |   mass <= 28.1: tested_negative (97.0/19.0)
 ...

 Tree 2
 plas <= 127
 |   mass <= 26.4: tested_negative (128.0/3.0)
 ...
 plas > 127
 |   mass <= 29.9
 ...

 Tree 3
 plas <= 127
 |   age <= 25: tested_negative (188.0/10.0)
 ...
 plas > 127
 |   mass <= 29.9: tested_negative (65.0/16.0)
 ...
```

10.2　Weka の RandomForest でも，演習問題 10.1 と学習結果を比較しやすいように，numIterations = 3, maxDepth = 3 としておきます．この設定では，以下のように比較的異なった決定木が得られます．

```
出力 ▶▶▶
 Tree 1

 plas < 111.5
 |   preg < 7.5
 ...
 plas >= 111.5
 |   age < 24.5
 ...
```

270 付録 A 演習問題解答

```
Tree 2
plas < 127.5
|    mass < 26.45
...
plas >= 127.5
|    plas < 161.5

Tree 3
mass < 29.95
|    age < 28.5
...
mass >= 29.95
|    age < 24.5
...
```

10.3 Weka の AdaboostM1 でも演習問題 10.1 と同様の設定とします．この設定では，以下のように比較的異なった決定木が得られます．

```
出力▸▸▸
 Tree 1
 plas <= 127
 |    mass <= 26.4: tested_negative (132.0/3.0)
 ...
 plas > 127
 |    mass <= 29.9: tested_negative (76.0/24.0)
 ...

 Tree 2
 age <= 24
 |    plas <= 92: tested_negative (31.43)
 ...
 age > 24
 |    plas <= 154

 Tree 3
 plas <= 101
 |    mass <= 27.5: tested_negative (39.88)
 ...
 plas > 101
 |    preg <= 7
 ...
```

10.4 以下にコード例を示します．

```
1  import numpy as np
2  from sklearn import ensemble
3  from sklearn.datasets import load_boston
4  from sklearn.model_selection import ShuffleSplit
```

付録 A 演習問題解答 **271**

```
5   from sklearn.model_selection import LeaveOneOut
6   from sklearn.model_selection import cross_val_score
7
8   boston = load_boston()
9   X = boston.data
10  y = boston.target
11
12  reg1 = ensemble.BaggingRegressor()
13  reg1.fit(X, y)
14  cv = ShuffleSplit(n_splits=10)
15  scores = cross_val_score(reg1, X, y, cv=cv, scoring='r2')
16  print("{0:4.2f} +/- {1:4.2f} ".format(scores.mean(), scores.std()))
17  cv2 = LeaveOneOut()
18  scores = cross_val_score(reg1, X, y, cv=cv2,
    scoring='neg_mean_squared_error')
19  print("{0:4.2f}".format(scores.mean()))
20
21  reg2 = ensemble.RandomForestRegressor()
22  reg2.fit(X,y)
23  scores = cross_val_score(reg2, X, y, cv=cv, scoring='r2')
24  print("{0:4.2f} +/- {1:4.2f} ".format(scores.mean(), scores.std()))
25  scores = cross_val_score(reg2, X, y, cv=cv2,
    scoring='neg_mean_squared_error')
26  print("{0:4.2f}".format(scores.mean()))
27
28  reg3 = ensemble.AdaBoostRegressor()
29  reg3.fit(X,y)
30  scores = cross_val_score(reg3, X, y, cv=cv, scoring='r2')
31  print("{0:4.2f} +/- {1:4.2f} ".format(scores.mean(), scores.std()))
32  scores = cross_val_score(reg3, X, y, cv=cv2,
    scoring='neg_mean_squared_error')
33  print("{0:4.2f}".format(scores.mean()))
34
35  reg4 = ensemble.GradientBoostingRegressor()
36  reg4.fit(X,y)
37  scores = cross_val_score(reg4, X, y, cv=cv, scoring='r2')
38  print("{0:4.2f} +/- {1:4.2f} ".format(scores.mean(), scores.std()))
39  scores = cross_val_score(reg4, X, y, cv=cv2,
    scoring='neg_mean_squared_error')
40  print("{0:4.2f}".format(scores.mean()))
```

第 **11** 章

11.1 以下の表のようになります．k-means 法が初期値によって安定しない結果になりやすいことがわかります．

seed	sum of squared errors
2	7.139
10	6.998
20	7.139
25	6.998
100	10.908

11.2 結果は以下の図のようになります.

```
出力▸▸▸
            Cluster
Attribute         0       1       2
                (0.41)  (0.33)  (0.25)
=======================================
sepallength
  mean          5.9275   5.006  6.8085
  std. dev.     0.4817  0.3489  0.5339
sepalwidth
  mean          2.7503   3.418  3.0709
  std. dev.     0.2956  0.3772  0.2867
petallength
  mean          4.4057   1.464  5.7233
  std. dev.     0.5254  0.1718  0.4991
petalwidth
  mean          1.4131   0.244  2.1055
  std. dev.     0.2627  0.1061  0.2456

Time taken to build model (full training data) : 0.03 seconds

=== Model and evaluation on training set ===

Clustered Instances
0       64 ( 43%)
1       50 ( 33%)
2       36 ( 24%)

Log likelihood: -2.055
```

11.3 以下の 1 行目のコードで評価メソッドを読み込み,それぞれのクラスタリングを実行したあとに,2 行目のコードで評価値を表示します.Adjusted Rand score はすべてのデータ対のうち,同一クラスタに割り当てられたものの割合を基準としてクラスタリングの良さを評価する基準です.

```
1  from sklearn import metrics
2  metrics.adjusted_rand_score(labels_true, labels_pred)
```

付録 A　演習問題解答　**273**

第 **12** 章

12.1　lowerBoundMinSupport が 0.3 では，confidence が 0.9 以上になる規則が一つもありません．規則を出力するための confidence を示す minMetric を小さく（たとえば 0.5 に）してみます．そうするといくつか規則が出力されます．

また，fruit を規則の結論部にするためには classIndex を fruit の次元である 83 にし，car を True にします．そうすると，fruit が含まれるという条件のもとで頻出項目が求められ，そこから規則が導かれます．

```
出力▶▶▶
 Apriori
 =======

 Minimum support: 0.35 (1619 instances)
 Minimum metric <confidence>: 0.5
 Number of cycles performed: 13

 Generated sets of large itemsets:

 Size of set of large itemsets L(1): 8

 Large Itemsets L(1):
 bread and cake=t 3330
 0   2325
 baking needs=t 2795
 0   1900
 juice-sat-cord-ms=t 2463
 0   1672
 biscuits=t 2605
 0   1837
 frozen foods=t 2717
 0   1861
 milk-cream=t 2939
 0   2038
 vegetables=t 2961
 0   2207
 total=low 2948
 0   1719

 Size of set of large itemsets L(2): 2

 Large Itemsets L(2):
 bread and cake=t milk-cream=t 2337
 0   1684
 bread and cake=t vegetables=t 2298
 0   1791

 Best rules found:
```

```
 1. bread and cake=t vegetables=t 2298 ==> fruit=t 1791     conf:(0.78)
 2. vegetables=t 2961 ==> fruit=t 2207      conf:(0.75)
 3. bread and cake=t milk-cream=t 2337 ==> fruit=t 1684      conf:(0.72)
 4. biscuits=t 2605 ==> fruit=t 1837      conf:(0.71)
 5. bread and cake=t 3330 ==> fruit=t 2325     conf:(0.7)
 6. milk-cream=t 2939 ==> fruit=t 2038      conf:(0.69)
 7. frozen foods=t 2717 ==> fruit=t 1861      conf:(0.68)
 8. baking needs=t 2795 ==> fruit=t 1900      conf:(0.68)
 9. juice-sat-cord-ms=t 2463 ==> fruit=t 1672      conf:(0.68)
10. total=low 2948 ==> fruit=t 1719      conf:(0.58)
```

12.2 たとえば，diabetes.arff に対して Discritize フィルタをかけて，値を離散化したあとに Apriori で規則を抽出してみてください．

12.3 scikit-surprise パッケージのインストールは，Anaconda Navigator から jupyterlab を開き，その中の Terminal で，`conda install -c conda-forge scikit-surprise` とすることでインストールできます．

MovieLens データセットは，個々のユーザが複数の映画について，0.5 から 5.0 まで 0.5 刻みで評価をつけたものです．このデータに NMF を適用して行列分解を行い，得られた行列を用いて評価用データの評価値を推測してみます．評価は 5-fold CV で行います．

```
1  from surprise import NMF
2  from surprise import Dataset
3  from surprise.model_selection import cross_validate
4
5  # movielens-100k データを読み込む
6  X = Dataset.load_builtin('ml-100k')
7
8  # 5-fold CVで，平均平方二乗誤差と平均絶対誤差を表示
9  cross_validate(NMF(), X, measures=['RMSE', 'MAE'], cv=5, verbose=True)
```

出力 ▸▸▸
```
Evaluating RMSE, MAE of algorithm NMF on 5 split(s).
                 Fold 1  Fold 2  Fold 3  Fold 4  Fold 5  Mean    Std
RMSE (testset)   0.9611  0.9651  0.9532  0.9656  0.9643  0.9619  0.0046
MAE (testset)    0.7557  0.7603  0.7500  0.7562  0.7563  0.7557  0.0033
Fit time         9.64    9.92    10.21   9.78    5.69    9.05    1.69
Test time        0.25    0.24    0.17    0.13    0.11    0.18    0.06
```

第13章

13.1 大文字で始まる，ハイフンを含むなど，テンプレートの書き方は CRF++ のホームページを参考にしてください．

13.2 http://www.chokkan.org/software/crfsuite/tutorial.html の最後に Python を用いた実行例が掲載されています．

第14章

14.1 CollectiveEM のパラメータ設定ウィンドウで classifier を J48（初期値），Naive Bayes，SMO などに入れ替えて性能の違いを確認してください．

14.2 性質のよいデータ (iris) と悪いデータ (glass) について，(1) Random split の Percent を変更する，(2) Seed の値を変えて性能変化のぶれを調べる，(3) KNN の値を変えることによる性能変化のぶれを調べることを試してください．

14.3 ここでは例題 14.3 の手順を参考に，iris データのうち 10% を正解付きとして半教師あり学習を行います．以下のコードでは，類似度計算法として k-NN 法（$k=3$ と $k=5$）とガウシアンカーネル（$\gamma = 1, 10, 100$）で性能評価を行っています．iris データのような性質のよいデータの場合は，ガウシアンカーネルを用いて γ（分散の逆数）の値を大きくすると，近くのデータの値の影響が大きくなるので，比較的よい結果となるようです．

```python
import numpy as np
from sklearn.datasets import load_iris
from sklearn.semi_supervised import LabelPropagation

iris = load_iris()
X = iris.data
y = iris.target

# 10%が正解付きデータ
unlabeled_points = np.random.choice(np.arange(y.size),
int((y.size)*.9), replace=False)
labels = np.copy(y)
labels[unlabeled_points] = -1

labeled = 0.1
num = y.size
lps = [LabelPropagation(kernel='knn', n_neighbors=3),
    LabelPropagation(kernel='knn', n_neighbors=5),
    LabelPropagation(kernel='rbf', gamma=1),
    LabelPropagation(kernel='rbf', gamma=10),
    LabelPropagation(kernel='rbf', gamma=100)]
for lp in lps :
    score = 0
    for i in range(100):
        unlabeled_points = np.random.choice(np.arange(num),
int(num-num*labeled), replace=False)
        labels = np.copy(y)
        labels[unlabeled_points] = -1
        lp.fit(X, labels)
        score += lp.score(X[unlabeled_points], y[unlabeled_points])
    print("{0}{1:4.1f}{2}{3:6.3f}".format("labeled:", labeled*100,
"%,score=", score/100))
```

276 付録 A 演習問題解答

第 **15** 章

15.1 MDPtoolbox をダウンロードすると，その中に documentation フォルダがありま
す．その中の DOCUMENTATION.html から，"Functions by category" リンクをたど
ると，この章で説明したアルゴリズムに対応した機能が例題付きで解説されています．

付録 B　Weka

B.1　Weka のインストールと起動

　Weka は，ニュージーランドの Waikato 大学で開発されたデータマイニングソフトウェアです[1]．オープンソースソフトとして GNU GPL ライセンス[2]で公開されています．Windows, Mac, Linux で利用可能です．

　インストールが成功して，Weka 3.9 を実行すると，図 B.1 のような起動画面が出てきます．ここで，最初に使用するインタフェースを Explorer, Experimenter, KnowledgeFlow, Workbench, Simple CLI の中から選びます．それぞれの用途を表 B.1 に示します．

図 B.1　Weka の起動画面

表 B.1　Weka のインタフェース

インタフェース	内容
Explorer	データの前処理手法，適用する学習アルゴリズム，そのパラメータなどを試行錯誤するのに適する
Experimenter	学習アルゴリズムの比較など，評価実験に適する
KnowledgeFlow	前処理から検証までの一連の流れを作成するのに適する
Workbench	上記三つを組み合わせ，ある程度カスタマイズ可能なインタフェース
Simple CLI	Java のクラスを直接呼び出すコマンドラインインタフェース

---

[1] http://www.cs.waikato.ac.nz/ml/weka/　本書で用いるのは開発者用バージョン 3.9.2 です．
[2] GPL ライセンスとは，「プログラムの実行・改良・再頒布は自由であるが，再頒布するときにはその頒布物も GPL ライセンスでなければならない」というものです．

B.2 KnowledgeFlow

第 2 章で説明した Explorer インタフェースは，試行錯誤的にデータの可視化やパラメータを変えた学習を試みるには便利ですが，その手順を記録しておくのが難しいという欠点があります．本章で紹介する KnowledgeFlow インタフェースは，一連の機械学習手順を部品を結合して組み上げて，保存しておくことができるというメリットがあります．また，KnowledgeFlow インタフェースの，右から三つめのアイコン (Load a template layout) から，典型的なレイアウトを呼び出すことができます．やや高度な処理を行っているものもありますが，コメントが詳細に付いているので，解読してさまざまな機械学習の手順を学んでください．以下では，Explorer インタフェースを用いて行った手順を KnowledgeFlow インタフェースで組んでゆく方法を説明します．

B.2.1 KnowledgeFlow の起動

図 B.1 の起動画面から KnowledgeFlow インタフェースを起動すると，図 B.2 の初期画面が出てきます．基本的な手順は，左側の [Design] と書かれたペイン[1]（以後，デザインペインとよびます）から機械学習の手順に応じた部品を選んで，中央上

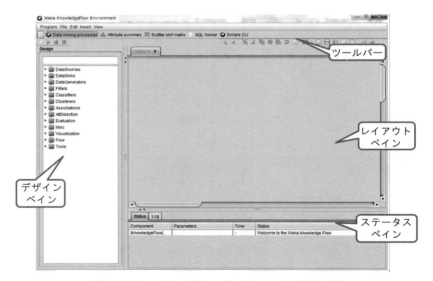

図 B.2　Knowledge Flow インタフェースの初期画面

---

[1] ウィンドウが複数の表示領域に区切られているとき，それぞれの領域をペインとよびます．

部の [Untitled1] というタブの付いたペイン（以後，レイアウトペインとよびます）に
配置します．レイアウトペインで個々の部品の設定をしたあと，それらを結合して全
体の手順を組み上げます．これらの手順を総称して，レイアウトの作成とよびます．
レイアウトペインの上には，レイアウトを作成する際に用いるコマンドを並べたツー
ルバーがあり，レイアウトペインの下には，現在の状況やエラーを報告するステータ
スペインがあります．

　最初にこれから作成するレイアウトの名前を付けておきましょう．ツールバーの中
にあるフロッピーディスクのアイコン (Save layout) をクリックし，名前を付けて保
存します．ここでは firstFlow.kfml◆1 としておきます．

B.2.2　データの読み込み

　まず，機械学習に使うためのデータを読み込む部品を配置します．「1. 部品の選
択 → 2. 配置 → 3. 設定」という手順になります．

1. デザインペインの中の [DataSources] というフォルダをクリックして展開する
   と，データ読み込みを行う部品がいくつか出てきます．この中で，ARFF 形式
   のファイル (iris.arff) を読み込むための部品として，[ArffLoader] を選択します．
2. [ArffLoader] を選択するとカーソルが十字型になるので，レイアウトペインの適
   当なところをクリックして配置します．
3. 次に，配置した部品の動作設定を行います．設定内容は，学習対象の ARFF
   ファイルの指定です．レイアウトペインに配置された部品を右クリックし，出
   てきたメニューの中から [Configure . . .] を選んで（図 B.3），設定画面を表示し
   ます．その設定画面を用いて，読み込むファイルを指定します．Filename と書
   かれたテキストボックスの右にある [Browse] ボタンを用いて，iris.arff を指定
   します．iris.arff は Weka がインストールされたフォルダの中の data フォルダ
   にあります．

教師あり学習の場合，正解を表す特徴を指定する必要があります．この操作を行う
ために ClassAssigner という部品を追加します．ArffLoader で読み込んだデータを
ClassAssigner に送って，正解の特徴が指定されたデータを作るというイメージです．
ClassAssigner を「選択 → 配置 → 設定」したあと，ArffLoader と結合します．

1. デザインペインの [Evaluation] フォルダにある [ClassAssigner] を選択します．
2. レイアウトペインで ClassAssigner を ArffLoader の右側に配置します．

◆1 kfml は XML Knowlege Flow layout files 形式を表す拡張子です．

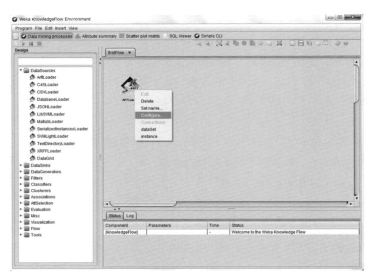

図 B.3　ArffLoader の設定

3. ClassAssigner を右クリックして [Configure . . .] を選び，設定画面を表示します（図 B.4）．ClassAssigner では，classColumn の数値で正解特徴の位置を指定します．正解は最後の特徴とすることが多いので，最後に関しては classColumn の値として数値ではなく，"last" という文字列を指定することができます．iris.arff では正解は最後の特徴ですので，classColumn には last を指定します．

4. 次に ArffLoader と ClassAssigner を結びます．ArffLoader を右クリックして [dataSet] を選びます．そうすると，配置済みの部品の中から dataSet を入力とする部品，すなわち ArffLoader と結合可能な部品の上下左右に点が現れて選択可能になります．この場合は，ClassAssigner が選択可能になるので，これを左クリックで選択すると，ArffLoader から ClassAssigner に向かって矢印が引かれ，その上に dataSet と表示されます（図 B.5）．これで，ArffLoader で読み込まれたデータ集合が，ClassAssigner に送られ，正解特徴が指定されたデータができるという流れになります．

B.2.3　前処理

今回用いる iris データは特徴の次元数が 4 であまり多くないので，次元数削減は行わず，特徴間で値のスケールを合わせる正規化のみ行います．

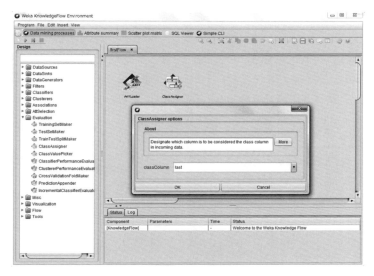

図 B.4　ClassAssigner での正解特徴の指定

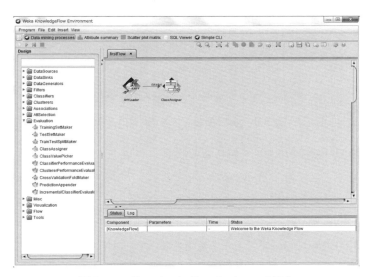

図 B.5　ArffLoader と ClassAssigner の結合

付録 B Weka

1. 正規化のための部品として，[Filters] フォルダの中にある [Normalize] を選択します[*1]．
2. Normalize を ClassAssigner の右に配置します．
3. Normalize の右クリックメニューから [Configure...] を選択して，設定を確認します．図 B.6 のように scale（値の幅）を 1.0，translation（最小値）を 0.0 とします．

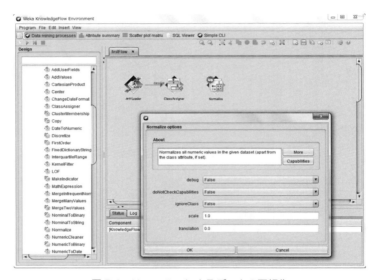

図 B.6　Normalize によるデータの正規化

4. 設定後，ClassAssigner と結合します．

これで学習のためのデータの準備ができました．

B.2.4　評価基準の設定

KnowledgeFlow では，学習データを受け取って，設定する評価基準に従ってデータを送り出してくれる部品を学習器の前に置きます．

1. [Evaluation] フォルダから交差確認法を実現する [CrossValidationFoldMaker] を選びます．
2. CrossValidationFoldMaker を Normalize の右に配置します．
3. Normalize と CrossValidationFoldMaker を，[dataSet] で結びます．

[*1] [Filters] → [unsupervised] → [attribute] → [Normalize]

B.2 KnowledgeFlow

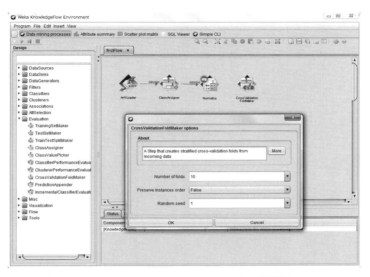

図 B.7　CrossValidationFoldMaker による評価基準の設定

4. CrossValidationFoldMaker の右クリックメニューから [Configure . . .] を選択して，交差数 (Number of folds) を 10 に設定します（図 B.7）．

B.2.5 学 習

KnowledgeFlow では，学習器は前節で配置した評価器の後ろに配置します．

1. [Classifiers] フォルダから，k-NN 法を実現した学習器である [IBk] を選びます[◆1]．
2. IBk を，CrossValidationFoldMaker の右に配置します．
3. IBk の右クリックメニューから [Configure . . .] を選択して，判定の際に考慮する近傍のデータ数 k の値を設定します．ここでは 3 としてみましょう（図 B.8）．
4. CrossValidationFoldMaker との結合は少し注意が必要です．CrossValidationFoldMaker から IBk に向けて，[trainingSet] と [testSet] の 2 本の矢印を引きます．表示上は 1 本にまとめられますが，必ず両方の結合を行ってください．これによって，まず学習データが送られて学習を行い，次に評価データでその結果を評価する，という手順を CrossValidationFoldMaker で設定した回数繰り返されます．

◆1 [Classifiers] → [lazy] → [IBk]

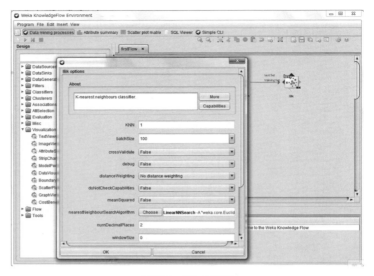

図 B.8　IBk の設定

B.2.6　結果の可視化

評価用部品と可視化部品を配置して，レイアウトを完成させましょう．識別器の評価は，[Evaluation] フォルダにある [ClassifierPerformanceEvaluator] で行います．その結果を，[Visualization] フォルダにある [TextViewer] で表示します．

1. ClassifierPerformanceEvaluator, TextViewer を IBk の右側に配置します．
2. IBk から ClassifierPerformanceEvaluator へは [batchClassifier] で接続し，IBk で作成した識別器を送ります．
3. ClassifierPerformanceEvaluator から TextViewer へは [text] で接続し，評価結果をテキスト形式で送ります．

最終的には図 B.9 のようなレイアウトが出来上がります．

これでレイアウトが完成したので，左上にある右向き三角をクリックして学習プロセスを実行します．その右のボタンはステップ実行です．それぞれの部品のはたらきを確認したいときに使います．

図 B.9　学習手順 firstFlow の完成図

実行してステータスペインにエラーが出なければ，結果を確認します．TextViewer
を右クリックして [Show results] を選ぶと，図 B.10 のような結果が表示されます．
全体の結果は，`Correctly Classified Instances` のあとに正しく分類された事例
数が表示され，その後の数字は正しく分類された事例数の割合です．結果の末尾は混
同行列です．

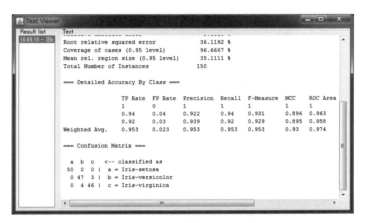

図 B.10　学習評価結果の表示

B.3　学習後の識別面の表示

　Weka の GUI Chooser（図 B.1）の Visualization メニューから起動する
BoundaryVisualizer を用いると，さまざまな学習アルゴリズムを実行した結果と
して得られる識別面を表示することができます．DataSet 領域で ARFF 形式のデー
タを選択，Classifier 領域で学習アルゴリズムを選択して Plotting 領域の [Start] ボタン
を押すと，識別面を表示することができます．図 B.11 は，データとして iris2D.arff，
学習アルゴリズムとして SimpleLogistic（パラメータはデフォルト）で識別面を表
示したものです．

B.4　拡張パッケージのインストール

　第 11 章で紹介した XMeans アルゴリズムや，第 14 章で紹介した YATSI アルゴ
リズムは，Weka の標準インストールには入っていません．これらのアルゴリズムを
使用するためには，Weka GUI Chooser の Tools メニューから Package Manager
（図 B.12）を呼び出し，ここで対象となるパッケージを指定してインストールします．

付録B Weka

図 B.11　BoundaryVisualizer による識別面の表示

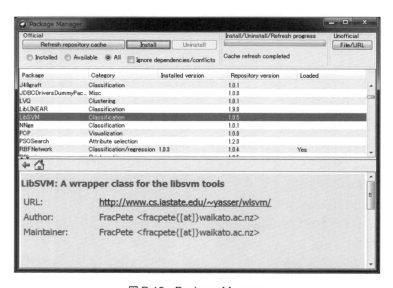

図 B.12　Package Manager

XMeans アルゴリズムは Official のパッケージ，YATSI アルゴリズムは Unofficial の collective-classification パッケージのインストールを必要とし，それぞれ手順が異なります．

B.4.1　Official パッケージのインストール

Official パッケージのインストールは比較的簡単です．中段のパッケージ一覧からインストールするパッケージを選択し，下段に表示される説明を確認したら，上段の [Install] ボタンを押し，確認ダイアログを経てインストールが完了します．

新しい official パッケージがインストールされると，パッケージの Category 情報に基づいた分類がなされ，その処理／アルゴリズムが利用できるようになります．

第 11 章の例題で使用するために，XMeans アルゴリズムをインストールしてみましょう．[Cluster] タブで [clusterers] フォルダを開くと，XMeans アルゴリズムが増えています．この文字が薄くなっていて選択できない場合は，適当なデータ（たとえば iris.arff を [Preprocess] タブで読み込んで，[Cluster] タブの [Ignore attributes] ボタンで，class 特徴を選択します．この操作で，データから class 特徴を除くと，XMeans アルゴリズムが選択可能になります．

B.4.2　Unofficial パッケージのインストール

Unofficial パッケージのインストールは，まず対象となるパッケージをダウンロードしてくるところから始まります．第 14 章で使用するものは collective-classification パッケージで，いくつかの半教師あり学習のアルゴリズム・データセット・ドキュメントなどが含まれています．

collective-classification パッケージの開発サイト[1] から，最新のパッケージ[2] をダウンロードして，デスクトップなどの適当な場所に置いておきます．

そして，Weka の Package Manager 上段右側の Unofficial 領域にある [File/URL] → [Browse] ボタンから，ダウンロードしたパッケージの場所を指定して，[OK] を選択します．うまくパッケージがインストールされると，Weka を再起動するように指示があります．再起動後，Weka の Explorer インタフェースに [Collective] タブが増えています．

---

[1] https://github.com/fracpete/collective-classification-weka-package
[2] 2018 年 3 月 14 日現在：collective-classification-2015.2.27.zip

また，作成した決定木の表示を，より見やすくするためのプラグインもあります◆3．
このプラグインの実行のためには，グラフ表示のためのプログラム graphviz をイン
ストールし，インストールフォルダの bin フォルダを環境変数 Path に加えておく必
要があります．

◆3 https://github.com/fracpete/graphviz-treevisualize-weka-package/releases/download/v2017
.3.3/graphviz-treevisualize-2017.3.3.zip

付録 **C**　**Python**

C.1　**Python の概要と機械学習環境**

　プログラミング言語 **Python**[1] はオブジェクト指向スクリプト言語です．コンパイルが不要なので，短いコードを書いてその実行結果を確認しながらプログラムを組んでゆくことができます．

　Python では一つのファイルからなるスクリプトをモジュールとよび，そのファイル名から拡張子 (.py) を取り除いたものがモジュール名となります．モジュールは，他のスクリプトで import 文を使って読み込むことができ，読み込んだモジュールのクラス・関数・変数は「モジュール名.識別子」で参照することができます．

　また，複数のモジュールをまとめたものをパッケージとよびます．Python は数値計算・グラフ表示などのパッケージが充実しており，科学技術計算のプログラム作成に適しています．とくに機械学習に関しては，最新の手法のほとんどが Python で実装されており，深層学習も含め，パッケージ化が進んでいます．

　機械学習に関連する Python のパッケージには以下のものがあります．

- numpy: 多次元配列を効率よく扱うパッケージ
- scipy: 高度な数値計算パッケージ
- matplotlib: グラフ描画のためのパッケージ
- pandas: データ解析を支援するパッケージ
- scikit-learn: 機械学習のためのパッケージ

　本章では，これらのパッケージの設定が完了した状態で配布されている Anaconda[2] がインストールされた環境を前提として，本書の例題や演習問題を解いてゆくための準備について説明します．

---

[1] 本章ではバージョン 3.6.1 に基づいて解説してゆきます．

[2] https://www.continuum.io/downloads　本章では Anaconda 5.1 Python 3.6 version に基づいて説明します．また，TensorFlow を使用する場合は，64 bit OS 環境での実行をお勧めします．

290 付録C Python

C.2 **Jupyter Notebook**

Anaconda をインストールすると，Python をブラウザ上で対話的に実行でき，Markdown 記法と LaTeX の数式記法を用いてメモを残すこともできる Jupyter Notebook を利用することができます．Jupyter Notebook を起動するとブラウザが起動して，notebook が作成可能になります．適当なフォルダに移動して，[New] → [Python 3] を選択すると，新しい notebook が作成されます．

notebook では cell とよばれる単位を連ねて一連の手順を記録します．cell にはコードを書くモードとコメントを書くモードがあります．コードを書くモードでは，Python のコードを書いて実行し，その結果を cell の次に表示させることができます．また，コメントを書くモードでは，以下のマークダウン記法を用いることができます．

- 見出し："#"（レベルは "##"，"###" などで調整）
- 改行：行末で二つ以上の空白
- 箇条書き："*" と空白を先頭に．入れ子は先頭に空白を入れて，記号を "-" に変更．
- 数式："$$" で囲み，LaTeX の数式記法で書く

以下のキーボードショートカットは便利なのでぜひ憶えておきましょう．

- esc を押してコマンドモード
    - Enter: セルの編集
    - m: マークダウンモード
    - y: コードモード
    - c: セルのコピー
    - v: コピーしたセルのペースト
    - dd: セルの削除
    - Space: スクロールダウン
    - Shift + Space: スクロールアップ
    - h: ショートカット一覧の表示
- セルの編集モードのとき
    - Shift + Enter: セルの実行，次のセルへ移動
    - ctrl + Enter: セルの実行のみ

C.3 Python の基本文法

Python は以下の特長をもつプログラミング言語です.

- インタプリタ型言語でコンパイルが不要
- 可変長配列や辞書などの高水準の型をもつ
- 実行文のグループ化をインデントで行う
- 変数の型は代入時に決まるので，宣言不要（動的型付け）

公式チュートリアル[1] を使って，Python の基本である変数・データ構造・制御文・関数の定義・モジュールの扱いについて学んでおきましょう.

以下，公式チュートリアルを読むにあたって，押さえておくべき基本概念をまとめます.

数値演算子
- 四則演算：+, -, *, /
- 割り算の商：//，余り：%
- べき乗：**

文字列
- 単引用符 (' ... ') もしくは二重引用符 (" ... ") で囲む.
- 改行を含む文字列は三連引用符 (""" ... """ や ''' ... ''') を使う.
- 文字列中の文字はインデックスを用いて参照できる. 負の数を指定すると，右から数える（一番後ろの文字は -1）.

リスト
- リストはカンマ区切りの値（要素）の並びを角括弧で囲んだもの
- インデックスで要素の参照や書き換えが可能
- 要素の追加：append() メソッド
- 要素数を求める：len() 関数の引数にリストを指定

制　御
- if 文は以下のように書きます. else 以下は不要であれば省略可能です. 条件分岐を重ねるときは elif を使います. elif を使わなければ，分岐ごとにインデントが深くなってゆきます.

---

[1] http://docs.python.jp/3/tutorial/

```
if 条件式:
    条件式の値が真のとき実行する処理
else:
    条件式の値が偽のとき実行する処理
```

- for 文はシーケンス型のオブジェクトから一つずつ要素を取り出して実行する書き方が基本です.

```
for 変数 in シーケンス型オブジェクト:
    繰り返し実行する処理
```

関数の定義

```
def 関数名(引数):
    関数本体
```

データ構造

Python には，リスト型・タプル・辞書型などの便利なデータ構造があります．タプルは丸括弧の中に複数の変数をカンマで区切って保持します．辞書型はキーと値のペアの集合です．

C.4 機械学習を行う

以下では，機械学習を行うプログラムを作成する際に必要となる概念について簡単に説明します．

ベクトル・配列・テンソル

ベクトルや配列は，多次元配列を意味する `numpy.ndarray` を使います．1 次元配列はベクトル，2 次元配列は行列，3 次元以上はテンソルになります．通常 `ndarray` を生成するときには，`np.array()` メソッドを使います．

学習データの読み込み

CSV ファイルは，numpy の `loadtxt` メソッドを使う方法や，pandas の `read_csv` メソッドを使う方法があります．`read_csv` メソッドのほうがさまざまなオプションを備えています．

scikit-learn の使い方

scikit-learn は，識別・回帰・クラスタリング・次元削減などのツールが実装されたパッケージです．各アルゴリズムはクラスとして設計されていて，以下の共通した基本仕様からなります．

- コンストラクタ：クラスの初期化
  引数はアルゴリズムのパラメータ．
- fit() メソッド：学習
  引数は学習データと正解データ．必要に応じてデータに依存したパラメータ．
- predict() メソッド：予測
  学習済みのインスタンスに対して，予測対象のデータを引数として与えると，結果を返す．

データや学習結果の可視化

データの可視化には，matplotlib.pyplot パッケージを使います．値の分布の可視化が可能なヒストグラムを表示するには，hist メソッドに 1 次元データを与えます．また，2 次元データの分布を可視化する散布図は，plot メソッドの第 1 引数に x 軸の値，第 2 引数に y 軸の値，第 3 引数に点や線の色・形を渡して表示します．

C.5　関連パッケージのインストール

深層学習ライブラリの Keras[1]，TensorFlow[2] を Anaconda にインストールする方法は，TensorFlow, Anaconda, Python のそれぞれのバージョンの組合せによって異なります．少し前の情報がすでに古くなっているという状況があるので，Tensorflow のインストール手段は，配布元のサイトを参照してください．

第 3 章の例題のように決定木の表示を行う場合は，グラフ表示のためのツール graphviz をインストールする必要があります．配布元のサイト[3] からインストーラをダウンロードして実行した後，環境変数 Path にインストール先の bin ディレクトリを追加しておきます．また，Anaconda の環境には Anaconda Navigator を使って pydotplus パッケージをインストールします．

---

[1] https://keras.io/ja/
[2] https://www.tensorflow.org/
[3] https://www.graphviz.org/

参考文献

[1] 谷口忠大. イラストで学ぶ人工知能概論 改訂第 2 版. 講談社, 2020.
[2] Tom M. Mitchell. *Machine Learning*. McGraw-Hill, 1997.
[3] Peter Flach. *Machine Learning: The Art and Science of Algorithms That Make Sense of Data*. Cambridge University Press, 2010.（翻訳書 竹村彰通（監修, 翻訳）. 機械学習―データを読み解くアルゴリズムの技法―. 朝倉書店, 2017.）
[4] 杉山将. 統計的機械学習生成モデルに基づくパターン認識. オーム社, 2009.
[5] 杉山将. イラストで学ぶ機械学習 ―最小二乗法による識別モデル学習を中心に. 講談社, 2013.
[6] Ian H. Witten, Eibe Frank, Mark A. Hall, and Christopher J. Pal. *Data Mining: Practical Machine Learning Tools and Techniques (Fourth Edition)*. The Morgan Kaufmann Series in Data Management Systems, 2016.
[7] 平井有三. はじめてのパターン認識. 森北出版, 2012.
[8] Ethem Alpaydin. *Introduction to Machine Learning (Second edition)*. The MIT Press, 2010.
[9] 赤穂昭太郎. カーネル多変量解析―非線形データ解析の新しい展開. 岩波書店, 2008.
[10] 金谷健一. これなら分かる最適化数学―基礎原理から計算手法まで. 共立出版, 2005.
[11] 高村大也. 言語処理のための機械学習入門（自然言語処理シリーズ）. コロナ社, 2010.
[12] 竹内一郎, 烏山昌幸. サポートベクトルマシン（機械学習プロフェッショナルシリーズ）. 講談社, 2015.
[13] Geoffrey Hinton, Li Deng, Dong Yu, George Dahl, Abdelrahman Mohamed, Navdeep Jaitly, Andrew Senior, Vincent Vanhoucke, Patrick Nguyen, Tara Sainath, and Brian Kingsbury. Deep neural networks for acoustic modeling in speech recognition. *IEEE Signal Processing Magazine,* Vol. 29, No. 6, pp. 82–97, 2012.
[14] Francois Chollet. *Deep Learning with Python*. Manning Publications Co., 2017.
[15] 岡谷貴之. 深層学習 改訂第 2 版（機械学習プロフェッショナルシリーズ）. 講談社, 2022.
[16] 巣籠悠輔. 詳解 ディープラーニング―TensorFlow・Keras による時系列データ処理―. マイナビ出版, 2017.
[17] 石井健一郎, 上田修功. 続・わかりやすいパターン認識―教師なし学習入門―. オーム社, 2014.
[18] Peter Harrington. *Machine Learning in Action*. Manning Publications Co., 2012.
[19] 有賀康顕, 中山心太, 西林孝. 仕事ではじめる機械学習. オライリージャパン, 2018.
[20] 荒木雅弘. イラストで学ぶ音声認識. 講談社, 2015.
[21] 坪井祐太, 鹿島久嗣, 工藤拓. 言語処理における識別モデルの発展―HMM から CRF まで―. 言語処理学会第 12 回年次大会 (NLP2006) チュートリアル, 2006.
[22] 鹿島久嗣. グラフとネットワークの構造データマイニング. 電子情報通信学会誌, Vol. 93, No. 9, pp. 797–802, 2010.
[23] 荒木雅弘. フリーソフトでつくる音声認識システム（第 2 版）―パターン認識・機械学習の初歩から対話システムまで. 森北出版, 2017.

[24] Olivier Chapelle, Bernhard Scholkopf, and Alexander Zien, editors. *Semi-supervised Learning*. The MIT Press, 2010.

[25] 小山田創哲, 前田新一 (翻訳). 速習 強化学習―基礎理論とアルゴリズム―. 共立出版, 2017. (原著 Csaba Szepesvari. *Algorithms for Reinforcement Learning (Synthesis Lectures on Artificial Intelligence and Machine Learning)*. Morgan and Claypool Publishers, 2010.)

[26] 佐久間淳. データ解析におけるプライバシー保護 (機械学習プロフェッショナルシリーズ). 講談社, 2016.

[27] 神嶌敏弘. 中立性・公正性に配慮したデータ分析. 人工知能学会全国大会 (第 27 回) 論文集, 3L1-OS-06a-1, 2013.

あとがき

　最後に，機械学習をビジネスに展開する際に気をつけておく点として，プライバシーの問題を取り上げます．今後，機械学習の技術開発・研究を進めてゆく際には，データの取り扱いに慎重な姿勢が要求される場面が多くなるでしょう．医療記録や購買記録は，ビジネスの観点からは宝の山ですが，これらのデータが個人を特定できる情報と結びつけられてしまうと，問題が起きる可能性があります．将来，機械学習の技術者・研究者は，その扱うデータや管理法について倫理委員会の承認を得なければ研究できないような状況になるかもしれません．自分が取り扱うデータに対して，法律や社会的な動向について，敏感になっておくべきでしょう．プライバシー保護技術については，文献 [26] に詳しく説明されています．

　また，データマイニング結果についてもその倫理的な側面を意識しなければなりません．社会的公正さの観点から望ましくない特徴（たとえば性別や人種）に依存しない予測や決定をする必要があるのですが，単純に望ましくない特徴を使わなければよい，というわけではありません．望ましくない特徴と相関の高い特徴があったり，複数の特徴の組合せで，この望ましくない特徴が再現できるような場合があります．公正配慮型データマイニング [27] はこのような公正性・中立性の実現を目指したものです．

　本書で得た知識を実世界の応用に結びつけるにはまだまだ道のりは長いのですが，進むべき方向への地図はできつつあるのではないでしょうか．本書を出発点とし，今後も機械学習の魅力を楽しんでいただければ幸いです．

索引

■ 英数字

AdaBoost　175
Aprioriアルゴリズム　211
ARFF　18
CART　112
CRF　230
deep learning　146
Deep Neural Network　146
EMアルゴリズム　202
FP-Growthアルゴリズム　220
FP-木　220
F値　30
HMM　233
k-meansクラスタリング　187
k-NN法　27
Lasso回帰　104
LSTMセル　165
Matrix Factorization　225
m推定　66
Python　289
ReLU　144
Ridge回帰　104
ROC曲線　31
Weka　277
X-meansアルゴリズム　193
YATSI　243

■ あ 行

アニーリング　257
誤り訂正学習　90
枝刈り　51
オッカムの剃刀　51
オートエンコーダ　151
オンライン学習　99

■ か 行

回帰　10
階層的クラスタリング　183
概念学習　40
学習データ　4
確率的最急勾配法　99
カテゴリデータ　5
カーネル関数　125
カーネルトリック　126
カバーリングアルゴリズム　215
機械学習　1
強化学習　15, 250
共訓練　242
教師あり学習　6, 7
教師なし学習　7, 11
協調フィルタリング　224
局所異常因子　197, 198
局所到達可能密度　198
クラス　40
クラスタリング　12
交差確認法　25
勾配ブースティング　179
誤差逆伝播法　139
固有表現抽出　228
混合分布　201
混同行列　28

■ さ 行

最急勾配法　95
再現率　30
最大事後確率則　60
最適政策　254
最尤推定法　65

サポートベクトルマシン　118, 119
識別　8
識別関数法　89
識別面　93
識別モデル　89
次元削減　22
次元の呪い　22
自己学習　240
事後確率　60
支持度　210
事前学習法　150
事前確率　59
主成分分析　22
受容野　161
条件付き確率場　230
人工知能　1
深層学習　2, 146
数値データ　5
正解率　29
政策　254
生成モデル　89
正則化　104
精度　30
ゼロ頻度問題　66
属性　7

■ た 行

ターゲット　100
タスク　4
畳み込みニューラルネットワーク　160
中間的学習　7, 14
長・短期記憶　165
特徴　7
特徴空間　82

索引

特徴抽出　5
ドロップアウト　155

■な 行
ナイーブベイズ識別法　65
ニューラルネットワーク
　　137

■は 行
バイアス　41
バギング　169
パーセプトロンの学習アルゴリ
　　ズム　91
パーセプトロンの収束定理
　　91
パターン行列　35
パターン認識　4

パターンマイニング　13
汎化　5
半教師あり学習　14
ビタビアルゴリズム　230
ビッグデータ　2
一つ抜き法　26
表現学習　146
標準化　24
頻出項目抽出　209
ブースティング　174
分割学習法　25
分割表　29
ベルマン方程式　255

■ま 行
マージン　119
マルコフ決定過程　250

密度推定　12
モデル　4
モデル推定　12
モデルフリーの手法　255
モデルベースの手法　255

■や 行
尤度　61
欲張り法　47

■ら 行
ランダムフォレスト　171
リカレントニューラルネット
　　ワーク　164
連想規則抽出　209

著 者 略 歴
荒木　雅弘（あらき・まさひろ）
1993 年　京都大学大学院工学研究科情報工学専攻
　　　　　博士後期課程研究指導認定退学
同　　年　京都大学工学部助手
1997 年　京都大学総合情報メディアセンター講師
1998 年　博士号（工学）取得（京都大学）
1999 年　京都工芸繊維大学工芸学部助教授
2007 年　京都工芸繊維大学大学院工芸科学研究科准教授
　　　　　現在に至る

編集担当　宮地亮介 (森北出版)
編集責任　富井　晃 (森北出版)
組　　版　ブレイン
印　　刷　創栄図書印刷
製　　本　　　同

フリーソフトではじめる機械学習入門（第 2 版）
Python/Weka で実践する理論とアルゴリズム　　　Ⓒ 荒木雅弘　2018

2014 年 3 月 28 日　第 1 版第 1 刷発行	【本書の無断転載を禁ず】
2017 年 9 月 29 日　第 1 版第 6 刷発行	
2018 年 4 月 20 日　第 2 版第 1 刷発行	
2025 年 4 月 15 日　第 2 版第 5 刷発行	

著　　者　荒木雅弘
発 行 者　森北博巳
発 行 所　森北出版株式会社
　　　　　東京都千代田区富士見 1-4-11 (〒102-0071)
　　　　　電話 03-3265-8341／FAX 03-3264-8709
　　　　　https://www.morikita.co.jp/
　　　　　日本書籍出版協会・自然科学書協会　会員
　　　　　 JCOPY ＜（一社）出版者著作権管理機構　委託出版物＞

落丁・乱丁本はお取替えいたします.

Printed in Japan／ISBN978-4-627-85212-9